LA ENERGÍA DE LAS LETRAS HEBREAS

*La energía de las letras hebreas es una edición revisada de El poder del Álef Bet, Volumen 1 y 2.

Rav Berg desea agradecer las contribuciones de Rabi Levi Krakovsky en ciertos conceptos contenidos en este libro y a la erudición en el área de Kabbalah.

Kabbalah Publishing es una DBA registrada de
Kabbalah Centre International, Inc.

Para más información:

The Kabbalah Centre
155 E. 48th St., New York, NY 10017
1062 S. Robertson Blvd., Los Ángeles, CA 90035

1.800.Kabbalah
kabbalah.com/es

Impreso en China, agosto 2022
ISBN: 978-1-57189-740-4
La Energía de las Letras Hebreas

Diseño: HL Design (Hyun Min Lee) www.hldesignco.com

KABBALAH
CENTRE
PUBLISHING

LA ENERGÍA DE LAS
LETRAS HEBREAS

RAV BERG

ÍNDICE

PRÓLOGO

¿Podemos realmente aprender a controlar nuestros procesos internos con nuestra mente en lugar de hacerlo con pastillas o un vaso relajante de algo con hielo? Creo que hasta que no aceptemos ser conscientes de que hay algo más en la vida que las necesidades del cuerpo físico, seremos forzados a soportar las vicisitudes de una vida de incertidumbre.

Vivimos en una era extraordinaria. Todos nosotros nos preguntamos de vez en cuando si la vida tiene algún propósito real. Todos tenemos objetivos inmediatos; todos queremos lograr gratificación en nuestro trabajo y educar a nuestros hijos. ¿Pero qué hay de un propósito a largo plazo?

El Zóhar (el texto sagrado de la Kabbalah) es una fuente reconocida de gran sabiduría espiritual que es tan antigua como la Biblia misma. El Zóhar se considera el "descodificador" de la Biblia. Se transmitió como una tradición oral hasta que quedó registrado como texto, el cual permaneció oculto durante miles de años. El Zóhar fue creado para gente de todas las edades cuya imaginación no ha sido reprimida por el proceso educativo cartesiano estándar. Fue escrito para personas que no tienen miedo de aceptar "nuevas" ideas, aunque esas ideas tengan mil años de antigüedad, o incluso más.

La intención de este libro es viajar atrás en el tiempo hasta los inicios del universo y el Big Bang. Entender que el punto desde el cual todo comenzó está en el Zóhar. Y debido a que la Biblia, según la interpretación Zohárica, es un código cósmico que espera ser descifrado, las letras hebreas proporcionan el vínculo cósmico perfecto. Y es esta tarea de descifrar a la cual se dedica la Kabbalah. Hay un número de estos temas entretejidos en la discusión de la estructura y la energía de las letras *Tav* y *Lámed*.

En la revelación de la energía de las letras *Caf* a *Álef*, buscamos respuesta a numerosas preguntas desconcertantes relativas al destino, la suerte y el libre albedrío. Pensé que sería interesante examinar la naturaleza del universo y nuestro papel en él, así como explorar más detalladamente cómo las doctrinas de la Biblia concuerdan —o contradicen— los descubrimientos de la ciencia. La amplitud de temas puede parecer ecléctica —desde la extinción de los dinosaurios a la estructura del cosmos— pero estos temas reflejan la esencia de la Biblia y el código cósmico que yace en el corazón de la realidad, y proporcionan una visión general de los orígenes cósmicos de la naturaleza y el hombre.

Dentro de los siguientes capítulos, el lector tendrá la oportunidad de entrar en una dimensión de la realidad en la que él o ella no será una víctima desafortunada de las circunstancias, sino más bien el creador o creadora de su propio destino. Si la humanidad debe existir como más que un mero vínculo en la cadena cósmica de la incertidumbre, necesitamos prescindir totalmente de la ilusión que aparenta ser la realidad en el mundo físico.

El fin de la Kabbalah es hacernos libres. Puede darnos alas con las cuales explorar el mundo. También puede liberarnos de una forma más mundana alertándonos de nuestros desafíos personales únicos y dándonos las herramientas conceptuales para superarlos. El astronauta suspendido en el espacio ve la Tierra como realmente es: pequeña, azul y hermosa en el eterno silencio en el cual flota. A medida que el astronauta pasa de la luz a la oscuridad y vuelta a la luz cada hora, él o ella debe volverse asombrosamente consciente de lo artificial que son las barreras que hemos creado para separarnos y definirnos a nosotros mismos.

Así que aquí estamos, con nuestros ojos fijos en las estrellas, en un dilema que se vuelve cada vez más aterrorizante. ¿Tendremos la sabiduría y la valentía de aceptar la realidad moral dentro de cada uno de nosotros? ¿O aceptaremos la realidad corporal ilusoria en la falsa creencia de que contiene todas las respuestas que necesitamos?

Nuestras respuestas a estas preguntas pueden tener un profundo efecto en el resultado del experimento más grande de todos: la vida.

Así pues, mi querido lector, sigue leyendo.

Rav Berg
Nueva York, 1987
El poder del *Álef Bet*

INTRODUCCIÓN

PIDE PARA TI UNA SEÑAL
DEL SEÑOR, DEMANDÁNDOLA
EN LO PROFUNDO, O ARRIBA
EN LO ALTO.

—ISAÍAS 7:11

Las primeras generaciones de los hijos de Israel sabían comúnmente lo que hoy sólo saben pocas personas: el profundo poder interno de las veintidós letras del *Álef Bet* hebreo. Desde la época de Avraham, los hebreos demostraron tener una extraña conciencia de la física rudimentaria. Aunque ellos no la expresaban en el lenguaje de la matemática y la física modernas, los primeros kabbalistas aplicaban su entendimiento de los campos universales de energía positivos, negativos y neutrales al circuito y el funcionamiento de los corazones y las mentes de la humanidad. La cara negativa del campo energético recibió el nombre de *Deseo de Recibir Sólo para Uno Mismo;* la parte positiva fue denominada *Deseo de Recibir con el Propósito de Compartir.*

Los campos energéticos tienen inteligencia, de la misma forma que nosotros entendemos que poseemos inteligencia. Todas las cosas que existen en toda la Creación —desde las rocas a las estrellas, desde los animales a las plantas y el hombre—, cada pizca de la Creación, está compuesta no sólo de energía, sino de energía-inteligencia infinita. Cuando aprovechamos este poderoso recurso, activamos el principio de "Ama a tu prójimo", creando equilibrio y salud en nuestras vidas y en las vidas de aquellos que eligen ser conscientes de esta energía.

La Kabbalah enseña que la idea de la rueda vino antes de la invención de la rueda. Son los pensamientos y las ideas los que nos permiten crear el mundo físico, así como influir sobre lo que ocurre en el cosmos. Entendemos que la Luna afecta a las mareas. Sabemos que las supernovas, los agujeros negros y otros fenómenos del espacio exterior afectan inevitablemente al tiempo y a otras condiciones físicas aquí en la Tierra. ¿Pero podemos comprender la antigua enseñanza kabbalística de que nuestro comportamiento puede invalidar cualquier influencia extraterrestre y prevalecer sobre los eventos intergalácticos?

La destrucción del Segundo Templo en Jerusalén por parte de los romanos en el año 70 de nuestra era casi puso final a las posibilidades que abrió la Kabbalah. Pero esta sabiduría fundamental y antigua nunca podría ser destruida. Durante los largos siglos desde aquel tiempo, la Luz de la sabiduría de la Kabbalah ha parpadeado. Está escrito en el Zóhar (*Libro del Esplendor*) que la Kabbalah tendría que esperar a la llegada de la Era de Acuario para hacer su reaparición como herramienta que podemos utilizar para atraer la Fuerza de Luz del Creador a la humanidad, mientras ésta deambula actualmente por la Oscuridad cósmica.

¡Este momento ha llegado! El Zóhar es un libro de poder: el poder de activar las letras del *Álef Bet* y hacer que hagan nuestra voluntad.

Las letras hebreas —veintidós energía-inteligencias asombrosamente poderosas y distintas— son animadas por una fuerza espiritual más inmensa que la energía que contiene el átomo en su interior. Pero el *Álef Bet* pierde su uso práctico si no entendemos cómo conectarnos a su energía inherente. La Kabbalah es una tecnología que nos da acceso a este sistema todopoderoso que reafirma la vida.

La verdad es que ya hemos sido penetrados por la vitalidad cósmica del *Álef Bet*. Los kabbalistas han estado diciéndolo durante siglos, pero la comunidad científica no lo supo hasta el año 1926. Fue el año en que el físico alemán Werner

Heisenberg desarrolló su ahora famoso Principio de la Incertidumbre, que afirma que es imposible medir con precisión la posición y la inercia de una partícula al mismo tiempo. Heisenberg descubrió que cuanto mayor es la precisión con la que se mide la posición de una partícula, menor es la precisión con la que se puede medir su inercia, y viceversa. Una ramificación interesante del descubrimiento de Heisenberg es que un observador puede influenciar —ciertamente, debe influenciar— un fenómeno simplemente a través del acto de observarlo.

Esta conclusión desafía claramente a la ciencia newtoniana, que asume que el científico está desapegado de los experimentos que conduce y observa. Por el contrario, el Principio de Incertidumbre de Heisenberg afirma el antiguo principio kabbalístico de que el observador y lo observado son inseparables, y se hallan irremediablemente vinculados entre ambos. Todo forma parte de un todo unificado, tal como declara la Biblia en el *Shemá*: "Escucha, Israel, el Señor nuestro Dios, el Señor es Uno".

La humanidad y el cosmos no son las entidades separadas y distintas que la ciencia newtoniana quiere hacernos creer. Albert Einstein, con su Teoría de la Relatividad, fue el primer físico que nos llevó más allá de los límites de la ciencia newtoniana, y pasó los siguientes cincuenta años tratando de ir aún más allá, buscando una Teoría del Campo Unificado que uniera todas las energías conocidas en una descripción única y completa. Einstein murió sin lograr su objetivo, pero mientras tanto, la ciencia newtoniana, desapegada de las consecuencias morales de sus hallazgos, nos ha llevado al borde de un desastre nuclear.

El tema de la guerra nuclear no es meramente un problema que los líderes y los políticos mundiales deban resolver de alguna forma. La paz mundial es tanto un asunto del corazón como un asunto de política. Leemos nuestros periódicos con el café de la mañana y nos lamentamos sobre el estado del mundo, sin saber que todos compartimos la carga de la responsabilidad nuclear y sin ni siquiera soñar que el drama perenne de la guerra y la paz se expresa cada día en la forma en que conducimos nuestras propias vidas. La paz en la Tierra nunca se manifestará si no podemos alcanzar la paz en nuestro interior. Si nuestros hogares, oficinas y fábricas siguen siendo campos de batalla de las miserias humanas, la paz mundial no podrá alcanzarse porque la paz mundial nunca puede ser más que la sumatoria de la paz personal e interna que experimentamos cada uno de nosotros. Para sobrevivir como especie, debemos aceptar lo que se ha sabido desde que Avraham destruyera los ídolos de su padre: Dios es UNO, y todo lo que existe ha heredado su porción de Inteligencia Suprema.

Las respuestas a los misterios más inextricables de la vida están vinculadas a nuestra manera de pensar. Oliver Wendell Holmes dijo: "La mente del hombre, una vez expandida por una nueva idea, nunca recupera sus dimensiones originales". Ahora hemos encontrado estas nuevas ideas, y por lo tanto creo que ha llegado el momento en que debemos empezar a contemplar un vuelo al espacio; no al espacio exterior, sino al espacio interior, donde se originó realmente todo lo que existe: el espacio interior del *pensamiento*. Pues es allí —en la arena de las nociones y las emociones humanas— donde la Fuerza de Luz conquistará o será derrotada por el Señor de la Oscuridad, que ha controlado sus estaciones de batalla preparándolas para el combate.

Muchos aceptan esta visión; otros la perciben como una fantasía. Pero aquellos que creen que las exploraciones de la mente y el pensamiento son inútiles o imposibles están ignorando tanto la sabiduría antigua como la evidencia científica que respalda dos verdades metafísicas fundamentales: que el ámbito del pensamiento es la realidad verdadera, y que el hombre y el cosmos son uno y lo mismo.

> *Aunque la tierra y el hombre desaparecieran,*
> *Y los soles y los universos dejaran de ser,*
> *Y fueras abandonado en soledad,*
> *Toda existencia existiría en Ti.*
> —Emily Bronte

Desde tiempos inmemoriales, la gente ha buscado posibles relaciones entre la disposición y el movimiento de cuerpos y sucesos celestiales que ocurren en la Tierra. Tradicionalmente, la búsqueda de la conexión cósmica era dominio del astrólogo porque la comunidad científica o bien difamaba o rechazaba rotundamente la mística que rodeaba a los cielos. Sin embargo, tras la introducción de la teoría cuántica, estas actitudes newtonianas tan rígidas cambiaron dramáticamente, tanto que hoy en día casi todo, desde los universos paralelos hasta el tiempo corriendo hacia atrás, se cree posible.

Mucho de lo que la Kabbalah dice sobre la estructura de la materia nos recuerda a la visión que el físico cuántico tiene del mundo. Sin embargo, la visión cuántica se queda corta con respecto a la explicación kabbalística de las leyes que gobiernan nuestro universo. El físico cuántico admite que no hay base física para la materia. Sin embargo, el concepto de que la conciencia pueda trascender la solidez de una mesa para interactuar con ondas o partículas como si fueran componentes de nuestra imaginación está todavía demasiado lejos de la experiencia normal para ser aceptado con gusto incluso por los científicos más vanguardistas, y mucho menos por las personas comunes. Para nuestra racional forma de pensar occidental, las propiedades trascendentes de la materia física tendrían que considerarse un milagro. Una prueba de que la conciencia es capaz de crear e influenciar sobre la materia daría crédito a la enseñanza kabbalística que dice que el mundo metafísico tiene el dominio sobre el mundo físico y corpóreo. Desde un punto de vista kabbalístico, la materia es la energía condensada de la conciencia misma.

¿Continúa el mundo siendo como era aunque nosotros no lo percibamos? Cuando despertamos en la mañana, ¿el mundo que existe es el mismo que era cuando nos fuimos a dormir ayer? La interpretación Copenhagen de la física cuántica, como fue presentada por Niels Bohr en 1927, echó a un lado la idea clásica de un universo que existe de forma objetiva. Ya nunca más los científicos ingenuamente aceptarían la idea de que el mundo tiene una existencia objetiva, independiente de nuestra observación de éste. La interpretación Copenhagen mantiene que en el nivel subatómico, el mundo que vemos depende de cómo lo observamos; y, lo que es más importante, de cómo elegimos verlo. En otras palabras, nuestras observaciones pueden cambiar lo que estamos observando. La naturaleza participativa del mundo cuántico implica que la visión de los científicos tradicionales de los fenómenos físicos como objetos externos debe reemplazarse por una nueva explicación de la realidad centrada en el observador.

Las enseñanzas del Rav Isaac Luria (el Arí, 1534–1572), el fundador de la Kabbalah Luriánica, presagió este papel radicalmente nuevo de la conciencia en el campo de la física. Ciertamente, el Arí fue aun más allá cuando afirmó que los términos "observador" y "participante" deben ser reemplazados por el término "determinador"[1]. En una línea similar, el físico Jack Sarfatti escribió: "Una idea de lo más significativa para el desarrollo de los sistemas psicoenergéticos es que la estructura de la materia no puede ser independiente de la conciencia"[2].

En su *Puerta de la Inspiración Divina,* el Arí describe lo que debe ocurrir cuando la conciencia afecta a la materia:

> *"Cuando una persona lleva a cabo una buena obra, manifiesta y adquiere una fuerza de vida personal positiva e inteligente. Toda la esencia que está dentro de nuestro universo ha sido estructurada por las acciones del hombre. Pues aun el sonido que emana del impacto de un palo sobre una piedra no es en vano, sino que ocupa su merecido lugar dentro del cosmos. Incluso de las palabras que salen de la boca del hombre se crean fuerzas de vida angelicales y metafísicas. Estas mismas fuerzas se convierten en carrozas integradas con la totalidad del cosmos. Luego ellas se conectan con las almas de los justos del pasado. A través de esta interconexión, estas formas de vida de inteligencia-energía, sirven*

luego como proveedoras de inteligencias cósmicas. Ayudan al creador de estas fuerzas (el hombre), las cuales se han convertido en vehículo para estas inteligencias cósmicas".[3]

La mente consciente es un microsistema dentro del macrosistema cósmico, que está formado enteramente por pensamiento-información y formas de vida inteligentes: una realidad unificada que todo lo abarca y a la cual cada uno de nosotros puede conectarse. El físico John Wheeler apuntó hacia esta realidad cuando afirmó: "La belleza de las leyes de la física reside en su maravillosa sencillez. ¿Cuál es la maquinaria matemática esencial detrás de todo esto? Esa debe ser seguramente la más bella de todas"[4]. Einstein expresó un sentimiento similar cuando declaró: "Todos estos esfuerzos se basan en la creencia de que la existencia debe poseer una estructura completamente armoniosa. Hoy tenemos aun menos motivos que nunca para permitir que nos alejen de esta maravillosa creencia".[5] De esta manera, nuestros más grandes científicos están inspirados por la belleza del mundo natural que buscan comprender.

La Kabbalah ofrece un camino definitivo para continuar nuestra búsqueda de las respuestas a antiguas preguntas científicas. A diferencia de la ciencia, que se ocupa solamente del "cómo" de las cosas, la Kabbalah se ocupa del "por qué". Estoy profundamente convencido de que podemos empezar a comprender el significado de las verdades fundamentales y las leyes de nuestro universo sólo cuando descubramos las respuestas a por qué existen. Sólo hay una forma de que podamos obtener estas respuestas: a través de las conexiones metafísicas y cósmicas. Y es la humanidad inconsciente, cuando se conecta con la realidad cósmica, la que actúa como canal para la revelación de la realidad.

A pesar de la gran cantidad de investigación científica enfocada en el cosmos, la ciencia está todavía a años luz de dilucidar el vínculo humano entre el Cielo y la Tierra. Por otra parte, la visión del mundo kabbalística proporciona ya otro enfoque para iluminar la Oscuridad cósmica. Las entidades centrales de fuerza de vida del universo fueron creadas a través de las energías inteligentes inherentes a las letras del *Álef Bet* hebreo. Los elementos de fuego, agua, aire y tierra empezaron a existir a través de la manifestación de estas letras-energías. A través de estas veintidós entidades vivas y que respiran, podemos finalmente vislumbrar la Luz al final del túnel cósmico.

Avraham el Patriarca, el primer astrólogo conocido del mundo, fue iniciado en los misterios de la especulación cosmológica. Se le enseñaron los significados más profundos ocultos en las permutaciones y combinaciones de las letras hebreas y los números que representan. Varios comentaristas a lo largo de los siglos han hablado sobre la ciencia de la combinación de las letras: una forma de controlar las fuerzas internas de nuestro universo con la ayuda de las letras y sus configuraciones. Para el kabbalista, el lenguaje Divino, formado por el *Álef Bet*, es la sustancia de la realidad.

Las letras de este vocabulario espiritual son los elementos que pertenecen al nivel más profundo y fundamental de inteligencia y entendimiento. La contemplación de estas letras lleva a una conciencia de la unidad y la interrelación mutua de todos los fenómenos, y por lo tanto a estados nuevos de conciencia. Así, el *Álef Bet* proporciona una experiencia directa de todo lo que existe como una manifestación entrelazada de una Unidad cósmica única y omnipresente.

Avraham declaró que el *Álef Bet* hebreo es el vínculo cósmico. Con el resurgimiento de esta antigua sabiduría, la búsqueda de la fuerza unificadora de nuestro cosmos puede al fin darse por acabada.

HISTORIA MÍSTICA DE LAS LETRAS HEBREAS

EXTRACTOS DEL ZÓHAR
PRÓLOGO 6:23-36

Las letras, por Rav Hamnuna Saba

Fuerzas de energía individuales, que se expresan a sí mismas como letras hebreas, se presentaron ante el Creador pidiendo que fueran los instrumentos a través de los cuales fuera creado el mundo. El Creador finalmente accedió a utilizar la letra *Bet* ⌂, puesto que esta letra en particular es la que da inicio a la palabra hebrea *Berajá* (Bendición). El Zóhar explica entonces los atributos únicos de cada una de las veintidós letras y la energía espiritual que emiten. Todas estas fuerzas y su poder de bendecir nos son transferidas cuando escaneamos con la mirada el texto arameo y aprendemos las lecciones que contiene.

בְּרֵאשִׁית רִבִּי הַמְנוּנָא סָבָא אָמַר, אַשְׁכַּחָן אָתְוָון בְּאִיפּוּכָא, בֵּי״ת
בְּקַדְמֵיתָא וּלְבָתַר בֵּי״ת, תְּרֵין בֵּי״ן בְּקַדְמֵיתָא, לְבָתַר אָ׳ בְּקַדְמֵיתָא,
אָלֶ״ף בְּקַדְמֵיתָא, אֶלָּא אַלְפָא אֱלֹהִי״ם, אֶלָּא כַּד בָּעָא קוּדְשָׁא בְּרִיךְ הוּא
לְמֶעְבַּד עָלְמָא, כָּל אַתְוָון הֲווֹ סְתִימִין, וּתְרֵין אַלְפִין שְׁנִין עַד לָא
בָּרָא עָלְמָא, הֲוָה מִסְתַּכֵּל קוּדְשָׁא בְּרִיךְ הוּא וְאִשְׁתַּעְשַׁע בְּהוֹ.

22. Bereshit: Rav Himnuná Saba dijo que hemos descubierto EN LAS PALABRAS: "En el principio, Elohim creó los... (HEB. *BERESHIT* BARÁ ELOHIM") (Bereshit 1:1), QUE EL ORDEN DE las letras EN ESTA FRASE ESTÁ ORGANIZADO en sentido inverso. Primero, la letra hebrea *Bet* es seguida inmediatamente por otra *Bet*; esto es: *Bereshit bará*. Posteriormente, ESTÁ ESCRITO al comienzo con una Álef y luego otra Álef, refiriéndose en hebreo a *Elohim*. Y ÉL EXPLICA QUE cuando el Santísimo, bendito sea Él, estaba a punto de crear el mundo, todas las letras estaban TODAVÍA ocultas. Durante dos mil años antes de la creación del mundo, el Santísimo, bendito sea Él, observó las letras y Se recreó con ellas.

(A) La letra *Tav*

.23 כַּד בָּעָא לְמִבְרֵי עָלְמָא, אָתוּ כָּל אַתְוָון קַמֵּיהּ מִסּוֹפָא אֲרֵישֵׁיהוּ.

שָׁרִיאַת אָת ת לְמֵיעַל בְּרֵישָׁא, אָמְרָה. רִבּוֹן עָלְמִין: נִיחָא קַמָּךְ

לְמִבְרֵי בִּי עָלְמָא, דְּאֲנָא חוֹתָמָא דְּגוּשְׁפַּנְקָא דִּילָךְ, אֱמֶת, וְאַתְּ

אִתְקְרִיאַת אֱמֶת, יָאוּת לְמַלְכָּא לְמִשְׁרֵי בְּאָת אֱמֶת, וּלְמִבְרֵי בִּי

עָלְמָא. אָמַר לָהּ קוּדְשָׁא בְּרִיךְ הוּא יָאוּת אַנְתְּ וְזַכָּאָה אַנְתְּ, אֶלָּא לֵית

אַנְתְּ כְּדַאי לְמִבְרֵי בָּךְ עָלְמָא. הוֹאִיל וְאַנְתְּ זְמִינָא לְמֶהֱוֵי רְשִׁים עַל

מִצְחִין דְּגוּבְרִין מְהֵימְנִין, דְּקַיִּימוּ אוֹרַיְיתָא מ א וְעַד ת,

וּבִרְשִׁימוּ דִּילָךְ יְמוּתוּן. וְעוֹד, דְּאַנְתְּ חוֹתָמָא דְּמָוֶת, הוֹאִיל וְאַנְתְּ

כֵּן, לֵית אַנְתְּ כְּדַאי לְמִבְרֵי בָּךְ עָלְמָא. מִיַּד נָפְקַת.

23. Cuando Él deseó crear el mundo, todas las letras se presentaron ante Él en orden, desde la última hasta la primera. La letra *Tav* se vio a sí misma digna de salir adelante primero. Ella dijo: Señor del Mundo, pueda que Te complazca crear el mundo conmigo ya que yo soy el sello de Tu anillo, que es *emet* (verdad), QUERIENDO DECIR: YO SOY LA ÚLTIMA LETRA EN LA PALABRA *EMET*. Y como Tú eres llamado POR ESTE NOMBRE DE verdad, entonces sería lo más apropiado para el Rey empezar con la letra *Tav*, y crear el mundo por medio de mí. El Santísimo, Bendito sea Él, le dijo: Tú eres digna y merecedora, pero no eres apropiada para que el mundo sea creado por medio de ti. Tú estás destinada a servir como señal en las frentes de los fieles, quienes han acatado la Ley de la Torá de la *Álef* a la *Tav*. Cuando tú apareces, ellos morirán. No sólo eso, sino que eres el sello de la palabra Muerte, QUERIENDO DECIR QUE *TAV* ES LA ÚLTIMA LETRA QUE APARECE EN LA PALABRA *MÁVET* (MUERTE). Y por esto, tú no eres adecuada para que Yo cree el mundo contigo. La letra *Tav* entonces inmediatamente se retiró.

(B) La letra *Shin*

24. Entonces la letra *Shin* entró y se presentó ante Él. Ella dijo: Señor del Universo, pueda que Te complazca crear el mundo conmigo, ya que Tu propio nombre Shadái está conmigo. Y sería lo más apropiado crear el mundo mediante un nombre sagrado. Él respondió: Tú eres digna, tú eres buena y eres veraz. Pero como tú estás incluida en las letras que forman la palabra *Shéker* (mentira), no deseo crear el mundo contigo. *Shéker* no hubiese prevalecido de no haber estado tú unida a las letras RESH y KUF.

קר

(C) La letra *Kof* y la letra *Resh*

כה. מִכָּאן, מָאן דְּבָעֵי לְמֵימַר שִׁקְרָא יִטּוֹל יְסוֹדָא דִּקְשׁוֹט
בְּקַדְמֵיתָא, וּלְבָתַר יוֹקִים לֵיהּ שִׁקְרָא, דְּהָא אָת **שׁ** אָת קְשׁוֹט אִיהוּ.
אָת קְשׁוֹט דַּאֲבָהָן דְּאִתְיַיהֲדוּ בָּהּ **ק, ר** אַתְוָון דְּאִתְחֲזִיאוּ עַל
סְטְרָא בִּישָׁא אִינּוּן, וּבְגִין לְאִתְקַיְּימָא נָטְלֵי אָת **שׁ** בְּגַוַּויְיהוּ הֲוֵי
קֶשֶׁר. כֵּיוָן דְּחָמַאת הָכִי נָפְקַת מִקַּמַּיְיהוּ.

25. De esto APRENDEMOS QUE quien quiera decir una mentira, debe agregar esa mentira a una base que es veraz. Porque la letra *Shin* es una letra (a saber: un signo) de verdad, queriendo decir: una letra de Verdad por la cual los Patriarcas alcanzaron armonía. NOTEN QUE LAS TRES LÍNEAS EN LA LETRA *SHIN* SE REFIEREN A LOS TRES PATRIARCAS, QUIENES SON LLAMADOS JÉSED, GUEVURÁ Y TIFÉRET. Y las letras *KOF* Y *RESH* aparecen en el lado maligno, PORQUE EL OTRO LADO ES FRÍO (HEB. *KAR, KOF* - *RESH*), SIN NADA DEL CALOR QUE DA VIDA. EL OTRO LADO ATRAE SU SUSTENTO DE MALJUT CUANDO ELLA ES UN OCÉANO CONGELADO. Para que ellos continúen existiendo, atrajeron la letra *Shin* hacia ellos, creando la combinación *Késher*, QUE SIGNIFICA 'FORTALECIMIENTO' Y 'SOBREVIVENCIA'. Cuando la *Shin* se dio cuenta de esto, se fue.

(D) La letra *Tsadi*

26. La letra *Tsadi* entonces entró, se presentó ante Él y dijo: Señor del universo, que Te complazca crear el mundo conmigo, ya que los justos (heb. *tsadikim*) están 'sellados' por mi nombre. Y Tú, que eres llamado justo (heb. *Tsadik*), estás también escrito por mi nombre, como está escrito: "Puesto que HaShem es recto, Él ama la rectitud" (Tehilim 11:7). Por lo tanto, ¡sería adecuado crear el mundo conmigo! Él contesta: *Tsadi, Tsadi,* tú verdaderamente eres recta, pero debes mantenerte oculta y no ser revelada demasiado, LO CUAL SE HARÍA SI EL MUNDO FUERA CREADO POR TI; de modo que los humanos no tendrán excusa para sus pecados. Y ¿cuál es la razón PARA QUE PERMANEZCA OCULTA? ES PORQUE acostumbraba ser *Nun*, y la letra del Nombre, que es la Alianza Sagrada, llegó y se montó sobre la letra *Nun*, CREANDO CON ESO LA LETRA TSADI. El significado secreto DE ESTE ASUNTO es que cuando el Santísimo, Bendito sea Él, creó a Adam, QUIEN ES EL SECRETO DE ZEIR ANPÍN, lo creó con dos caras, ESTO ES: UNA MASCULINA Y UNA FEMENINA PEGADA A LA ESPALDA. Por esa razón la cara de la *Yud* mira para el lado opuesto DE LA *NUN*; LA *YUD* VOLTEADA HACIA UNA PARTE, LA *NUN* HACIA OTRA, no volteando para encararse la una con la otra. La *Yud* veía hacia arriba Y LA *NUN* veía hacia abajo. El Santísimo, Bendito sea Él, le dijo: Yo te partiré, ESTO ES: SEPARARÉ LA UNIÓN DE ESPALDA CON ESPALDA DENTRO DE TI y te formaré en una unión cara a cara. Pero esto llegará a ser así en otro lugar, NO INMEDIATAMENTE CON LA CREACIÓN DEL MUNDO. YA QUE EL ESTAR UNIDOS ESPALDA CON ESPALDA ES UNA INDICACIÓN DE QUE SU ILUMINACIÓN ESTÁ OCULTA; NO ES APROPIADO CREAR EL MUNDO CON ÉSTA. LA LETRA TSADI se retiró de Su Presencia y se fue por su camino.

(E) La letra *Pei* y la letra *Ain*

.27 עָאלַת פ אָת אָמְרָה קַמֵיהּ: רְבּוֹן עָלְמִין, נִיחָא קַמָךְ לְמִבְרֵי בִּי
עָלְמָא, דְּהָא פּוּרְקָנָא דְּאַנְתְּ זַמִין לְמֶעְבַּד בְּעָלְמָא, בִּי רִשִׁים, וְדָא
הוּא פְּדוּת, וּבִי יָאוֹת לְמִבְרֵי עָלְמָא. אָמַר לָהּ: יָאוֹת אַנְתְּ, אֲבָל בָּךְ
אִתְרְשִׁים פֶּשַׁע בְּטָמִירוּ, כְּגַוְונָא דְּחִוְיָא דְּמָחֵי, וְאָעִיל רֵישֵׁיהּ בֵּין
גּוּפֵיהּ, הָכִי, מַאן דְּחָב, כָּפִיף רֵישֵׁיהּ וְאַפִּיק יְדוֹי. וְכֵן ע עָוֹן, אַף
עַל גַּב דְּאָמְרָה, דְּאִית בִּי עֲנָוָה, אָמַר לָהּ קֻדְשָׁא בְּרִיךְ הוּא לָא
אִבְרֵי בָּךְ עָלְמָא. נַפְקַת מִקַּמֵּיהּ.

27. La letra *Pei* fue la siguiente en entrar. Se presentó ante Él y dijo: Señor del universo, pueda que Te complazca crear el mundo conmigo, porque la Redención que Tú traerás sobre el mundo está descrita por mí, *Pedut* (Redención). ESTO SIGNIFICA QUE LA SALVACIÓN ES SER REDIMIDOS DE NUESTROS ENEMIGOS, Y ESTA PALABRA EN HEBREO COMIENZA CON LA LETRA *PEI*. POR ESTO el mundo debe ser creado conmigo. Él le respondió: Tú eres efectivamente digna de elogio, pero un crimen secreto (heb. *pesha*) está inscrito en ti, como la serpiente que muerde y retrae su cabeza a su cuerpo. Porque quienquiera que peca dobla su cabeza, QUERIENDO DECIR QUE SE ESCONDE DEL 'OJO OBSERVADOR', luego extiende sus manos PARA PECAR. ESTO SE REFIERE A LA FORMA DE LA LETRA *PEI* QUE TIENE UNA CABEZA DOBLADA HACIA ABAJO DENTRO DE SU CUERPO. Y algo similar SE DIJO TAMBIÉN DE LA LETRA *AIN*, QUE DESCRIBE EL TÉRMINO *avón* (iniquidad). Aunque ella clamó: yo tengo humildad (heb. *anavá*) en mí, y el Santo, Bendito sea Él, le respondió: No crearé el mundo por medio de ti. ¡*Ain* entonces se fue!

(F) La letra *Sámej*

28. La letra *Sámej* (*apoyo*) entró, se presentó ante Él y dijo: Señor del Mundo, pueda que Te complazca crear el mundo conmigo, porque yo soy capaz de apoyar a aquellos que caen. Como está escrito, "HaShem sustenta a todos los que caen" (Tehilim 145:14). Él le dijo, Por esto es exactamente que debes quedarte en tu lugar y no moverte de ahí. Si dejas tu lugar EN LA PALABRA *SOMEJ*, ¿qué les pasaría entonces a todos los que caen y son apoyados por ti? ¡La letra *Sámej* entonces se fue inmediatamente!

(G) La letra *Nun*

עָאֲלַת אָת נ אָמְרָה קָמֵיהּ רִבּוֹן עָלְמָא, נֵיחָא קָמָךְ לְמִבְרֵי בִּי .29
עָלְמָא, דְּבִי כְּתִיב נוֹרָא תְהִלּוֹת. וּתְהִלָּה דְּצַדִּיקִים נָאוָה תְהִלָּה.
אָמַר לָהּ: נוּ"ן, תּוּב לְאַתְרָךְ דְּהָא בְּגִינָךְ תָּבַת סמ"ך לְאַתְרָהּ, וְהֱוֵי
סָמִיךְ עֲלָהּ. מִיָּד תָּבַת לְאַתְרָהּ וְנָפְקַת מִקָּמֵיהּ.

29. La letra *Nun* entró y se presentó ante Él diciendo: Señor del Mundo, pueda que Te complazca crear el mundo conmigo, porque la frase: "terrible en alabanzas (heb. *norá tehilot*)" (Shemot 15:11), comienza conmigo. Y TAMBIÉN en la alabanza de los rectos ESTÁ ESCRITO: "lindo es alabar (heb. *navá*)" (Tehilim 147:1). Él le dijo: *Nun*, regresa a tu lugar. Es por ti que la letra *Sámej* regresó a su lugar. Y tú debes depender de ella como sostén. ESTO SIGNIFICA QUE LA LETRA *NUN* ESTÁ INSCRITA AL COMIENZO DE LA PALABRA CAÍDA (HEB. *NEFILÁ*) Y LA LETRA *SÁMEJ*, QUE ES EL SECRETO DE "HASHEM SOSTIENE A TODOS LOS QUE CAEN", REGRESÓ A SU LUGAR PARA SOSTENER A AQUELLOS QUE CAEN, COMO SE EXPLICÓ EN EL PÁRRAFO ANTERIOR. Inmediatamente se retiró de Su presencia y regresó a su lugar.

(H) La letra *Mem* y la letra *Lamed*

במ ...

ל ו ך

30. La letra *Mem* entró y Le dijo: Señor del universo, pueda que Te complazca crear el mundo por medio de mí, porque conmigo Tú eres llamado *Mélej* (Rey). Él le dijo: Sí, así es en efecto, pero Yo no crearé el mundo contigo, ¡porque el mundo necesita un rey! Regresa a tu lugar, tú y las letras *Lámed* y *Caf*, ya que no es apropiado para el mundo estar sin un rey.

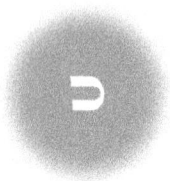

(I) La letra *Caf*

וֹ. בְּהַהִיא שַׁעֲתָא, נְחָתָא מִן קָדָמוֹהִי אֶת כ מֵעַל כּוּרְסְיָה יְקָרֵיה.
אִזְדַּעְזַעַת וְאַמְרָה קַמֵּיה: רִבּוֹן עָלְמָא, נִיחָא קַמָּן לְמִבְרֵי בִּי
עָלְמָא. דְּאֲנָא כְּבוֹדָךְ. וְכַד נָחֲתַת כ מֵעַל כּוּרְסֵיהּ יְקָרֵיהּ. אִזְדַּעְזְעוּ
מָאתָן אֶלֶף עָלְמִין וְאִזְדַּעְזַע כּוּרְסַיָּא, וְכֻלְּהוּ עָלְמִין אִזְדַּעְזְעוּ
לְמִנְפַּל. אָמַר לָהּ קֻדְשָׁא בְּרִיךְ הוּא: כ"ף, כ"ף, מָה אַתְּ עֲבֵיד
הָכָא. דְּלָא אַבְרֵי בָּךְ עָלְמָא, תּוּב לְאַתְרָךְ, דְּהָא בָּךְ כְּלָיָה. כְּלָה
וְנֶחֱרָצָה אִשְׁתְּמַע. תּוּב לְכֻרְסְיָךְ וֶהֱוֵי תַמָּן. בְּהַהִיא שַׁעֲתָא נָפְקַת
מִקַּמֵּיהּ וְתָבַת לְדוּכְתָּהּ.

31. En esa hora, la letra *Caf* descendió de la Gloria de Su Trono (heb. *kisé*).
Estremeciéndose, se presentó ante Él y dijo: Señor del universo, pueda que
Te complazca crear el mundo conmigo, porque yo soy Tu Gloria (heb. *cavod*).
Cuando la letra *Caf* descendió del Trono de Su Gloria, 200,000 mundos
fueron sacudidos y el Trono tembló. Y todos los mundos estuvieron a punto
del colapso. El Santísimo, bendito sea Él, le dijo: *Caf*, *Caf*, ¡¿qué estás
haciendo aquí?! De ninguna manera crearé el mundo contigo. Regresa a tu
lugar, porque la palabra hebrea *Clayá* (destrucción) comienza contigo. Y POR
TÍ "…la destrucción total está determinada y decretada" (YESHAYÁ 10:23).
Así que regresa a tu Trono y permanece allí. En ese mismo momento se fue
y regresó a su lugar.

(J) La letra *Yud*

32. La letra *Yud* entró, se presentó ante Él y dijo: Señor del universo, pueda que Te complazca crear el mundo conmigo, porque yo soy la primera letra del Nombre Santo. Así, Te sería apropiado crear el mundo conmigo. Él respondió: Te debería bastar estar grabada sobre Mi Nombre y aparecer en Mí. Tú abarcas todos Mis deseos. ¡Levántate, no sería apropiado para ti ser quitada de Mi Nombre!

(K) La letra *Tet* y la letra *Jet*

טֶ עָאֲלָת אָת טֶ אָמְרָה קַמֵּיה: רְבּוֹן עָלְמָא, נִיחָא קַמָּךְ לְמִבְרֵי בִּי
עָלְמָא, דְּאַנְתְּ, בִּי אַתְקְרֵיאַת טוֹב וְיָשָׁר. אֲמַר לָהּ: לָא אַבְרֵי בָּךְ
עָלְמָא, דְּהָא טוּבָךְ סָתִים בְּגַוּוֹךְ וְצָפוּן בְּגַוּוֹךְ, הה"ד מָה רַב טוּבָךְ
אֲשֶׁר צָפַנְתָּ לִירֵאָךְ, הוֹאִיל וְגָנִיז בְּגַוּוֹךְ, לֵית בֵּיהּ חוּלָקָא לְעָלְמָא
דָא, דְּאֲנָא בָּעֵי לְמִבְרֵי, אֶלָּא בְּעָלְמָא דְאָתֵי. וְתוּ, דְּעַל דְּטוּבָךְ גָּנִיז
בְּגַוּוֹךְ, יִטְבְּעוּן תַּרְעֵי דְהֵיכְלָא. הה"ד טָבְעוּ בָאָרֶץ שְׁעָרֶיהָ. וְתוּ ד
וֹ לְקֳבְלָךְ, וְכַד תִּתְחַבְּרוּן כְּחֲדָא, הָא ח"ט, וְעַל דָּא אַתְוָוֹן אִלֵּין
לָא רְשִׁימִין בְּשִׁבְטִין קַדִּישִׁין, מִיָּד נָפְקַת מִקַּמֵּיה.

33. La letra *Tet* entró, se presentó ante Él y dijo: Señor del universo, que Te complazca crear el mundo conmigo, ya que por mí Tú eres llamado bueno (heb. *tov*) y recto. Él respondió: no crearé el mundo contigo, porque tu bondad está oculta dentro de ti. Por consiguiente está escrito: "¡Oh!, Cuán abundante es Tu bondad, que guardas para los que Te temen" (Tehilim 31:20). Así, porque tu BONDAD está oculta dentro de Ti, no puede tomar ninguna parte en este mundo que quiero crear. Sólo se aplica al Mundo por Venir. Además, porque tu bondad está oculta y atesorada dentro de ti, las puertas del Templo serán 'hundidas'. Como está escrito: Sus portones están hundidos en el suelo" (Eijá 2:9). Y para agregar a todo esto, la letra Jet está antes que tú; juntas se convierten en un pecado (heb. *jet*, Jet - Tet - Álef). Es por esto que estas dos letras no aparecen en los nombres de las doce tribus. Entonces *Tet* se despidió inmediatamente y se alejó de Él.

(L) La letra *Zain*

וַתֵּצֵא אָת ז [...] הֵסְדָּה אָלֹ [...]

34. La letra *Zain* entró y Le dijo: Señor del universo, pueda que Te complazca crear el mundo conmigo. Porque con mi ayuda, Tus hijos guardarán el Shabat, como está escrito: "Recuerda (heb. *Zajor*) el día del Shabat para santificarlo" (Shemot 20:8). Él respondió: Yo no crearé el mundo contigo, porque tú representas guerra, ESTO ES: una espada puntiaguda y una lanza CON LAS QUE LA GENTE HACE la guerra. ¡Y ELLAS SON LLAMADAS ARMA, QUE EN HEBREO SE PRONUNCIA *ZAIN!* Y tú eres como la letra *Nun*, CON LA QUE EL MUNDO NO FUE CREADO, PORQUE ESTÁ AL COMIENZO DE LA PALABRA NEFILÁ (CAÍDA). Inmediatamente se fue de Su presencia.

(M) La letra *Vav* y la letra *Hei*

‎35. עָאלַת אָת וֹ אָמְרָה קַמֵּיה: רִבּוֹן עָלְמָא, נִיחָא קַמָּךְ לְמִבְרֵי בִּי
‎עָלְמָא, דְּאֲנָא אָת מִשְׁמָךְ. אָמַר לָהּ: וָא"ו, אַנְתְּ וְ ‎הֵ. דִּי לְכוֹן דְּאַתּוּן
‎אַתְוָון דִּשְׁמִי, דְּאַתּוּן בְּרָזָא דִשְׁמִי, וַחֲקִיקָן וּגְלִיפִין בִּשְׁמִי, וְלָא
‎אִבְרֵי בְּכוּ עָלְמָא.

35. La letra *Vav* entró y suplicó ante Él: Señor del Universo, pueda que Te complazca crear el mundo conmigo, ya que yo soy una de las letras de Tu Nombre *YUD HEI VAV* y *HEI*. Él respondió: *Vav*, tú y la letra *Hei* deben estar satisfechas con estar escritas en Mi Nombre. Porque ustedes aparecen en Mi Nombre y están grabadas en Él, por consiguiente Yo no crearé el mundo con ustedes.

(N) La letra *Dalet* y la letra *Gimel*

וְאַחַר דָּא עָאל אָת גֵ וְאַתְ גֵ אָמַר קַמֵּיהּ, אֲתֵר אַתְר דְּ לָהּ וָ ...

36. Las letras *Dálet* y *Guímel* entraron. ELLAS también reclamaron la misma cosa. Él también les dijo que estuvieran satisfechas estando una con la otra, porque siempre habrá pobres sobre la tierra, y debe dárseles un benefactor. La letra *Dálet* es pobre, PORQUE ES LLAMADA *DÁLET*, DE POBREZA (HEB. *DALUT*), y la *Guímel* corresponde como un benefactor (heb. *gomelet*) PARA *DÁLET*. POR LO TANTO, ¡no se abandonen la una a la otra, y debe bastarles que se sustenten una a la otra!

(0) La letra *Bet*

זי. עָאלַת אָת **ב** אָמְרָה לֵיהּ: רִבּוֹן עָלְמָא, נִיחָא קַמָּךְ לְמִבְרֵי בִּי
עָלְמָא, דְּבִי מְבָרְכָאן לָךְ לְעֵילָא וְתַתָּא. אָמַר לָהּ קֻדְשָׁא בְּרִיךְ הוּא:
הָא וַדַּאי בָּךְ אַבְרֵי עָלְמָא, וְאַתְּ תְּהֵא שֵׁירוּתָא לְמִבְרֵי עָלְמָא.

37. La letra Bet entró y Le dijo: Señor del Universo, Que Te complazca crear el mundo conmigo, ya que por mí Tú eres bendecido en los mundos superior e inferior. ESTO ES PORQUE LA LETRA *BET* ES LA PRIMERA LETRA DE LA PALABRA BENDICIÓN (HEB. *BRAJÁ.*) El Santísimo, Bendito sea Él, respondió: Pero, por supuesto, Yo ciertamente crearé el mundo contigo. Y tú aparecerás en el principio de la Creación del mundo.

(P) La letra *Álef*

38. La letra *ÁLEF* se quedó afuera y no entró. El Santísimo, bendito sea Él, le dijo: *Álef*, *Álef*, ¿por qué no entras y te presentas ante Mí como las otras letras? Ella responde: Señor del Universo, porque he visto que todas las letras Te dejaron sin beneficio. Entonces, ¿qué haré yo allí? No sólo eso, sino que Tú ya le presentaste a la letra *Bet* el más grande de los regalos. ¡Y no sería propio del Rey celestial retirar el regalo, que Él obsequió a Su servidor, y dárselo a otro! El Santísimo, bendito sea Él, dijo: *Álef*, *Álef*, aunque el mundo es creado con la letra *Bet*, tú serás la primera (lit. 'cabeza') de todas las letras. Mis lazos se expresarán sólo por ti y todos los cálculos y acciones de la gente comenzarán contigo. Por tanto, ¡toda unidad será expresada por medio de la letra *Álef*!

CAPÍTULO 1

EL PENSAMIENTO Y LA MENTE

WE ARE LIVING IN A
MATERIAL WORLD
AND I AM A MATERIAL GIRL.
(VIVIMOS EN UN MUNDO MATERIAL
Y YO SOY UNA CHICA MATERIAL)

—MADONNA

El estado de nuestra mente puede crear enfermedad o acelerar nuestro proceso de recuperación. De la misma forma que no existen barreras entre el hombre y el cosmos, la mente y el cuerpo también son inseparables. Cuando estamos enfermos, no debemos tratar solamente la enfermedad física; también debe producirse un cambio en la psique. Este concepto no es nuevo. Sin embargo, sólo recientemente ha obtenido la atención y el respeto del mundo occidental.

Jerome Frank, profesor emérito de psiquiatría en la Escuela de medicina John Hopkins, ha documentado algunas de las conexiones entre la mente y el cuerpo. Las investigaciones han demostrado que la mente puede jugar un papel crucial en la curación de la enfermedad. La medicina psicosomática, el estudio científico de la capacidad del cuerpo para aumentar su propia resistencia a las infecciones, ha levantado mucha polémica dentro de la comunidad médica. Ciertamente, el desequilibrio psíquico —la discordia del pensamiento— puede encontrarse en la raíz de todas las enfermedades. ¿Qué otra cosa podría explicar el hecho de que la administración de placebos haya ido seguida de la curación de algunas enfermedades graves?

Intuitivamente reconocemos la existencia de una conexión entre la mente y el cuerpo, pero resulta menos fácil percibir el vínculo entre la mente y el cosmos. El antiguo axioma "tal como es Arriba, es Abajo" alude a esta conexión cósmica. Desde una perspectiva kabbalística, toda la Creación forma parte de la Unidad Sagrada. Por lo tanto, es lógico que cualquier cosa que ocurra en cualquier lugar influencie a todo lo demás de forma instantánea. Este concepto contradice una de las afirmaciones de la teoría cuántica: que vivimos en un universo aleatorio. La teoría cuántica dice que no hay explicación del por qué un cierto electrón renegado decide comportarse de forma errática, diferenciándose del resto de millones de sus semejantes que han seguido obedientemente el trayecto predecible. Sin embargo, desde un punto de vista kabbalístico, el comportamiento aleatorio de un electrón es una expresión del libre albedrío que fue impartido a todas las cosas en el momento de la gran Restricción, o *Tzimtzum*, conocida por la ciencia como el Big Bang.

Los físicos ven en la actualidad a nuestro universo en expansión continua. Se piensa que una vez que el universo alcance su expansión máxima, se contraerá y colapsará. El profesor de Princeton John Wheeler declaró que "podemos esperar que cuando el universo colapse empezará un nuevo ciclo, y otro universo dejará su huella en el superespacio".[6] Una definición de espacio es la distancia entre dos puntos, pero si los dos puntos colapsan entre ellos, ¿deja de existir el espacio que existe entre ellos? Si es ese el caso, entonces el término "superespacio" de Wheeler puede reformularse mejor como "no-espacio". La física, con toda su deliberación teorética, parece haber alcanzado finalmente a comprender la no-dimensión, lo cual significa que la física —junto con toda la ciencia física— ha plantado las semillas de su propia desaparición. ¿Pues qué es la física, sino el estudio del mundo físico? ¿Y qué es la ciencia, si sus leyes sólo son aplicables dentro de los marcos de referencia más estrechos? La Kabbalah, por el contrario, no está en peligro de autodestruirse. Los kabbalistas logran entender el universo con el debido respeto hacia el mundo material y con un reconocimiento pleno de sus muchas limitaciones.

Wheeler, al pronunciar su discurso en honor del 500º cumpleaños de Copérnico, dijo que tenía una lista de tres misterios por resolver: la mente, el mundo cuántico y el universo.[7] Con esta declaración demostró tener una conciencia elevada. Al vincular la mente con el cosmos, Wheeler reveló una conexión con información oculta. Él había sintonizado, por así decirlo, con una estación de transmisión muy ignorada que sólo transmite la verdad, veinticuatro horas al día. Albert Einstein estaba sintonizado con la misma frecuencia cuando un rayo repentino de conciencia elevada le reveló que además de las tres dimensiones espaciales que conocemos, hay una cuarta dimensión: la del tiempo.

Estos tres elementos: la mente, la cuántica y el universo, dijo Wheeler, amenazan la clara separación entre el observador y lo observado. Fue significativo que Wheeler mencionara la mente en primer lugar entre sus tres misterios. Después de todo, el universo y su mundo cuántico constituyente pueden existir en la realidad física, pero igual que la rueda o cualquier otro invento, primero deben haber existido como pensamiento. No obstante, la segregación de la conciencia y la materia fue durante muchos años el fundamento, y la proclamación, del punto de vista científico moderno. La mecánica cuántica, empero, ha derribado el punto de vista según el cual el universo está "ahí fuera", mientras que nosotros somos observadores objetivos de lo que ocurre en su interior, aislados de forma segura de la acción. Ahora sabemos que por el acto en sí de observar, el observador afecta lo que observa, lo cual significa que la intención humana altera la naturaleza misma de la realidad.

Esta comprensión nos lleva a una reconciliación entre la teoría cuántica y la Kabbalah —entre la ciencia de la física subatómica y la metafísica kabbalística—, pues ambas sostienen que nuestro universo es participativo. El Zóhar afirma que en los días de la Era Mesiánica, "ya no habrá necesidad de pedirle a nuestro prójimo 'Enséñame la sabiduría'.[8] Pues está escrito: 'Un día, ya no tendrá nadie que enseñar a su prójimo, ni dirá nadie a su hermano: ¡Conoce al Señor! porque todos, desde el más pequeño hasta el más grande, me conocerán'".[9] La física cuántica no hace más que pavimentar el camino hacia este futuro. La sabiduría de la Kabbalah es el camino en sí mismo.

Según el Zóhar, se acerca el día en que los secretos internos de la naturaleza, que han permanecido ocultos durante tanto tiempo, serán al fin revelados. Este conocimiento nos permitirá entender la esencia misma de todo lo que está en nuestro interior y a nuestro alrededor, y nos brindará acceso al dominio del no-espacio, proporcionándonos un marco para la comprensión de no sólo nuestro universo familiar y observable, sino también de aquello que está más allá del alcance de lo observable, en el mundo de lo metafísico. Esta verdad desvelará los enigmas supremos de los orígenes del hombre y del universo, tanto el porqué como el cómo.

¿Quién es este observador-creador del que hablamos? No es otro que el hombre, el iniciador del pensamiento. "*Sof Maasé BeMajashavá Tehilá*", declara Rav Solomón Alkabets (1500-1580), autor medieval de la canción sagrada de *Shabat* llamada *Lejá Dodi* ("Ven, Amado Mío"): "Todas las manifestaciones y acciones son meramente los resultados de un pensamiento *a priori*", lo cual significa que la ley de causa y efecto es válida tanto en lo espiritual como en lo material.

No tenemos dificultad en identificar las cosas que definimos como "materiales". La existencia material dio origen a la evolución de todos nuestros sentidos, y por consiguiente podemos ver, oler, saborear, tocar y escuchar las cosas materiales. Pero cuando profundizamos en la sustancia de lo que percibimos como la realidad sólida y física, volvemos al componente fundamental y básico de la naturaleza: el átomo, con sus electrones, protones y núcleo. ¿Y qué es un electrón? ¿Es un pedazo microscópico de materia sólida? ¡En absoluto! Ni siquiera ocupa un lugar específico en el espacio-tiempo. ¡Puede describirse mejor como un campo electromagnético que oscila entre el espacio/no-espacio! Por lo tanto, vemos que el componente fundamental a partir del cual está construido el mundo material es una ilusión, y todo lo que sigue siendo indiscutiblemente real es lo que nosotros, en este momento, estamos compartiendo: pensamiento-energía-inteligencia, la forma de vida particular y única que distingue a un ser humano de otro y que, en realidad, es también la totalidad del ser humano.

El astrónomo Sir James Jeans resumió esta perspectiva cuando dijo: "El universo se parecía más a un gran pensamiento que a una gran máquina. Podría ser, incluso, que aquello que pensamos que es el universo físico y real sólo sea un patrón de interferencia (una interrupción impertinente) en el mundo del pensamiento".[10] Kabbalísticamente hablando, lo mismo ocurre con el hombre, cuyo cuerpo físico interfiere con sus procesos de pensamiento, hasta llegar a oscurecerlos por completo en muchas ocasiones. Esta interferencia es el poder del *Deseo de*

Recibir Sólo Para Uno Mismo o "Fuerza oscura", que puede discernirse como la forma de vida inteligente del cuerpo, mientras que la energía-inteligencia del alma es el *Deseo de Recibir con el Propósito de Compartir.*

El universo —incluido el hombre que vive en él— es una gran amalgama de pensamientos. Podemos inclinarnos a pensar que una idea tan grande como el universo sólo puede ser contenida en la mente del Señor, pero el Gran Pensamiento Unificado del que estoy hablando es en realidad una manifestación más grande del mismo pensamiento que todos estamos compartiendo en este momento. El Gran Pensamiento Unificado existe en nuestras mentes, en nuestros cuerpos, en todo lo que experimentamos, en el sabor y el tacto, la vista y la acción. Cada fenómeno observado —ya sea una partícula, una antipartícula, un neutrino o un quark— está dirigido por y actúa según los dictados de una inteligencia particular de pensamiento, un pensamiento que ha sido "cuantificado" por la ciencia como un paquete discreto de energía medible, pero que, en realidad, es una parte del todo omnipresente.

Una Luz Única une todas las cosas en el Cielo y la Tierra. Sabiendo como sabemos que en la naturaleza se necesitan tanto las polaridades positivas como las negativas para completar un circuito eléctrico, podemos deducir que en polaridad con la Luz, debe haber también una fuerza contraria que cause separación y fragmentación, ya estemos hablando del Big Bang o de relaciones humanas. La Kabbalah enseña que hay cuatro fuerzas fundamentales en funcionamiento en el universo. En este libro, hablaremos sobre la naturaleza de estas fuerzas y sus veintidós subdivisiones.

Debido a que estamos condicionados a pensar en el universo en términos espaciales, tendemos a concebir fuerzas o campos de energía operando en el espacio. Para aproximarnos al verdadero significado de lo que revelan los kabbalistas, sin embargo, debemos entender que la energía sí funciona en el espacio, pero no depende del espacio. Antes preguntamos si el espacio existe en una forma que no sea la distancia entre dos puntos. Desde el punto de vista kabbalístico, la respuesta es sí. Espacio sin distancia o vacío existe en el pensamiento (si podemos conceptualizarlo), pero para hacer uso de ese concepto, debemos definirlo de forma más completa. Puesto que la no-distancia o el espacio vacío no existe como la distancia entre dos puntos, debemos ahora describirlo como no-espacio para diferenciarlo de la cantidad de espacio que existe entre dos puntos. La Kabbalah nos dice que las energías que operan en la naturaleza son independientes del tiempo, el espacio y el movimiento, y pueden concebirse mejor como permutaciones continuas o estados del ser. En esta fase de nuestra investigación, por lo tanto, basta decir que toda esa energía se crea en el pensamiento como estados mentales.

De nuevo enfatizamos que todas las cosas que existen son pensamiento: desde una mesa a un campo de energía electromagnético operando en el espacio o el no-espacio, en el tiempo o el no-tiempo. La mente de un individuo, como la del Señor en cuya imagen fue creado, no es solamente un lugar en el que se almacena información, sino un lugar donde el conocimiento mismo es creado.

Las redes de transmisión inalámbricas no se inventaron en el siglo veinte. La conciencia actúa sobre el pensamiento de energía- inteligente y lo transforma en materia de energía-inteligente. Cada mente, a través de sus propias percepciones únicas, programa un nuevo concepto en la rejilla universal, un concepto que se proyecta instantáneamente en las mentes de todos nuestros compañeros habitantes del universo. El instrumento por el cual la conciencia lleva a cabo este milagro es el *Álef Bet* hebreo.

El Creador, sólo a partir de la energía-inteligencia de Compartir, deseó crear una Vasija con la cual compartir Su beneficencia. Al principio, consideró la idea de crear sólo otro ser que fuera igual a Él. Pero el Señor desestimó esta idea por ser inadecuada para Su intención, que era crear un receptor de Su benevolencia. Una nueva entidad con un poder equivalente al Suyo propio no necesitaría nada de Él. Por lo tanto, el Señor decidió crear, de una sola vez, todas las almas que llegarían a existir en el universo, construyéndolas como poderosas Vasijas capaces de recibir y contener Su Luz.

Así, dentro del espectro total de Pensamientos del Creador, el universo empezó a tomar forma. Como hace cualquier maestro artesano cuando inicia su trabajo, el Creador consideró cuidadosamente las herramientas que necesitaría para hacer realidad Su intención. Empezó a diseñar estas herramientas con su imaginación, con lo cual experimentó un fenómeno holográfico maravilloso: a medida que sacaba las imágenes de Sus herramientas de la parte oculta de Su Mente, ¡empezaron a existir! El Creador vio Su trabajo, y se sintió satisfecho. Los diseños simplemente emergieron del interior de Su conciencia.

Emanaron veintidós tonalidades sublimes, y al Señor le satisfizo utilizarlas para crear Su universo. Estas fueron las veintidós emanaciones, desde *Álef* hasta *Tav*, que han llegado hasta nosotros en la actualidad como los caracteres Divinos del *Álef Bet* hebreo. Con estos veintidós caracteres, el Creador planeó Su Creación, aun mientras la contemplaba en forma de Pensamiento-inteligente en un Mundo Sin Fin, carente de tiempo, espacio y movimiento, donde el pasado, el presente y el futuro eran aspectos indiferenciados del vasto panorama del Ahora. Él asignó a cada una de estas emanaciones un nombre y una cara, y dos mil años antes de la Creación descrita en el Génesis, Él se retozó y deleitó en estos caracteres.[11]

Igual que la expresión material de una idea que ya está contenida dentro de la mente, y el roble se haya dentro de la bellota, también el universo estaba incluido dentro de la Energía-inteligencia Suprema que más tarde se manifestaría como las veintidós letras del *Álef Bet*. Creadas de la propia Mano del Señor, estas presencias son inmutables y nunca pueden ser destruidas. Su naturaleza eterna se reveló cuando Moisés rompió las Tablas físicas que contenían los Diez Enunciados en el Monte Sinaí.[12] El Zóhar dice: "Cuando las Tablas se rompieron, las letras volaron hacia arriba".[13]

El Señor creó todas las almas a través de estas veintidós emanaciones, cada una de las cuales era un socio comercial con Él, igual que las piedras extraídas de una montaña son de la montaña pero no son la montaña misma. Por lo tanto, Él podía obtener placer del acto de impartir, de la misma forma que ellas encontrarían placer al recibir.

Para el Señor no era suficiente que Sus Vasijas obtuvieran placer de lo que Él les daba solamente por acceder a Su voluntad. Él quería que ellas eligieran libremente recibir Su benevolencia, por lo que creó el libre albedrío: la capacidad de

Sus Vasijas de elegir entre el bien y el mal, entre la oscuridad y la luz. Pues sólo cuando la fuerza Oscura era una opción, la humanidad podría optar por la Luz. Por este motivo, nunca debemos olvidar las limitaciones de nuestra independencia. Aunque hemos sido extraídos de nuestro Creador y por lo tanto estamos separados de Él en cierto sentido, somos de nuestro Creador, lo cual significa que somos del universo interconectado; por consiguiente, estamos sujetos a los efectos de nuestros pensamientos y acciones. Este es el precio de nuestra libertad.

CAPÍTULO 2

ORIGEN E HISTORIA DEL *ÁLEF BET*

Creación;
Emanaciones luminosas;
Mundo material;
Letras-energías;
Tabernáculo;
Adán y Eva;
Rompimiento de las Tablas;
Arca perdida;
Caín y Abel;
Conexión metafísica;
Conexión planetaria;
Pasado, Presente y Futuro;
Mensajes codificados;
Einstein

EN EL PRINCIPIO,
DIOS CREÓ LOS
CIELOS Y LA TIERRA.

—GÉNESIS 1:1

L a primera línea del Génesis es interesante, aunque su traducción no es del todo precisa. Ciertamente algo fue creado en el principio, pero no fueron el Cielo y la Tierra. Leemos en el Zóhar que dos mil años antes de la Creación narrada en el Génesis, el Creador que todo lo abarca reflejó y dio vida a las veintidós energías-inteligencias que constituyen el sistema maestro de comunicaciones a través del cual evolucionan todos los subsistemas de energía, y que hoy se expresan como las letras del *Álef Bet* hebreo.

La Fuerza-energía de la Creación que todo lo abarca, conocida en términos bíblicos como el Creador, es descrita en el léxico de la Kabbalah como las *Diez Sefirot* o Diez Emanaciones Luminosas.

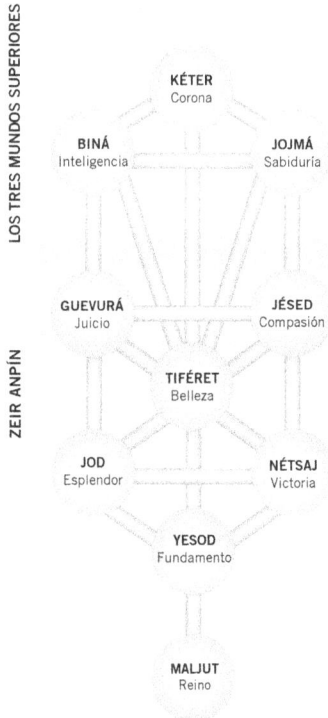

LOS TRES MUNDOS SUPERIORES

ZEIR ANPÍN

KÉTER
Corona

BINÁ
Inteligencia

JOJMÁ
Sabiduría

GUEVURÁ
Juicio

JÉSED
Compasión

TIFÉRET
Belleza

JOD
Esplendor

NÉTSAJ
Victoria

YESOD
Fundamento

MALJUT
Reino

Las Tres *Sefirot* Superiores —*Kéter* (Corona), *Jojmá* (Sabiduría), y *Biná* (Inteligencia) — son la Fuerza de Luz virtualmente no conocible del Creador. De éstas, sólo *Biná* está remotamente dentro del alcance de la comprensión humana. Por lo tanto, cuando los kabbalistas hablan de la Fuerza de Luz de la Creación, se están refiriendo a *Biná*. Recuerda que *Biná* representa una emanación que se halla dentro del marco de nuestra comprensión, pues pertenece a este universo físico y no debe confundirse con los estados más elevados de energía conocidos como *Sitrei Torá* (los Secretos de la Biblia), que tratan con niveles de conciencia que están más allá de la comprensión humana.

El Zóhar declara que cuando el Creador deseó la Creación del Mundo, las letras del *Álef Bet* estuvieron todavía ocultas dos mil años antes de la Creación. Este ocultamiento de las letras puede compararse a una semilla antes de ser plantada. El lenguaje kabbalístico utilizado para describir las veintidós letras es el microcosmos de *Zeir Anpín*: una agrupación de seis *Sefirot* Inferiores más *Maljut*, la séptima *Sefirá* Inferior. Las seis *Sefirot* contenidas dentro de *Zeir Anpín* son *Jésed* (Misericordia), *Guevurá* (Juicio), *Tiféret* (Belleza), *Nétsaj* (Victoria), *Jod* (Esplendor) y *Yesod* (Fundamento). *Maljut* (Reino), o el universo físico, es donde todas las energías cósmicas de *Zeir Anpín* se vuelven manifiestas. La palabra hebrea para "mundo" o "universo" es *olam*; sin embargo, el significado raíz de *olam* es "ocultamiento". Por consiguiente, cuando el Creador deseó la Creación del mundo material, Su deseo era revelar los mundos de *Zeir Anpín* y *Maljut*.

Cuando consideramos todos estos hechos juntos, podemos extraer dos conclusiones importantes del Zóhar. Primero, que las veintidós letras del *Álef Bet* existían dos mil años antes de la Creación del universo físico, y segundo, que a través de la emanación de las veintidós letras-energías previamente ocultas, el universo, tal y como lo conocemos, se manifestó.

Prueba adicional del poder de las letras y de sus combinaciones formando palabras se demuestra en la afirmación del Rey David, el salmista: "Por la palabra del Señor fueron creados los Cielos".[14]

La construcción del Tabernáculo en el desierto por parte de los Israelitas fue, y seguirá siendo, una hazaña increíble. ¿Cómo, aun careciendo de las herramientas y los materiales adecuados, pudieron hacerlo? Incluso con nuestra tecnología avanzada, podemos aún maravillarnos en la actualidad de su logro. El *Talmud* nos dice que Bezalel[15], el ingenioso arquitecto, completó con éxito el Tabernáculo porque él "supo cómo combinar las letras a través de las cuales fueron creados los Cielos y la Tierra".[16] La Biblia da fe de su obra de inspiración divina cuando afirma: "Y Él lo ha llenado con el espíritu del Señor, en sabiduría, en entendimiento y en conocimiento, y en toda forma de destreza".[17]

El Zóhar explica que la adición de una letra del Nombre del Señor —el Tetragrámaton: *Yud, Hei, Vav* y *Hei* — al nombre de una persona indica una intervención cósmica. A veces, no obstante, una letra puede condenar a un hombre. Leemos en la Biblia: "Y Adán conoció a su esposa Eva y ella concibió y dio a luz a Caín".[18] Las impurezas energéticas de la serpiente que sedujo a Eva están indicadas por la primera letra del nombre de Caín, *Kof* . Esta energía negativa, que se hizo manifiesta dentro de Adán y de Eva, fue atraída por Caín por virtud de la letra *Kof* ק. Así pues, la energía negativa interna de la serpiente y de la letra *Kof* están vinculadas entre ellas. Por consiguiente, está escrito que Adán "conoció" a Eva, y no que "engendró" a Eva. Aunque el hermano pequeño de Caín, Abel, fue concebido del lado Derecho masculino, aún así Satán debilitó el poder de Adán, puesto que *Kof*, la primera letra de Caín, se volvió dominante y se manifestó primero. Caín y Abel fueron dos mitades de una sola alma. Consecuentemente, la influencia cósmica de la letra *Kof* de Caín pasó a Abel.

Tan pronto como la impureza fue eliminada, las letras *Shin* ש y *Tav* ת comenzaron a manifestarse. *Shin* y *Tav* representan la unión de lo masculino y lo femenino. *Shin*, con su forma de tres columnas, es *Zeir Anpín*, o el aspecto masculino, y *Tav* es *Maljut*, o el aspecto femenino. El verso dice entonces: "Y él engendró un hijo en su misma semblanza, a su imagen, y lo llamó Seth (en hebreo Shet)".[19] שת *Shin* y *Tav*, ambas presentes dentro del nombre *Shet*, indican la reunificación y la manifestación del todo unificado que todo lo abarca a través del poder del *Álef Bet*.

Debido a su naturaleza metafísica, las letras del *Álef Bet* nunca pueden ser destruidas ni mutiladas, motivo por el cual las letras volaron hacia arriba cuando Moisés destruyó las Tablas de piedra que contenían los Diez Enunciados. Las Tablas de piedra eran de naturaleza física, y por lo tanto susceptibles de ser destruidas, mientras que las energías-inteligencias de las letras eran metafísicas e indestructibles. Las Tablas se hicieron pedazos, pero las letras-energías se liberaron y permanecieron intactas como antes. Está escrito que las Tablas, aunque estaban hechas del zafiro más duro, podían enrollarse como un pergamino siempre que estuvieran conectadas a las letras, otra indicación más de la interrelación entre energía y materia y el poder del *Álef Bet.* [20]

Así, estas dos Tablas se han convertido en un símbolo de poder y, hasta la fecha, el misticismo que las rodea sigue siendo una fuente de curiosidad. Ciertamente, la búsqueda de estas dos Tablas en los tiempos modernos ha proporcionado el marco adecuado para muchas historias relacionadas con el Arca perdida.

Podemos encontrar otro ejemplo del poder trascendente del *Álef Bet* en el testimonio de un sabio de la antigüedad llamado Rav Hananiá ben Teradyón. Envuelto en el Rollo de la Biblia por los romanos, exclamó: "El pergamino se está quemando, pero las letras se elevan a lo alto". [21]

Las letras del *Álef Bet*, cuando se combinan y se conectan al nombre de una persona, hacen que esa persona sea capaz de alcanzar estados alterados de conciencia. Esta forma de intervención, a través de una letra, puede significar guía y orientación cósmica para ese individuo. Después de sacrificar a Abel, Caín fue derrocado de su nivel superior de conciencia, lo cual le hizo exclamar: "¡Mirad, Tú me has expulsado en este día de la faz de la tierra!". ("Faz" denota aquí el grado de conciencia). "Y de Tu Cara me esconderé; y seré un fugitivo y errante en la Tierra; y sucederá que aquel que me encuentre me matará". Entonces, "el Señor puso un signo para Caín, para que aquel que lo encontrara no lo destruyera". [22] El signo protector que el Señor puso en la frente de Caín para que todos lo vieran era la letra *Vav* ו de su Nombre Sagrado: el Tetragrámaton.

Cuando Avram el Patriarca, el primer astrólogo y el más importante, vio en su carta astrológica que nunca engendraría a un hijo con su esposa Sarai, el Señor cambió su nombre por Avra<u>h</u>am añadiendo la letra *Hei* a Avram. De la misma forma, el Señor eliminó la letra *Yud* del nombre de Sarai y colocó una *Hei* —la misma letra que utilizó para crear el nombre de Avraham— en su lugar, convirtiendo su nombre en Sará. [23] De nuevo aquí se puso a prueba el enorme poder del *Álef Bet* y engendró un estado de conciencia completamente alterado. Las cartas astrológicas de Avram y Sarai indicaban una vida estéril juntos sin la bendición de una descendencia, pero una vez se elevaron a un nivel superior de conciencia cósmica mediante la intervención del *Álef Bet*, sus cartas natales dejaron de influenciar sus vidas. Fueron, en efecto, transformados en seres humanos distintos con un futuro distinto.

"Y Él [el Señor], sacándole afuera [a Avraham], le dijo: 'Mira ahora hacia el cielo y cuenta las estrellas, si es que puedes contarlas'; y añadió: 'Así será tu simiente'".[24] Fue un diálogo extraño en un marco incomprensible. ¿Qué tiene que ver observar y contar las estrellas con la garantía de Dios a Avraham de que engendraría un hijo? El Señor estaba asegurando a Avraham que engendraría un hijo mediante las palabras "ir afuera", o ascender a un nivel más elevado de conciencia.

La interpretación kabbalística de la ahora conocida cita: "No hay influencia cósmica para Israel, porque, aunque las estrellas influencian, no obligan"[25] emerge de la misma referencia bíblica. El Señor informó a Avraham que debido a que el podía "contar las estrellas" (es decir, tener conocimiento de las estrellas), también podía trascender la influencia del cosmos y estar menos sujeto a las influencias planetarias. Las estrellas inducen e influencian nuestras acciones, pero aún podemos trascender su influencia.

Existen dos métodos de conexión metafísica en nuestro universo. El primero es la adquisición de un estado alterado de conciencia compatible con la más amplia realidad cósmica que todo lo abarca. En este estado, adquirimos un conocimiento importante y una conciencia necesaria de las fuerzas invisibles que forman la realidad que nos rodea, así como una nueva comprensión de las interrelaciones entre personas, cosas y el universo natural. En un estado alterado, entramos en un patrón de flujo interno que está en armonía con el cosmos, con lo cual nuestra conciencia se conecta a los centros de información del cosmos: pasado, presente y futuro. "Estos son los verdaderos filósofos, los astrólogos de Israel", dice el Zóhar, "ellos saben aquello que ha existido y también saben lo que aguarda en el futuro. Por virtud de conocer las letras [manifestaciones internas] del Sol, de la Luna y los eclipses de ambos, de los planetas y de los signos del zodiaco, saben todo lo que existe en nuestro universo".[26]

El segundo método de conexión cósmica es uno en el que el individuo no tiene que adquirir un estado alterado de conciencia porque él o ella ha nacido con una capacidad innata para la trascendencia. He acuñado la frase "conciencia innata" para explicar cómo algunos individuos simplemente nacen con un mecanismo innato para alcanzar la conciencia cósmica.

Las siete carrozas bíblicas —Avraham, Isaac, Jacobo, Moisés, Aarón, José y el rey David— personifican este segundo concepto. La explicación bíblica de los Siete Días de la Creación describe las *Siete Sefirot Inferiores*, cada una de las cuales corresponde a uno de los siete patriarcas, así:

Día uno	Avraham	*Jésed*
Día dos	Isaac	*Guevurá*
Día tres	Jacobo	*Tiféret*
Día cuatro	Moisés	*Nétsaj*
Día cinco	Aarón	*Jod*
Día seis	José	*Yesod*
Día siete	Rey David	*Maljut*

La palabra "día" es el código cósmico para *Sefirá*, o una forma-inteligencia de vida, tal como descifra el Zóhar. Como ha sido repetidamente afirmado, la Biblia es un mensaje escrito en un código cósmico, y la información sobre cómo descifrar ese código es proporcionada por la sabiduría de la Kabbalah, y en particular, el Zóhar.

> *Los cielos declaran la gloria del Señor. Y el firmamento muestra Su destreza. Día a día pronuncia discursos y noche a noche revela conocimientos. No hay discurso, no hay palabras, ni su voz es escuchada. Su línea ha ido por toda la tierra, y sus palabras hasta el final del mundo, en ellas Él ha colocado una tienda para el sol.* [27]

La idea de que el universo nos proporciona un mensaje codificado es algo que los kabbalistas han sabido durante mucho tiempo. Un gran desafío para el mundo actual es descifrar el contenido de este código cósmico conocido como la Biblia. Los kabbalistas revelaron fuerzas en el universo que podían aniquilar a la humanidad: "Y Moisés vio a un egipcio golpeando a un hebreo…Y miró aquí y allí".[28] Moisés conocía el secreto de las letras hebreas. "Aquí y allí" se refiere a Moisés revisando las cincuenta letras a través de las cuales los Israelitas proclamaron la unidad que todo lo abarca recitando el *"Shemá Israel"* (Escucha Israel) dos veces al día, y percibiendo mediante una conciencia elevada que nunca nacería un buen hijo del Egipcio que estaba golpeando al hebreo. Así que, con tan sólo mirarle, Moisés provocó la muerte del egipcio a través del asombroso poder de la fuerza cósmica.[29]

De vez en cuando, emerge un verdadero genio con una conciencia innata perfeccionada. Einstein, como todos los genios auténticos, nació con una capacidad para la conexión cósmica. Pero, ¿reveló algo que no existiera previamente? ¿Inventó algo? ¿Alteraron los compañeros científicos de Einstein el estado de la existencia al explorar la estructura del universo? No. Aun un genio no es un instigador de nuevos conceptos e invenciones, tal como se cree comúnmente; una persona así es más bien un canal para la Unidad Cósmica.

En cualquier momento, cuando la inteligencia cósmica está preparada para revelarse, alguien será elegido para llevar a cabo el trabajo. Y finalmente se expresará una inteligencia en particular que revelará un aspecto ya existente de nuestro universo. Las preguntas de quién y por qué, y por qué ahora, están inevitablemente ligadas con el concepto de la reencarnación. ¿Quién? Alguien que será capaz de comunicar esta nueva inteligencia para que sea aceptada. ¿Por qué? Para proporcionar otro enlace hacia la iluminación definitiva. ¿Por qué ahora? Nuestro sistema de computador cósmico, que está basado en la actividad de la humanidad en cada preciso momento, establece contacto con los nuevos componentes y la información se libera. En verdad, esta energía intelectual nace, no del individuo, sino de la gran contribución de la actividad colectiva de la raza humana.

Cada una de las veintidós letras es una semilla, un punto de inicio en el camino hacia la Conciencia Divina Espiritual que reside en la primacía de cuatro universos/mundos conocidos mnemotécnicamente con el acrónimo ABYA: *Atsilut* (Emanación), *Briá* (Creación), *Yetsirá* (Formación) y *Asiyá* (Acción). De estos cuatro universos primarios emanan los universos infinitos que conforman la existencia.

Palabras	Sefirá	Tetragrámaton
Adam Kadmón	Kéter	
Atsilut	Jojmá	י
Briá	Biná	ה
Yetsirá	Zeir Anpín	ו
Asiyá	Maljut	ה

Jésed
Guevurá
Tiféret
Nétsaj
Jod

El Zóhar [30] explica que el Señor creó dos reinos básicos, cada uno de los cuales está formado por los cuatro mundos que acabamos de mencionar. Una cantidad equivalente de poder cósmico del bien y del mal se otorgó a estos dos reinos, creando así los dos sistemas fundamentales del bien y el mal que ahora podían ejercer la influencia cósmica sobre la humanidad. Cada una de las letras del *Álef Bet* hebreo está estructurada cósmicamente para mantener un equilibrio entre el bien y el mal por virtud de su conciencia espiritual innata, considerada como un canal digno de la Creación del Señor. La batalla entre el bien y el mal había comenzado. Esta guerra cósmica continuaría hasta que la *Kedushá* (Santidad, Pureza) triunfó sobre la *Tumá* (Impureza). Debido a este equilibrio cósmico de poder entre el bien y el mal en nuestro mundo — el Mundo de la Acción, *Asiyá*— resulta a veces difícil distinguir entre un individuo verdaderamente espiritual y otro que crea una impresión externa de la espiritualidad.

Esta observación fue corroborada por el profeta Malaquías:

"Y pruébenme ahora —dijo el Señor de las huestes—, si no les abro las compuertas del cielo y derramo para ustedes una bendición, que no habrá lugar suficiente para que ésta sea recibida. Entonces regresarán y discernirán entre los justos y los malvados, entre aquel que sirve a Dios y aquel que no Le sirve".[31]

¿Cómo puede determinar uno el mérito espiritual de un individuo? La respuesta es bastante simple. Observa la paz interior de esa persona. ¿Comparte? ¿Es él o ella humilde y carente de odio? ¿Hace él o ella un esfuerzo coordinado para vivir según el dictado de "ama a tu prójimo como a ti mismo"? ¿Realmente él o ella tolera las opiniones y las ideas de los demás? ¿O la persona exhibe una tendencia a forzar sus creencias sobre otros? Al preguntarnos y respondernos estas preguntas, podemos encontrar un mentor espiritual.

Cada letra del *Álef Bet* hebreo está cósmicamente estructurada para mantener un equilibrio entre el bien y el mal, y cada una, por virtud de su conciencia espiritual innata, creía ser un servidor del Señor y se consideraba capaz de ayudar a la *Kedushá* cósmica a dominar a la *Tumá* cósmica, lo cual subyugaría las *klipot* (el mal) para que el *Gemar HaTikún* (Corrección Final del mundo) tuviera lugar. El Señor informó a cada una de las letras que al lado de su inteligencia cósmica individual de *Kedushá* existía una inteligencia cósmica equivalente y opuesta de *Tumá* instaurada en las *klipot*. De este modo, el Señor podía determinar cuál de los poderes cósmicos de las letras era capaz de subyugar y erradicar el mal para siempre.

CAPÍTULO 3

NUMEROLOGÍA DE LAS LETRAS CÓSMICAS

Cerebro;
Escudo de David (Estrella de David);
Jerusalén;
Patriarcas;
El Rey David;
La Era de Acuario;
La Biblia;
El Becerro de Oro;
El Monte Sinaí;
La carroza;
Asesinato;
David y Goliat;
Batsheva

PUES LA CIENCIA DE LAS
MATEMÁTICAS ES UNA DE
LAS PUERTAS QUE LLEVA
A UN CONOCIMIENTO DE LA
SUSTANCIA DEL ALMA.

—DAVID IBN MERWAN AL-MUKAMMAS

E s muy importante saber que las veintidós letras están divididas en tres niveles de emanación: *Biná* (Inteligencia), *Tiféret* (Belleza) y *Maljut* (Reino). Estos tres niveles de conciencia están a su vez subdivididos de diferentes maneras. Aquellos que han visto los Rollos escritos de la Biblia, se habrán dado cuenta de que sus letras están escritas en tres tamaños distintos. Cada tamaño de la letra representa una forma de vida inteligente particular. Las letras más grandes del Rollo representan el nivel de conciencia conocido como *Biná*: las letras de tamaño intermedio, que son la mayoría de las que se encuentran en el Rollo, reflejan el nivel cósmico de *Tiféret*; y las letras más pequeñas representan el nivel cósmico de *Maljut*.

En cuanto que la mayoría de las letras que aparecen en el Rollo pertenecen al nivel cósmico de *Tiféret*, el *Zóhar* se refiere al Rollo como la *Torá SheBijtav*, la Biblia Escrita. Según el *Zóhar*, el Rollo proporciona el acceso y la conexión cósmica con el nivel de conciencia conocido como *Tiféret*, mientras que el *Talmud*, la Biblia Oral, proporciona una conexión con el nivel cósmico de *Maljut*. [32]

Las letras hebreas tienen todas ellas un valor numérico. Tanto los números como las letras son instrumentos de energía cósmica. En la categoría de las unidades, hay nueve letras, empezando por *Álef* y acabando por *Tet*, y éstas comprenden las nueve *Sefirot* cósmicas de *Biná* cósmico. En el grupo de las decenas, también hay nueve letras, que van de *Yud* a *Tsadi*. Dentro de la categoría de las centenas, que se relaciona con *Maljut* cósmico, hay sólo cuatro letras: *Kof*, *Resh*, *Shin* y *Tav*.

Letra hebrea		Nombre	Valor numérico	Sefirá
א		Álef	1	Biná
ב		Bet	2	Biná
ג		Guímel	3	Biná
ד		Dálet	4	Biná
ה		Hei	5	Biná
ו		Vav	6	Biná
ז		Zain	7	Biná
ח		Jet	8	Biná
ט		Tet	9	Biná
י		Yud	10	Tiféret
כ	ך	Caf	20	Tiféret
ל		Lámed	30	Tiféret
מ	ם	Mem	40	Tiféret
נ	ן	Nun	50	Tiféret
ס		Sámej	60	Tiféret
ע		Ain	70	Tiféret
פ	ף	Pei	80	Tiféret
צ	ץ	Tsadi	90	Tiféret
ק		Kof	100	Maljut
ר		Resh	200	Maljut
ש		Shin	300	Maljut
ת		Tav	400	Maljut

¿Por qué *Maljut* cósmico contiene sólo cuatro letras-energías? ¿Acaso la falta de letras indica un nivel cósmico inferior al de *Biná* cósmico y *Tiféret* cósmico? La respuesta es sí.

La naturaleza de las *Sefirot* queda ilustrada por el símbolo del término generalmente conocido de la Estrella de David, el hexagrama o estrella de seis puntas formada por dos triángulos equiláteros que tienen el mismo centro y que están superpuestos uno sobre el otro pero apuntan a direcciones opuestas: uno hacia arriba y el otro hacia abajo. La mayoría de las personas han asumido que el único propósito que sirve la Estrella de David es decorativo. Algunos interpretan la Estrella de David como el signo planetario de Saturno, conectado con la piedra sagrada que se encuentra en el santuario predavídico en Jerusalén. Lo cierto es que el hexagrama fue tallado en el sello o anillo del rey Salomón como símbolo de su dominio sobre los demonios.[33] La mayoría de estudiosos creen que su relevancia como símbolo está conectada con los días en los que el rey David la llevó incrustada en su escudo. ¿Pero por qué eligió el rey David utilizar el hexagrama en su escudo? David era un profeta, no un supersticioso.

TIFÉRET
Belleza
JACOBO

GUEVURÁ
Juicio
ISAAC

JÉSED
Misericordia
AVRAHAM

POTENCIAL

MANIFESTACIÓN

JOD
Esplendor
AARÓN

NÉTSAJ
Victoria
MOISÉS

YESOD
Formación
JOSÉ

> *Lo veo, pero no ahora;*
> *lo contemplo, pero no de cerca;*
> *una estrella saldrá de Jacobo,*
> *y el Mesías se levantará de Israel,*
> *y golpeará todas las esquinas de Moab,*
> *y derrumbará a todos los hijos de Seth.*
> —*Números 24:17* [34]

La frase "una estrella saldrá de Jacobo" se refiere al rey David, el primer monarca que conquistó Moab.[35] Este versículo de la Biblia parece colocar un gran énfasis en la "estrella". El Zóhar explica que la estrella de seis puntas no sólo tiene un poder asombroso, sino que las seis puntas connotan la energía cósmica de las seis *Sefirot* de *Zeir Anpín*; el Zóhar procede entonces a describir el papel que jugará la estrella durante la Era de Acuario. Aquí encontramos la clave a través de la cual la energía cósmica puede convertirse en la fuerza vital necesaria para reducir el derramamiento de sangre innecesario, la guerra y el sufrimiento del mundo a la mitad. Esta estrella también se conoce como el Escudo de David. El Zóhar dice: "El rey David es el símbolo del Mesías. Durante la Era de Acuario, los misterios de la estrella serán revelados a toda la humanidad".[36]

La Tríada Superior de la estrella contiene las tres *Sefirot* de *Jésed* (Misericordia), *Guevurá* (Juicio) y *Tiféret* (Belleza). Las carrozas o vínculos conectores de estas *Sefirot* son los patriarcas Avraham (*Jésed*), Isaac (*Guevurá*) y Jacobo (*Tiféret*), quienes hicieron que estas tres energías-inteligencias se manifestaran en nuestro universo. Su posición dentro de la estrella indica la inaccesibilidad de la conexión cósmica para el ser humano corriente. La Tríada Superior es el reino de lo potencial que todavía no se ha manifestado. El poder de la Tríada Superior es demasiado grande, cósmicamente hablando, para que se permita su expresión directa. Esta energía cósmica debe transformarse si queremos utilizarla. Para alcanzar la conciencia superior que ofrece la Tríada Superior, debemos utilizar canales metafísicos más estrechamente ligados con el ámbito de nuestro universo: el Mundo de la Acción.

La Tríada Inferior está estructurada para proporcionar tal vínculo. Está formada por fuerzas que se han trasladado del reino de lo potencial a un estado de expresión manifiesto. La Tríada Inferior contiene las tres *Sefirot* de *Nétsaj* (Victoria), *Jod* (Esplendor) y *Yesod* (Fundamento). Las carrozas o vínculos conectores para estas *Sefirot* son: Moisés (*Nétsaj*), Aarón (*Jod*) y José (*Yesod*). Los patriarcas de la Tríada Superior —Avraham, Isaac y Jacobo— no estuvieron conectados mientras vivieron con la gente de su generación; vivieron una vida de ocultamiento, privacidad e individualidad. Pero esto no fue así para las carrozas de la Tríada Inferior: Moisés, Aarón y José. Moisés fue el líder de su gente; Aarón se convirtió en el Sumo Sacerdote y mediador entre los reinos espirituales Superior e Inferior; y José[37] se convirtió en segundo al mando después del Faraón y el proveedor que liberó a todo el mundo conocido del desastre y el hambre. Por consiguiente, es la Tríada Inferior a través de la cual el mundo de *Maljut* (nuestro mundo físico) puede conectarse con la Tríada Superior.

El Zóhar dice que el rey David es la carroza de *Maljut*,[38] que se volvió manifiesta por virtud de la capacidad metafísica innata de David. Fue David quien proporcionó a la humanidad el eslabón directo y final en la cadena de la conexión cósmica. Tal como afirma el Zóhar: "En los días del Mesías, ya no habrá necesidad de pedir cada quien a su vecino: 'Enséñame la sabiduría', tal como está escrito: 'Algún día ya no enseñará cada persona a su vecino ni cada persona a su hermano, diciendo: conozcan al Señor. Porque todos me conocerán, desde el más joven hasta el más anciano de ellos'".[39] De esta forma, la Era de la Iluminación parece estar fuertemente ligada con la Era de Acuario.

Como mencionamos previamente, la Tríada Superior de *Tiféret* es inaccesible para nosotros, pues se encuentra fuera del alcance de la conciencia humana. Nuestro mundo, el Mundo de la Acción, sólo puede conectarse con la Tríada Inferior y con *Maljut*, que encarna sólo cuatro letras-energías: *Kof*, *Resh*, *Shin* y *Tav*. Por lo tanto, nuestro vínculo con los Niveles Superiores de conciencia debe tener lugar a través de estas cuatro letras-energías.

La Biblia inmortaliza una galaxia de grandes hombres y mujeres que hicieron contribuciones significativas a los Israelitas y al bienestar de toda la gente alrededor del mundo. Hay, sin embargo, un individuo que destaca por encima de todos: Moisés. La Biblia da fe de su poder e importancia únicos cuando el Señor declara: "Escuchen ahora Mis palabras; si hubiere un profeta entre ustedes, Yo el Señor me daré a conocer a él en una visión, hablaré con él en un sueño. No es así con Mi servidor Moisés; él es de confianza en toda Mi Casa. Con él, hablo de boca a boca y no con discursos oscuros".[40]

No sólo fue Moisés el primer maestro de la nación de Israel, sino que también dio la energía mística de la Biblia al mundo. A pesar de muchas dificultades, él nunca desfalleció; siempre él perseveró. Fue Moisés quien transformó a una horda de esclavos en una nación con el potencial de asegurar la paz y la armonía en el mundo. Aun cuando Israel cayó bajo la influencia del Becerro de Oro, Moisés no abandonó a su pueblo. Aunque este trágico suceso dejó una herida espiritual tan profunda que Moisés rompió las Tablas escritas por la Mano del Señor, aun así intervino en nombre de su gente mediante una oración desgarradora: "Mas ahora, si es Tu voluntad, perdona su pecado; y si no es así, bórrame, Te lo ruego, de Tu Libro que Tú has escrito".

¿Por qué fue elegido Moisés para liderar a los Israelitas? Moisés fue tan generoso con el rebaño de Yitró, que se dice que el mismo Señor comentó: "Si Moisés ofreció un cuidado tan amoroso hacia los animales, entonces cuán mayor sería su amor por los humanos".[41] Moisés era un humanitario supremo, capaz de ejercer el rol de intermediario. La letra *Kof*, que es de gran importancia y que examinaremos en un capítulo posterior, es un símbolo del vínculo entre Moisés y la Tríada Superior. Desde esta posición dentro de la *Sefirá* cósmica de *Nétsaj*, Moisés, a través de la letra *Kof*, proporciona un puente simbólico hacia los estados más elevados de conciencia.

Aarón, hermano de Moisés y de Miriam, pertenecía a la tribu de Leví.[42] Aun cuando la narrativa bíblica asigna claramente a Aarón un papel subordinado al de Moisés, sin duda Aarón sostenía una posición elevada dentro de la jerarquía de su tribu. El Señor a menudo se comunicaba con Moisés y Aarón de forma conjunta.[43] Aarón era capaz de hacer expiación por el pueblo por medio de ofrendas de incienso.

Aarón es especialmente alabado por su amor por la paz. Él nunca avergonzaba a las personas diciéndoles que habían pecado, empleaba todas las estratagemas posibles para reconciliar disputas, particularmente aquellas entre maridos y mujeres.[44] Algunos creen que su amor por el prójimo determinó su actitud en relación al Becerro de Oro. Fue durante la ausencia prolongada de Moisés en el Monte Sinaí cuando Aarón cedió a la petición del pueblo y creó un Becerro de Oro, que luego los Israelitas deificaron.[45] Él podría haber matado a aquellos que adoraban al Becerro de Oro, como hizo más tarde Moisés, pero su amor y compasión por su pueblo le impidieron ejecutar este decreto.

Aarón consideraba que la persuasión pacífica era el mejor medio para lograr una apreciación de la Biblia. Hillel dijo: "Sean como los discípulos de Aarón, que aman la paz, que aman al prójimo y lo acercan a la Biblia".[46] No se da una razón directa por la cual Aarón fue elegido Sumo Sacerdote y fundador del sacerdocio hereditario, pero el Zóhar conecta el amor por la paz de Aarón con su ascensión como Sumo Sacerdote.[47]

Originalmente, Aarón era la carroza o vínculo metafísico con la *Sefirá* de *Jod*. Cuando estuvo espiritualmente preparado para ascender al nivel más elevado de conciencia conocido como *Jésed*, ese escalón de conciencia del sacerdocio se volvió accesible para él y fue capaz de abarcar la energía cósmica de una forma más potente de lo que era posible para cualquier otro Levita.

Cuando la actividad espiritual de Aarón se aisló de la corriente dominante de su sociedad debido a su elevación espiritual,

Kóraj y sus seguidores lideraron un desafío al monopolio que ostentaba la familia de Aarón dentro del sacerdocio. El derecho exclusivo de la familia de Aarón sobre el sacerdocio fue mantenido a través de un Juicio de Dios que condujo a la destrucción de Kóraj y la mayoría de la Tribu de Kóraj y sus rebeldes.[48]

José el Justo es una carroza de la *Sefirá* de *Yesod* (Fundamento), en la Tríada Inferior de la Estrella de David.[49] El hijo de Jacobo y Raquel, José, nació en Padán-Arán después de que Raquel fuera estéril durante siete años.[50] Jacobo mostraba favoritismo hacia José por encima de los hijos que tuvo con sus otras esposas. La interpretación kabbalística del estrecho vínculo entre este padre e hijo es claramente distinta a la que parece insinuar el relato bíblico. Según la sabiduría de la Kabbalah el misterio de su afinidad consistía en su posicionamiento como vínculo cósmico con el poder del principio mediador conocido en la Kabbalah como la Columna Central. Jacobo es la carroza de *Tiféret*, la Columna Central de la Tríada Superior de la Estrella de David, mientras que José es la carroza de *Yesod*, que simboliza la Columna Central de la Tríada Inferior. Por lo tanto, Jacobo y José se consideran directamente responsables de conectar la Columna Central celestial con nuestro universo terrestre.[51]

Partiendo de una interpretación literal del relato bíblico de la juventud de José, nos enteramos de que se distanció totalmente de sus hermanos porque informaba de sus malas acciones a su padre.[52] Sin embargo, según el Zóhar, este distanciamiento entre José y sus hermanos simboliza la elevación de José a un nivel más elevado de conciencia. José ascendió hasta el nivel de *Yesod* de la Tríada Inferior de la

Estrella de David, mientras que la conciencia de sus hermanos permaneció dentro de la influencia de los doce signos del zodíaco, este mundo físico.[53]

En una ocasión, Jacobo envió a José a visitar a sus hermanos para que a su regreso le informara sobre su estado de bienestar. Cuando los hermanos vieron a José en la distancia, su odio y hostilidad hacia él se dice que fueron tan grandes que quisieron matarle.[54] El fratricidio es una proposición turbulenta, pero si asumimos que toda la Biblia es un código cósmico, tal como hacen los kabbalistas, entonces este relato bíblico de un asesinato a sangre fría adquiere un significado más profundo. La Kabbalah enseña que los hijos de Jacobo simbolizan los doce signos del zodíaco; por lo tanto, la historia de José y sus hermanos se convierte en un relato de influencias cósmicas y el dominio que éstas ejercen sobre el universo.

José fue vendido como esclavo a un hombre llamado Potifar, cortesano y administrador en jefe del Faraón. José se ganó la confianza de su amo, pero su buena fortuna no duró mucho. La esposa de Potifar intentó seducir a José, quien se resistió a ella. Enfurecida por su rechazo hacia ella, calumnió a José e hizo que lo metieran en prisión.[55] De nuevo aquí la interpretación kabbalística de este triste episodio en la vida de José difiere marcadamente de una lectura convencional de la historia bíblica. Desde la perspectiva kabbalística, la situación penosa en la que se encontraba José fue una bendición oculta, pues le proporcionó un nuevo nivel de conciencia, el cual era necesario para que pudiera convertirse en la carroza de *Yesod*.

La elevación de José a la conciencia cósmica engendró una nueva serie de extraños sucesos. José fue llevado a palacio para interpretar los sueños del Faraón, tras lo cual predijo que habría siete años de gran abundancia en Egipto, seguidos por siete años de hambre. José ofreció consejo al Faraón sobre cómo manejar la situación, y no fue accidental que el Faraón adoptara sus sugerencias y eligiera a José, a la edad de treinta años, como la persona encargada de implementarlas.[56]

Las medidas de José resultaron en sustento —en lugar de hambre— para todo el mundo entonces conocido, un hecho que se corresponde precisamente con la posición de José dentro de la Estrella de David. Como carroza de *Yesod*, José proporciona el vínculo cósmico directo entre los Mundos Superiores de *Zeir Anpín* y la *Sefirá* de *Maljut* (nuestro mundo físico). Cuando descodificamos la narrativa bíblica desde una perspectiva kabbalística, vemos que describe la conexión de José con este mundo, mientras que a su vez señala su posición dentro de la Tríada Inferior de la Estrella de David.

David era el hijo menor de Jesé de la familia efratita que vivía en Belén (Beit-Lejem) de Judea.[57] Según el libro de Ruth, David descendía de Ruth, la esposa moabita de Boaz.[58] David reinó como rey de Israel durante cuarenta años. Su reinado consistió de dos periodos. Durante siete años, el rey David reinó sobre Judea desde la cuidad de Hebrón. Durante el segundo periodo, reinó sobre todo Israel desde la ciudad capital de Jerusalén.

Sin embargo, David es más popularmente conocido por su heroísmo contra Goliat, el filisteo. Esta hazaña, junto con los otros éxitos de David en la larga guerra con los filisteos, le hizo ascender a un rango más elevado en el ejército de Saúl, quien era entonces rey de Israel.[59] Posteriormente, el rey Saúl eligió a David para que desposara a su hija. Pero con el tiempo, Saúl empezó a resentir la popularidad cada vez mayor de David, y sus celos se transformaron en la sospecha de que David estaba planeando hacerse con el trono. Cuando David se dio cuenta de que Saúl estaba decidido a matarle, huyó al exilio, donde vivió con un miedo constante a Saúl y su ejército. Durante este periodo, David obtuvo la admiración y la amistad profunda del hijo primogénito de Saúl, Jonatán.[60]

Según todas las leyes de la naturaleza humana, Jonatán debía haber envidiado y odiado a David, sin embargo amaba a David más que a sí mismo, a pesar de que la lealtad de Jonatán estaba dividida entre su padre y su amigo. La descripción bíblica de la amistad de Jonatán con David se expresa en el siguiente verso: "El alma de Jonatán estaba entretejida con el alma de David, y Jonatán lo amaba como a su propia alma".[61] David correspondía al amor de Jonatán plenamente, pues no estaba limitado por las tensiones y los conflictos que ponían a prueba el amor de Jonatán. El amor de David por Jonatán continuó de forma ininterrumpida a pesar de la precariedad de su situación. La mayoría de personas que hubiera estado en la posición de David —exiliado y temiendo por sus vidas— habría hecho de la supervivencia su prioridad absoluta. Pero no fue el caso de David, quien se negó a abandonar a aquellos a quienes amaba. Ninguna otra persona en la Biblia se describe como alguien más noble en su humildad y abnegación que David.

La muerte del rey Saúl en la guerra contra los filisteos marcó el comienzo de una etapa importante en la vida de David. Después de recibir la noticia de la muerte de Saúl, David entendió que el camino hacia la realización de su destino estaba despejado. Él era ahora la única persona en Israel dotada con el genio militar y la estima pública necesarias para llevar a cabo la lenta y costosa tarea de reconstruir y hacer manifiesto el Reino del Señor: *Maljut.*

David dio un paso crucial tras averiguar la voluntad del Señor mediante el Efod, una vestidura ornamentada que llevaba el Sumo Sacerdote encima de una túnica azul. Este pectoral era la herramienta principal para comunicarse con el nivel de conciencia del Señor. El término codificado para consultar el Efod es "presentarse ante el Señor".[62] La consulta de David al Efod se describe de la siguiente manera: "Y sucedió que David le preguntó al Señor, diciendo: '¿Debo de ir hacia alguna de las ciudades de Judea?'. Y el Señor le dijo: 'Ve'. Y David dijo: '¿A dónde iré?'. Y Él le dijo: 'Hacia Hebrón'.[63]

Los esfuerzos de David por unificar las diferentes tribus para formar el reino de Israel provocaron tensión y animosidad. En el posterior tumulto, su propio hijo Absalom se rebeló contra él. Los benjamitas expresaron su enemistad hacia David diciendo: "No tenemos parte con David, y ni herencia común con el hijo de Jesé".[64] Sin embargo, el rey David logró evitar la fragmentación de Israel, transformando a los Israelitas en una nación gobernada de forma centralizada. Llevó una vida rica y fascinante, pero la unificación de su reino destaca entre todos sus demás logros. El *Midrash* declara que el Señor "anhela ver a David siendo rey hasta la Era de Acuario".[65] El *Talmud* toma una posición más contundente en relación al Reino de David, diciendo: "Todo aquel que se atreva a contender en contra de la soberanía de la casa de David, merece ser mordido por una víbora".[66]

La historia de David y Batsheva es una historia de amor. Revela los misterios de las almas gemelas e ilustra el extraordinario efecto que puede tener el amor en las vidas de los hombres y las mujeres.[67] Vista desde una perspectiva kabbalística, esta historia se convierte en una metáfora que arroja nueva luz sobre el significado del amor.[68] Hollywood y la historia dicen que el rey David cometió adulterio con Batsheva y planificó la muerte de su marido, Uria. Pero según el *Talmud*, el rey David no fue culpable de ninguno de estos dos crímenes. Aun cuando el texto parece insinuar una crítica del comportamiento del rey David con Batsheva, la tendencia general es a exonerarle de toda culpa porque él y Batsheva, como almas gemelas, compartían un amor hecho en el cielo. "Todo aquel que diga que el rey David pecó está equivocado", dice el *Talmud*.[69] El rey David contempló la idea de llevar a cabo este acto, pero no llegó a ejecutarlo. La Kabbalah está llena de paradojas, y la historia de David y Batsheva es la paradoja personificada.

Percibimos una cierta contradicción entre la obsesión del rey David con la guerra y su conexión con el amor y la poesía. Los rabinos elogian el genio poético del rey David: "Todas las alabanzas del Libro de los Salmos fueron proclamadas por David",[70] dice uno. "Mientras aún se encontraba en el vientre de su madre, él recitó un poema", dice otro.[71] "La medianoche nunca me encontró dormido", dice el rey David de sí mismo. Cada noche hasta la media noche estudiaba la Biblia; después recitaba canciones y alabanzas.[72]

La descendencia del rey David a partir de Ruth la moabita se recalca en las enseñanzas esotéricas. El rey David, el primer Mesías, descendía de una mezcla con las *klipot*, igual que sucederá con el último Mesías. El rey David obtuvo la carroza de *Maljut* (Reino) para actuar con misericordia y caridad, y al mismo tiempo matar de acuerdo con la ley. Por necesidad, se hizo con el poder del mal para vencer al mal enraizado en el hombre. El rey David parecía manifestar prácticamente todo lo que nuestra sociedad tiene para ofrecer. "Como contraparte del David bíblico, el Señor tiene otro David", afirma el Zóhar.[73] Junto con Avraham, Isaac, Jacobo, Moisés, Aarón y José, David es la *merkavá*, o carroza, de este Mundo de Acción. David combinó los dos Mundos, el Superior y el Inferior. Él era el símbolo del Reino, la totalidad de nuestro universo.

La vida de David retrata la propia esencia de la existencia de la humanidad misma. La batalla continua en el Reino simboliza nuestro conflicto interno. Por lo tanto, es apropiado que David se incluya entre los patriarcas de la Tríada Inferior porque él acogió a toda la humanidad.

LAS
CONSTELACIONES
CELESTIALES

Deseo de Recibir;
Restricción;
Más y Menos;
Paradoja;
Pan de la Vergüenza;
Resistencia;
Comunicación cósmica;
Astronomía;
Astrofísica;
Física Newtoniana;
Por qué y cómo;
ADN;
Códigos genéticos;
Siete planetas;
Cuerpo humano

NINGÚN PUNTO ES MÁS
FUNDAMENTAL QUE ESTE:
QUE EL ESPACIO VACÍO
NO ESTÁ VACÍO.
ES DONDE TIENE LUGAR
LA FÍSICA MÁS VIOLENTA.

—JOHN A. WHEELER

Cuando Dios deseó la Creación del mundo, todas las letras del *Álef Bet* aparecieron ante Él en orden inverso. Por consiguiente, la última letra, *Tav*, fue la primera en aparecer. ¿Por qué aparecieron las letras en orden inverso cuando llegó el momento en que la Voluntad del Creador se expresara físicamente? El orden inverso significa que el Deseo, o Voluntad, de Recibir dentro del Mundo Sin Fin pasó por una Restricción, o *Tzimtzum*, que se explica de la siguiente manera:

> *Puesto que el Deseo de Recibir, que se había establecido en el Ein Sof, estaba recibiendo la beneficencia infinita de Creador de forma continua, surgió un sentimiento llamado Pan de la Vergüenza. La Vasija estaba recibiendo pero no podía hacer nada a cambio, ya que el Creador, al ser completo y no faltarle nada, no tiene Deseo de Recibir. Por lo tanto, la Vasija sintió Pan de la Vergüenza porque no era capaz de ganarse lo que estaba recibiendo. La energía metafísica generada por esta situación se manifiesta como un sentimiento de culpa, que lleva, por el principio de causa y efecto, a una desconexión voluntaria de la Luz, de forma que la Vasija puede redirigir la falta de equilibrio causada por recibir lo que no se ha ganado. Las leyes esenciales relativas al flujo de energía en nuestro universo se establecieron por lo tanto en el proceso de Creación.[74]*

Así fue como nació la paradoja de los opuestos. Se creó un circuito para la energía cósmica a través de una interacción de fuerzas opuestas. A primera vista, esto puede parecer un contrasentido; la idea de una unidad intrínseca de opuestos parecer resultar extraña para nuestra forma de pensar. Sin embargo, desde un punto de vista kabbalístico, los opuestos son simplemente aspectos distintos de la misma Unidad que todo lo abarca.[75] Para inhalar necesitamos exhalar; para recibir necesitamos rechazo/restricción. Para que una bombilla de luz se encienda, el filamento debe devolver la corriente que ha sido atraída por el polo negativo. Recibir directamente sin devolver ni rechazar la energía solicitada, es provocar un cortocircuito.

El rechazo de la energía crea la inteligencia a la cual la Kabbalah se refiere como *Or Jozer* (Luz Retornante). Esta inteligencia recién nacida ocupa el lugar del polo negativo y actúa como una Vasija. Paradójicamente, una inteligencia creada con el propósito de rechazar la Luz, ahora asume el papel de recibir la Luz. Esta ley esencial, que funciona tanto en el reino de existencia físico como en el metafísico, emergió del proceso de la Creación. Una vez establecida en la red metafísica de conexión, esta nueva forma de vida inteligente (Luz Retornante) permite la eliminación del Pan de la Vergüenza y el restablecimiento del flujo de energía cósmica.

Este principio fundamental de resistencia es la base de la aparición de las veintidós letras ante el Creador en orden inverso: desde *Tav* hasta *Álef*. Todos los fenómenos cósmicos deben comportarse según la ley paradójica de la Luz Retornante. Las letras-energías, que son lo más avanzado en comunicación cósmica, no pudieron ignorar el principio de la Luz Retornante, y por lo tanto el procedimiento para el establecimiento del mundo se llevó a cabo según las leyes y los

LA ENERGÍA DE LAS LETRAS HEBREAS

principios ilustrados por el concepto del Pan de la Vergüenza. Nada puede violar el principio de restricción o resistencia universal. El camino de menor resistencia resultaría simplemente en un cortocircuito. Consecuentemente, cuando el Creador quiso crear el mundo con las veintidós energías inteligentes, la propia inteligencia de éstas determinó que su aparición ante el Creador debía hacerse en orden inverso.

El cielo que vemos en una noche clara ha cambiado muy poco desde los días de Aristóteles, Ptolomeo, Shabtai Donolo y el Rabad (Rav Avraham ben David). El hecho es que no son las estrellas las que han cambiado, sino nuestra sed de entenderlas racionalmente. Sin embargo, cuanto más aprendemos sobre cómo se originó la existencia de los cuerpos celestiales, de qué están hechos y cómo viven y mueren, más nos llenamos de asombro y sorpresa.

El desarrollo de la astrología moderna se ha dedicado a extraer más y más información de cada haz de luz y rayo cósmico. La investigación diligente que se ha llevado a cabo a lo largo de los tiempos ha sacado a la luz misterios que una vez estuvieron ocultos. Toda una vida, aunque estuviera dedicada por entero a la comprensión de los cielos, no sería suficiente para la exploración de un tema tan amplio. Sin embargo, llevando a cabo uno de los trabajos de investigación más extraordinarios de la era moderna, los astrofísicos han sido capaces de elaborar un dossier sobre la historia de nuestro universo para que ahora tengamos idea de cómo los universos se forman, viven sus vidas y finalmente mueren.

La física newtoniana separó y alienó así al hombre del universo. La astronomía reveló un universo tan vasto y antiguo

Capítulo 4: Las Constelaciones Celestiales   81

que la humanidad pareció ser de poca o ninguna trascendencia. Si no fuera por la antigua ciencia de la astrología, el delgado hilo conductor entre el vasto universo y la pequeña humanidad pudo haberse roto completamente. Hoy, no obstante, la ciencia cuántica ofrece nuevas perspectivas para el entendimiento del cosmos, y los astrofísicos están redescubriendo el íntimo eslabón de la humanidad con el cosmos. De nuevo vemos que las leyes naturales más fundamentales, junto con los aparentemente triviales actos de la humanidad, pueden ser rastreados hasta los cielos y sus orígenes.

La humanidad ha sido provista de verdades universales que nos guían a través de la ilusión de fisicalidad hasta la realidad fundamental que todo lo abarca. Este flujo de vida primario transcurre y se filtra a través de diversos niveles de conciencia, estableciendo así infinitas capas de energías-inteligencias. Sin embargo, todos los fenómenos son una sola Fuerza de Luz expresándose a sí misma en una eterna multitud de formas y patrones. Toda la energía y todas las formas de vida inteligentes proceden de esta Fuerza de Luz básica.

La Fuerza de Luz se revela a sí misma a través de una continuidad de sucesos a través de los cuales el hombre puede experimentar el manantial de la Creación. En toda la Creación, siempre aparece una repetición del mismo diseño:

> *No hay un miembro del cuerpo humano que no tenga un equivalente en el mundo como un todo. Pues así como el cuerpo del hombre está formado por miembros y partes de diversos rangos, todos actuando y reaccionando entre*

ellos para formar un organismo, también el mundo en su totalidad está formado por una jerarquía de cosas creadas. Cuando éstas actúan y reaccionan entre ellas de forma adecuada, todas juntas forman un solo cuerpo orgánico. La Biblia contiene todos los misterios más profundos y recónditos. Todas las esencias, tanto aquellas que pertenecen a los grados Superior e Inferior de este mundo y del Mundo Por Venir, se encuentran allí.[76]

Lo que parece emerger del Zóhar es una asombrosa revelación relacionada con la existencia de un solo patrón en todas las estructuras, desde el átomo más minúsculo a los más vastos confines del cosmos. La inmensidad de nuestro universo se revela en el microcosmos. Un conjunto de leyes universales prevalece y unifica todas las fuerzas de vida inteligentes que existen en el cosmos. Estas energías inteligentes se manifiestan físicamente dentro de cuatro clases distintas de Creación: mineral, vegetal, animal y humana.[77]

La física moderna nos ha dejado con el miedo de que el cosmos se desintegre para siempre. Algunas personas piensan incluso que los principios que gobiernan nuestro universo son como unas cartas que se han barajado y repartido arbitrariamente. Otros creen que nuestras leyes naturales representan sólo una fracción de un infinito abanico de posibles leyes naturales. La visión kabbalística del mundo debe ser por tanto bienvenida por aquellos habitantes de la Tierra que estén cansados de tantas teorías. No tengan miedo, pues el equilibrio de la naturaleza se mantiene gracias a unas leyes universales de carácter inmutable.

El Zóhar afirma que existe una jerarquía infinita de universos. Incluso una partícula elemental, una vez que se penetra en ella, revela una galaxia entera en su interior. A esto hace alusión el Zóhar cuando dice: "Pues no hay un miembro del cuerpo humano que no tenga un equivalente en el mundo como un todo". Los astrofísicos esperan que los telescopios del espacio revolucionen nuestro entendimiento del cosmos. Pero si realmente queremos comprender la infinidad, resolvamos ahora olvidarnos del telescopio, pues todas las cosas incluidas en este universo son infinitas. Nosotros somos infinitos. El infinito está en el interior.

Hace miles de millones de años, un suceso cataclísmico conocido como el Big Bang dio origen al universo físico.[78] Abundan numerosas teorías sobre *cómo* sucedió el Big Bang, pero lo que la mayoría de científicos no se han preguntado todavía es *por qué* sucedió. Desde el punto de vista kabbalístico, no hemos penetrado en el corazón de un tema hasta que no sabemos *por qué* sucedió. El fracaso de la imaginación científica en la tarea de comprender el significado crucial del *por qué* ha resultado en la falsa percepción de que las únicas preguntas que vale la pena plantearse son aquellas que la ciencia puede responder. La ciencia moderna ha logrado muchos éxitos radicales, pero sería insensato suponer que las preguntas fundamentales relativas al propósito del universo han sido respondidas por los descubrimientos científicos.

Los experimentadores paranormales afirman que la mente humana puede ejercer fuerza sobre la materia a distancia, pero estas afirmaciones todavía tienen que ser validadas científicamente. Son las últimas teorías y los descubrimientos científicos relativos a la unidad básica del universo los que han sacado a la luz las revelaciones más significativas de la física moderna. A medida que la ciencia penetra más profundamente en la materia, descendiendo más y más al reino de las partículas subatómicas, vemos la misma unidad cósmica expresada una y otra vez, lo cual nos confirma lo que los metafísicos hemos sabido durante miles de años: que el universo es un organismo que vive y respira.

Las declaraciones de Avraham el Patriarca en el *Séfer Yetsirá* (*El Libro de la Formación*) son un testimonio viviente de que los constituyentes de la materia —el cosmos, el hombre, el espacio-tiempo y los fenómenos primarios que éstos implican— han evolucionado de una fuerza unificadora única. El vínculo cósmico que mantiene unidos a todos estos fenómenos son las letras hebreas del *Álef Bet*.

Por lo tanto, las letras-energías no deben verse ni entenderse solamente como entidades diferenciadas y aisladas. Nuestra visión fragmentada del universo es meramente una manifestación de nuestra propia fragmentación interna. En realidad, todos estamos conectados con la totalidad del vasto espacio-tiempo continuo y con todas las cosas que hay en él. El mundo físico y el mundo interno son en realidad dos caras de la misma tela. Los hilos de todos los sucesos y de las fuerzas de vida inteligentes están entretejidos en una red armoniosa de infinitas interacciones y conexiones.

Lo que se desprende del *Libro de la Formación* es un argumento a favor de la existencia de una inteligencia superior. Esto se contradice con la posición científica estándar, que atribuye las cualidades físicas de un organismo únicamente a la estructura de su ADN. La primera evidencia de esta postura proviene de un experimento conducido por Oswald Avery en 1946, el cual demostró que sólo el ADN transmite propiedades hereditarias. Podemos modificar otras moléculas, como las proteínas en un organismo, pero estos cambios no se transmitirán a las generaciones posteriores. No obstante, cuando se modifica el ADN, todas las generaciones sucesivas de ese organismo se verán afectadas. Desde aquel momento, el peso aplastante de la evidencia científica indica que la única forma de cambiar las instrucciones para la construcción de un nuevo organismo es alterando el ADN mismo, lo cual implica a su vez que dichas instrucciones deben necesariamente estar codificadas de alguna forma en la estructura del ADN.

De forma similar, los kabbalistas nos dicen que el *Álef Bet* contiene el código responsable de la creación y el desarrollo de todo lo que está contenido dentro de nuestro universo, tanto a nivel micro como a nivel macro. Ambos mundos emanan de la misma vida-energía inteligente, la misma que la ciencia moderna ha ignorado en su preocupación por reducir los sistemas en fragmentos cada vez más pequeños. Avraham, en *El Libro de la Formación*, declaró que el universo es un todo cósmico unificado. Igual que la molécula de ADN contiene todo el código genético de un individuo, también el *Álef Bet* hebreo contiene todos los códigos de nuestro universo. El *Álef Bet* fue el ancestro primordial del ADN, la molécula maestra de la vida en la Tierra. En realidad, el descubrimiento del ADN fue el resultado inevitable de un trabajo kabbalístico de siglos de antigüedad que todavía se está llevando a cabo en nuestra era actual. Efectivamente, el descubrimiento de la estructura molecular del ADN a principios de los años cincuenta por Francis Crick, se corresponde con ideas que fueron presentadas en *El Libro de la Formación*, escrito por Avraham el Patriarca.

A través del *Álef Bet* podemos hacer contacto con los verdaderos componentes del código cósmico: las leyes naturales permanentes de nuestro universo. Aun cuando el *Álef Bet* personifica las instrucciones codificadas para replicarse posteriormente en palabras, el origen de las instrucciones o los mecanismos que producen los códigos genéticos, sigue siendo un misterio.

¿Cuál es el origen de la Tierra, la Luna y el Sol? ¿Cuál es el origen de las galaxias y del cosmos en su totalidad? ¿Quién o qué ordenó su existencia? ¿Por qué fue dada esta orden?

Mientras que el alcance de este libro no llega a tocar estas cuestiones en profundidad, la explicación del Big Bang que encontramos en el Zóhar —un libro escrito hace dos mil años— describe con detalle el marco de la Creación original. Para la mayoría de personas del mundo occidental, nuestra exposición inicial a estas cuestiones aparece en el relato bíblico de la Creación en el Génesis.[79] Sin embargo, este relato sólo ofrece una vaga descripción de lo que sucedió, aunque el Zóhar nos dice que esta historia —y, ciertamente, la Biblia entera— puede leerse como un código cósmico. Para el lector no iniciado, la descodificación que hace el Zóhar de la Biblia es todavía más incomprensible que la Biblia misma, pero afortunadamente Rav Áshlag, uno de los grandes kabbalistas de este siglo y fundador del Centro de Kabbalah en 1922, fue capaz de explicar estas partes del Zóhar que revelaban el orden natural y preciso que presenta la Creación y los Cielos. Consecuentemente, de relatos bíblicos aparentemente insignificantes podemos derivar la interpretación que hace el Zóhar del Big Bang.

Examinemos más detalladamente el verso de la Biblia que el Zóhar considera como la base de la Creación del mundo. Curiosamente, el pasaje no está incluido en la descripción original de la Creación: "Y Melquisedec, rey de Salem, trajo pan y vino."[80] El Zóhar dice que está escrito como: "La letra-energía *Hei* [*Maljut*] fue coronada con la letra *Vav* [*Zeir Anpín*], y *Vav* con *Hei*; por lo tanto, *Hei* ascendió y se le unió en un vínculo cósmico perfecto. Esto se alude en las palabras: 'Melquisedec [literalmente, Rey de los Justos], rey de Salem [literalmente, completitud]', es decir, el rey que gobierna con completa soberanía".[81]

El Zóhar describe la Creación del mundo de esta forma:

> *Cuando el Señor decidió crear al mundo, Él primero produjo una llama de una lámpara centelleante. Sopló chispa contra chispa, causando oscuridad y fuego, y produjo de los incontables del abismo cierta gota que unió con la llama, y a partir de los dos Él creó al mundo. La llama ascendió y se rodeó a sí misma con la Izquierda y la gota ascendió y se rodeó a sí misma con la Derecha. Entonces se cruzaron y se cambiaron de lugar, subiendo y bajando alternadamente hasta que se entrecruzaron estrechamente. Y salió de entre ellos un viento completo. Entonces esos dos lados se hicieron uno y el viento fue puesto entre ellos y fueron envueltos uno con el otro. Y entonces hubo armonía Arriba y armonía Abajo.*

Con base en esta y otras secciones del Zóhar, Rav Isaac Luria, el gran Kabbalista del siglo XVI conocido como el Arí, y Rav Áshlag, respondieron confiadamente a la pregunta de dónde viene el universo: "Emergió de un vacío. El universo físico entero es una reexpresión de la pura nada".[82]

Aun cuando todas las energías inteligentes debieron haber sido incluidas necesariamente dentro del amplio ámbito del Mundo Sin Fin, éstas se manifestaron físicamente a través de las letras-energías. ¿Qué letras fueron responsables de hacer manifiesta esta energía cósmica? El Zóhar responde: "De la Energía-Inteligencia Viviente (Espíritu), emanó el Aire (*Ruáj*); del Aire, el Agua; y del Agua, el Fuego". De las veintidós letras o poderes inherentes, tres representan los primeros elementos. Estos tres elementos fundamentales se manifestaron a través de las letras *Mem*, *Shin* y *Álef*, y formaron la base para el equilibrio:

La letra *Mem* es muda como el Agua, y la manifiesta.

La letra *Shin* silba como el Fuego al que da origen.

La letra *Álef* es un soplo de Aire que reconcilia a los otros dos.

El Cielo se creó a partir del Fuego, la Tierra (formada por mar y tierra) se creó a partir del Agua. El Aire, la atmósfera, establece el equilibrio entre ambos. Las tres letras-energías fundamentales: *Shin*, *Mem* y *Álef*, dieron origen al calor, el frío y la humedad. El calor se creó del fuego, el frío del agua y la humedad del aire, que los iguala.[83]

Luego vinieron las letras *Bet*, *Guímel*, *Caf*, *Pei*, *Resh* y *Tav*, que fueron diseñadas, establecidas, combinadas, pesadas y cambiadas por el Señor. Con estas letras, Él formó siete entidades en nuestro sistema solar que los antiguos astrónomos describen como Saturno, Júpiter, Marte, el Sol, Venus, Mercurio y la Luna. El Señor también utilizó estas letras para crear los siete días de la semana, así como las "siete puertas" (las siete aberturas de los sentidos del cuerpo humano), que son los dos ojos, las dos orejas, las dos fosas nasales y la boca.

Letra hebrea	Letra hebrea	Elemento	Planeta	Parte del cuerpo	Constelación
א		Álef	Aire			
ב		Bet		Saturno	Ojo derecho	
ג		Guímel		Júpiter	Ojo izquierdo	
ד		Dálet		Marte	Oreja derecha	
ה		Hei			Mano derecha	Aries/Nisán
ו		Vav			Mano Izquierda	Tauro/Iyar
ז		Zain			Pierna derecha	Géminis/Siván
ח		Jet			Pierna izquierda	Cáncer/Tamuz
ט		Tet			Riñón derecho	Leo/Menajem Av
י		Yud			Riñón izquierdo	Virgo/Elul
כ	ך	Caf		Sol	Oreja izquierda	
ל		Lámed			Hígado	Libra/Tishrei
מ	ם	Mem	Agua (Tierra)			
נ	ן	Nun			Bazo	Escorpio/Mar Jesván
ס		Sámej			Vesícula biliar	Sagitario/Kislev
ע		Ain			Estómago	Capricornio/Tevet
פ	ף	Pei		Venus	Fosa nasal derecha	
צ	ץ	Tsadi			Intestinos	Acuario/Shevat
ק		Kof			Estómago	Piscis/Adar
ר		Resh		Mercurio	Fosa nasal izquierda	
ש		Shin	Fuego (Cielo)			
ת		Tav		Luna	Boca	

El Señor infundió la letra *Bet* con una fuerza de energía inteligente para que gobernara la sabiduría, y con ella Él formó el planeta Saturno en el cosmos, el primer día de la semana, y el ojo derecho en el hombre.

El Señor infundió la letra *Guímel* con una fuerza de energía inteligente para que gobernara la paz, y con ella Él formó el planeta Júpiter en el cosmos, el segundo día de la semana y el ojo izquierdo en el hombre.

El Señor infundió la letra *Dálet* con una fuerza de energía inteligente para que gobernara la guerra, y con ella Él formó el planeta Marte en el cosmos, el tercer día de la semana y la oreja izquierda en el hombre.

El Señor infundió la letra *Caf* con una fuerza de energía inteligente para que gobernara la majestuosidad, y con ella Él formó el Sol en el cosmos, el cuarto día de la semana y la oreja izquierda en el hombre.

El Señor infundió la letra *Pei* con una fuerza de energía inteligente para que gobernara el amor, y con ella Él formó el planeta Venus en el cosmos, el quinto día de la semana y la fosa nasal derecha en el hombre.

El Señor infundió la letra *Resh* con una fuerza de energía inteligente para que gobernara las artes, y con ella Él formó el planeta Mercurio en el cosmos, el sexto día de la semana y la fosa nasal izquierda en el hombre.

El Señor infundió la letra *Tav* con una fuerza de energía inteligente para que gobernara el Reino, y con ella Él formó la

Luna en el cosmos, el séptimo día de la semana y la boca en el hombre.[84]

A cada una de las doce letras restantes se les proporcionó una fuerza de energía inteligente para que gobernaran los doce signos del zodíaco, y con estas letras el Señor también estableció los doce meses del año y los doce líderes en el cuerpo humano, masculino y femenino. Las doce constelaciones del zodíaco son Aries, Tauro, Géminis, Cáncer, Leo, Virgo, Libra, Escorpio, Sagitario, Capricornio, Acuario y Piscis. Los doce meses del año son *Nisán*, *Iyar*, *Siván*, *Tamuz*, *Menajem Av*, *Elul*, *Tishrei*, *Mar Jesván*, *Kislev*, *Tevet*, *Shevat* y *Adar*. Los doce líderes del cuerpo humano son las dos manos, los dos pies, los dos riñones, el bazo, el hígado, la vesícula biliar, el estómago, el intestino delgado y el intestino grueso.

El Señor infundió la letra *Hei* con una fuerza de energía inteligente para que gobernara Aries en el cosmos, *Nisán* en el año y la mano derecha en el hombre.

El Señor infundió la letra *Vav* con una fuerza de energía inteligente para que gobernara Tauro en el cosmos, *Iyar* en el año y la mano izquierda en el hombre.

El Señor infundió la letra *Zain* con una fuerza de energía inteligente para que gobernara Géminis en el cosmos, *Siván* en el año y la pierna derecha en el hombre.

El Señor infundió la letra *Jet* con una fuerza de energía inteligente para que gobernara Cáncer en el cosmos, *Tamuz* en el año y la pierna izquierda en el hombre.

El Señor infundió la letra *Tet* con una fuerza de energía inteligente para que gobernara Leo en el cosmos, *Menajem Av* en el año y el riñón derecho en el hombre.

El Señor infundió la letra *Yud* con una fuerza de energía inteligente para que gobernara Virgo en el cosmos, *Elul* en el año y el riñón izquierdo en el hombre.

El Señor infundió la letra *Lámed* con una fuerza de energía inteligente para que gobernara Libra en el cosmos, *Tishrei* en el año y el hígado en el hombre.

El Señor infundió la letra *Nun* con una fuerza de energía inteligente para que gobernara Escorpio en el cosmos, Mar *Jesván* en el año y el bazo en el hombre.

El Señor infundió la letra *Sámej* con una fuerza de energía inteligente para que gobernara Sagitario en el cosmos, *Kislev* en el año y la vesícula biliar en el hombre.

El Señor infundió la letra *Ain* con una fuerza de energía inteligente para que gobernara Capricornio en el cosmos, *Tevet* en el año y el estómago en el hombre.

El Señor infundió la letra *Tsadi* con una fuerza de energía inteligente para que gobernara Acuario en el cosmos, *Shevat* en el año y los intestinos en el hombre.

El Señor infundió la letra *Kof* con una fuerza de energía inteligente para que gobernara Piscis en el cosmos, *Adar* en el año y el estómago en el hombre.[85]

El *Séfer Yetsirá* (*Libro de la Formación*) representa una aproximación teorética a los problemas y las respuestas de la cosmología y la cosmogonía. El libro se distingue por su brevedad, incluso la más completa de sus numerosas ediciones no excede las mil setecientas palabras. Esta obra es el texto más antiguo escrito en lengua hebrea. Sus temas principales son los elementos de la totalidad del cosmos y sus ocupantes: el código maestro, o ADN, de toda la Creación. Las veintidós letras del *Álef Bet* hebreo juntas presentan las fuerzas misteriosas cuya convergencia produce las combinaciones de entidades y sucesos observables en la totalidad de la Creación.

LA LETRA
TAV

AL SER CONSCIENTES DE
LA DIFICULTAD DE UN
PROBLEMA, SOMOS GUIADOS
HACIA EL CAMINO
QUE NOS LLEVA HACIA EL
LOGRO DE LA VERDAD
DEL MISMO.

—GERSÓNIDES

El cosmos era inmenso y vacío, un silencio infinito lleno de Luz, pensamiento y conciencia, pero falto de materia. El Big Bang era todavía un acontecimiento que iba a ocurrir en lo que el hombre habría llamado el futuro distante si hubiera estado presente para especular sobre el tema. Ni siquiera el polvo del molde de Adán estaba presente todavía, pero a partir de ese asombroso vacío, el hombre y el universo —embriones cósmicos en la Mente del Señor— estaban a punto de nacer. Y una —tan solo una— de las veintidós letras vivas de Su querido *Álef Bet* se convertiría en el canal de Creación.

Antes del principio, solo existía el infinito. Todo era simple y estaba en un suave equilibrio bajo una misma apariencia, medible solamente por las energías que viajaban a través de los agujeros negros en los lugares más recónditos de la Infinitud.[86] Allí, en los pensamientos cósmicos de *Biná*, *Tiféret* y *Maljut*, las letras marcaban el tiempo en el universo. Estrellas colapsaban, supernovas viajaban velozmente a través del vacío inmenso, y las inteligencias se formaban y luego morían. Sin embargo, las letras-energías sabían que el momento de la Creación llegaría. Así, deseosas de ser elegidas como el vehículo para ese asombroso flujo emergente de energía, cada una de ellas (las letras hebreas son femeninas) se presentó ante el Señor para defender su causa y declarar sus méritos y cualificaciones por las cuales ellas debían ser elegidas como canal para el nacimiento de la Creación.

Las letras se presentaron ante Él en orden inverso a su aparición. La *Tav* cósmica, la última letra del *Álef Bet*, llegó primera. Había ensayado cuidadosamente la petición que efectuaría cuando se presentara ante el Señor. "Señor del

Mundo", dijo, "pueda que sea complaciente a Tu vista crear el mundo conmigo, pues yo concluyo Tu sello, que es *Emet*; es decir, debido a que yo soy la última letra de la palabra *Emet* (verdad), que es Tu nombre. Puesto que tu nombre es *Emet*, es imposible adherirse a Ti a menos que se haya adquirido el atributo de la Verdad. Es apropiado entonces, que el Rey comience la creación con la letra *Tav*, la cual termina la palabra *Emet*, pues yo tengo la habilidad de apegarme a Ti".

El *Álef Bet* no sólo está impregnado de la gloria del Creador, sino que también está sellado con la impresión de Su Firma, que es la Verdad. ¿De quién está cerca el Señor? Esta pregunta se plantea en el Zóhar con respecto a las palabras: "Dios está cerca de todos aquellos que Le llaman".[87] El Zóhar clarifica esta afirmación diciendo que "Dios está cerca de todos aquellos que Le llaman en Verdad". El Zóhar pregunta entonces: "¿Acaso hay alguien que Le llamaría falsamente?" Rav Abba dijo: "Sí. Aquel que llama y no sabe a Quién llama". El Zóhar plantea otra pregunta: "¿Cuál es el significado de la palabra *Emet*?". La respuesta es: "Es el Sello del Anillo del Rey, que es la Perfección del Todo".[88]

Tav dio un paso adelante para defender su causa: "Puesto que me encuentro en el punto terminal y no permito que el mal (*klipot*) se acerque y se alimente de la Luz, hay una gran justificación para que el mundo se cree conmigo. Pues mi energía permitirá al hombre distinguir entre la Oscuridad y la Luz. De esta forma, el hombre se asegurará de lograr su grado máximo de perfección: el *Gemar HaTikún* (Corrección Final)".

El Zóhar explica que el *Sitrá Ajra* (el otro lado), también conocido como Satán, el lado negativo, o el Señor de la

Oscuridad, obtiene su sustento de vida de la Fuerza de Luz que todo lo abarca denominada *Kedushá*. La Fuerza de Luz mantiene viva a la fuerza Oscura a través de una medida de energía minuciosa y precisa, de forma que se preserve el libre albedrío. El mal, como ya sabe el estudiante de Kabbalah, es una necesidad; pues sin el mal y el libre albedrío, el universo volvería a su antigua condición, que no permitía alivio ninguno de la carga del Pan de la Vergüenza.

El rey David el Salmista revela que la Fuerza de Luz conserva la supremacía sobre Satán: "El Reino del Señor tiene el dominio sobre todo".[89] La energía-fuerza unificada de la Luz prevalece, aun en los lugares más remotos de la Oscuridad. El problema al que se enfrenta la humanidad es el sustento que proporcionamos al Señor de la Oscuridad, aunque este acto de compartir el sustento podría terminarse en cualquier momento. Para aquellos que han completado el proceso correctivo de su alma (*tikún*), deja de ser necesaria la existencia continuada del mal (*klipot*), y por lo tanto, para dichas personas, el sustento del mal cesa, igual que cesa la necesidad del libre albedrío.

El acto de *Tav* de compartir la energía dadora de vida con la fuerza Oscura está descrito en el Libro de los Proverbios de la siguiente manera: "Sus pies descendieron hasta la muerte".[90] La fuente de sustento del Señor de la Oscuridad es el "pie" de la letra *Kof*.

De todas las veintidós letras cósmicas, la letra *Kof* es la única que se extiende hacia abajo y más allá de la línea sobre la cual descansan las letras. Esta extensión de *Kof* fue establecida para indicar que una cantidad diminuta de la Fuerza de Luz unificada que todo lo abarca se extiende más allá del nivel cósmico permisible —indicado por la línea base del texto— hasta llegar a las profundidades de la conciencia galáctica. *Tav* sintió que ella, también, era capaz de extenderse más allá del límite y llegar hasta el reino negativo, pero esto es algo que, como veremos, no debía suceder.

La raíz de la falsedad está en la firma de la serpiente. La serpiente falsificó la firma de *Tav* y persuadió a Adán para que pecara comiendo del Árbol del Conocimiento del Bien y del Mal.[91] La serpiente hizo que Adán pecara hablando falsamente sobre el Maestro del Universo. Se dice que la serpiente tenía piernas en el Jardín del Edén, antes de que Adán y Eva pecaran al comer de la manzana, pero al falsificar la firma de la letra *Tav*, se condenó a sí misma a una vida sin ellas. [92] [93] Cuando el Creador supo sobre este engaño, decretó que las piernas de la serpiente desaparecerían. Incluso ahora, nuestra expresión moderna de una idea o de una iniciativa "sin piernas" nos trae a la mente ese estado de impotencia que se convirtió en el destino eterno de la fraudulenta serpiente. Aquello que no está basado en la verdad, está condenado a ir a ninguna parte, por así decirlo.

La letra *Tav* concluye la palabra *Mavet* (Muerte) מָוֶת . Por lo tanto, se dice que *Tav* es el Sello de *Mavet*. Gracias al poder de *Tav* se originó la muerte. Por lo tanto, *Tav* también se conoce como la inteligencia finalizadora. La sabiduría de la Kabbalah explica que el hombre está sujeto a la muerte porque la serpiente falsificó la firma de *Tav* e hizo pecar a *Adam HaRishon* (el primer hombre) al comer del Árbol del Conocimiento del Bien y del Mal.

Durante dos mil años, el Señor de la Oscuridad flotó en órbita estacionaria en el fino borde de la Conciencia Cósmica, recibiendo un bocado de sustento de vez en cuando. La pierna de la letra *Kof*, que se extiende más allá del borde de la Conciencia Cósmica, era el salvavidas de Satán. Satán sabía que nunca podría penetrar el escudo de seguridad que la letra *Tav* mantenía alrededor de la pierna de *Kof*. Pero él también sabía que las letras estaban destinadas a participar en el proceso de Creación, lo cual significaba que una de ellas al final tendría que descender más allá de la línea de Conciencia Universal y entrar en su dominio Oscuro. Y así fue: durante dos milenios, él esperó paciente y vigilantemente el momento oportuno.[94]

Tav estaba en la posición más externa de la Conciencia Universal. Su escudo protegía la galaxia entera, y cualquier cosa que entraba en contacto con ella era destruida. *Maljut* cósmico estaba localizado en un área periférica para proteger a la galaxia infinita. *Kof* estaba todavía más lejos, por encima y precediendo a *Resh*, *Shin* y *Tav*. Debido a que *Kof* era vulnerable al Señor de la Oscuridad, sus tres compañeras cósmicas eran necesarias para su protección. *Tav* era la perfección de todas las letras cósmicas; ella era el Sello de la Verdad, la protectora de la Conciencia Universal, sus poderes eran impenetrables (o al menos eso pensaba ella).

Pero cuando *Tav* se aproximó al Señor, su pie izquierdo empezó a salir por debajo abajo de la línea. El deseo de *Tav* de ser canal para el proceso de Creación era todo lo que Satán necesitaba. Cuando *Tav* se presentó y dijo: "Señor del universo, que sea complaciente a Tu vista crear el mundo conmigo", el Señor de la Oscuridad, como un escorpión letal, aprovechó para agarrar su pierna izquierda y llevarla hacia la Oscuridad.

A partir de entonces, el imperio de Satán se expandiría enormemente para incluir las chispas que se habían capturado después de la fragmentación de las Vasijas primordiales.[95] El Creador observó asombrado e incrédulo cómo *Tav* era envuelta dentro del espacio Oscuro. Potencialmente, ella poseía la rígida energía inteligente negativa del juicio tan útil para vencer a Satán, pero en el momento en que cayó bajo la influencia del Lado Oscuro, su poder se vio peligrosamente disminuido.

Al darse cuenta del inminente desastre, el Creador intervino curvando el pie izquierdo de *Tav* para hacer que terminara en el mismo nivel que la línea de la Conciencia Universal. Por lo tanto, la porción de *Tav* que había sido atraída hacia la Oscuridad volvió a unirse de nuevo con el pie mismo. El escudo de seguridad dobló su capacidad en el punto extremo de *Tav*, razón por la cual el pie izquierdo de *Tav* es grueso y ancho. Y el lado de la Oscuridad tuvo que conformarse de nuevo con el bocado proporcionado por la pierna de *Kof*.

Cuando la batalla hubo terminado, el Creador habló a *Tav* y le dijo: "Eres bella y erguida, *Tav*. Sin embargo, puesto que careces de los atributos adecuados, el mundo no puede crearse contigo. Pues igual que estás destinada a servir como marca de vida sobre las frentes de los fieles que han cumplido con la Biblia desde *Álef* hasta *Tav*, también tu marca designará la muerte para aquellos que no cumplan con su tarea. Gracias a tu inteligencia terminadora, aquel que no haya logrado cumplir con la Biblia desde *Álef* hasta *Tav* tendrá que perecer. Pues tuyo es también el Sello de la Muerte".[96]

El Creador continuo: "Mi querida y fiel *Tav*, eres ciertamente el Sello de Mi Reino. Sin embargo, incluso los justos deben sufrir a tu voluntad. Tu juicio severo hace que sean castigados, no sólo por sus propias faltas sino también por no haber sido capaces de evitar que otros actuaran de forma malvada.[97] Por lo tanto, sería imposible para el mundo sobrevivir a través de ti, *Tav*, debido a la naturaleza concluyente e implacable de tus juicios".

El Señor consideró a *Tav* inapropiada para ser usada para la Creación del mundo porque ella posee potencialmente juicios rígidos que el mundo no podría soportar. Aun hoy, incluso los *Tzadikim Guemurim* (Totalmente Justos): aquellos que son dignos del Sello y han cumplido los preceptos de la Biblia de *Álef* a *Bet*, son también castigados por causa de los juicios severos de *Tav*.

Habiendo alcanzado un entendimiento del por qué *Tav* sería un canal inapropiado para el proceso de la Creación, ésta partió de la presencia del Creador.

CAPÍTULO 6

LA LETRA
SHIN

שׁ

Juicio severo;
Compasión;
Inteligencia negativa;
Conocimiento cosmológico;
Ilusión;
Sabiduría;
Bombilla de luz;
Energía;
Libre albedrío;
Teoría del campo unificado;
Mundo ilusorio;
Teoría de la relatividad;
Mundo atómico;
Máquinas pensantes

EN OTRA GALAXIA,
EN OTRO TIEMPO . . .

El universo original —el universo del Mundo Sin Fin— era mucho más justo que cualquier otro de los que le siguieron. En aquel universo, el libre albedrío no había emergido todavía como una energía-inteligencia viable, y la predisposición prevalente de aquellos que residían dentro de la Conciencia Cósmica era tal que ninguna energía inteligente dentro de éste hubiese considerado siquiera desviarse de su curso predeterminado. El error y la indecisión eran impensables, pues en el Mundo Sin Fin, la justicia rígida de *Tav* reinaba con supremacía.[98] A veces daba órdenes con severidad, siempre con un juicio verdadero y acertado. Este era el universo que el Creador quiso crear desde el principio, y Él lo gobernó con una voluntad de hierro.

En el ocaso del nuevo universo, las Vasijas emanadas se bañaban infinitamente en la Beneficencia Infinita del Creador; pero no todo estaba bien en el reino de la Conciencia Cósmica. La dificultad surgió cuando la Vasijas no pudieron, con la conciencia tranquila, seguir deleitándose en Su Luz pues no tenían nada que dar a cambio. Este fue el fenómeno mencionado anteriormente como Pan de la Vergüenza. Así, el Creador consideró necesario crear la ilusión de un espacio negativo entre Sí mismo y Sus queridas creaciones. Sin este espacio, las Vasijas no tendrían forma de aliviar el Pan de la Vergüenza. Sin embargo, aun cuando esta brecha ilusoria sirvió su propósito, también dio lugar a energías inteligentes negativas, seres de la Oscuridad que empezaron a codiciar poder. Al principio, bajo el juicio instantáneo de *Tav*, aquellos que caían presa de las fuerzas del mal eran eliminados inmediatamente de la Conciencia Galáctica, pero iban saliendo más de la Oscuridad para reemplazarlos.

Habiendo erradicado un porcentaje considerable de los habitantes de la Conciencia Cósmica por falsa bondad, el Maestro del Universo se sintió finalmente obligado a tomar medidas para remediar la situación. No podía seguir manteniéndose a distancia. Las energías inteligentes positivas, los guardianes de justicia de la galaxia, estaban empezando a desanimarse como resultado de las represalias de *Tav*. No podían seguir tolerando las consecuencias de la justicia instantánea. Sólo había un camino posible: eliminar el juicio rígido como la única forma de castigo por los pensamientos deshonestos y las malas acciones metafísicas. La justicia rígida (al menos en el sentido primordial de la palabra) no se le podía permitir sobrevivir, ni siquiera en un cosmos tan espiritual como la Conciencia Galáctica. El efecto de la veloz energía finalizadora de *Tav* tenía que ser disminuido; su dominio sobre ese aspecto de la conciencia iba a tener que terminar. De ahora en adelante, las energías negativas debían ser tratadas con *rajamim* (compasión) y se les debía otorgar una segunda oportunidad. La falsedad ya no sería condenada de forma instantánea. Y así fue como una nueva inteligencia cósmica llegó al poder, una letra-energía que pondría fin a la severidad de *Tav* y que, según se esperaba, llevaría de nuevo a la galaxia a su gloria original. La energía-inteligencia elegida para llevar a cabo esta tarea fue la *Shin* שׁ cósmica. Si todo iba bien, *Maljut* (el mundo físico) emergería como una entidad equilibrada y armoniosa.

Mientras tanto, el Señor de la Oscuridad, la personificación de la negatividad, se propuso lograr el control de la Conciencia Cósmica. Rodeado de inteligencias negativas (*klipot*), decidió capturar todas las chispas disponibles de inteligencia positiva que quedaran del Mundo Sin Fin que había dejado de existir con la fragmentación de las Vasijas de Adán. El Señor de la

Oscuridad estaba decidido a nombrarse a sí mismo como regente de la galaxia.

El Creador tenía otros planes. Sólo había una forma de lidiar con el monarca malvado, y *no* era peleando fuego contra fuego. La forma de destruir a Satán era rodeando el aspecto Oscuro de la Conciencia Cósmica con la Fuerza de Luz que todo lo abarca. Esta estratagema presentaba una gran oportunidad para *Shin.* ¿Podía ella traer la Luz a la Oscuridad y derrotar al mal? Su designación como Punto Medio era ciertamente significativa, ¿pero qué significaba exactamente?

En relación a este misterio, nos referimos a los siguientes pasajes bíblicos: "Cuando enciendas las lámparas…"[99] (le dijo Moisés a Aarón), y "Y dijo Dios: sea la luz; y fue la luz. Y vio Dios que la luz era buena".[100] ¿Por qué era necesario repetir la palabra "luz" en la primera frase del último verso? La respuesta es que la primera "luz" se refiere a la Fuerza de Luz unificada, simbolizada por la Columna Derecha, y ejemplificada por Aarón, el Sumo Sacerdote. La segunda "luz" se refiere a la Columna Izquierda, que sale de la Derecha. Las palabras "Y vio Dios la Luz" se refieren a la Columna Central, *rajamim* (compasión), que une el lado Izquierdo y el Derecho. Y finalmente, leemos: "era buena",[101] lo cual indica que los tres aspectos de la Fuerza de Luz —Derecho, Izquierdo y Central— se habían unido.

No podía haber perfección en el universo hasta que *rajamim* apareciera. Sólo entonces podía acabar la lucha que existía entre la Columna Izquierda y la Derecha. A esto se alude en el pasaje: "Y separó Dios la luz de las tinieblas".[102] La *Shin* cósmica representa a la Estrella *Rajamim*, el puente hacia la armonía donde la Fuerza de Luz podía habitar, la personificación de las Tres Columnas tal como retrata la forma de su letra, que tiene la apariencia de tres columnas unidas en su base con una línea recta. Esta era la fuerza que podía acudir al rescate de la *Tav* cósmica.[103] El juicio riguroso de la *Tav* cósmica no podía vencer a Satán. *Tav* y el Señor de la Oscuridad habían luchado hasta empatar, lo cual dejó a ambos sin poder. Entonces el Maestro del Universo intervino, colocando a *Rajamim*, la Estrella de la Compasión, en los Cielos y devolviendo exitosamente a *Tav* al reino de la Conciencia Cósmica.

Espacio, espacio vacío y más espacio vacío era el universo que fue descubierto por el astrónomo americano Edwin Hubble a finales de la década de los veinte. Hubble reveló uno de los grandes misterios del cosmos: el universo parece estar expandiéndose. Pero la afirmación de Hubble no debe ser considerada la última palabra. Sus observaciones, después de todo, son especulativas, y la especulación, por naturaleza propia, no es prueba de nada. Por lo tanto, seguimos siendo libres para explorar una infinidad de posibilidades, incluyendo la proposición aparentemente descabellada de que nuestro universo expansivo es una ilusión —aunque una ilusión vital y necesaria— provocada por el proceso de la Creación.[104]

Desde que Copérnico relegó a la Tierra de su posición central en el cosmos, ha sido difícil asumir que el hombre tenga un lugar relevante en el universo. El punto de vista kabbalístico disputa esta perspectiva declarando que el destino del cosmos está íntimamente ligado con el destino de la Tierra y sus habitantes.

El universo tiene un diseño, y por lo tanto, un propósito. El Zóhar nos dice que el vacío del espacio es una ilusión que se originó cuando la Fuerza de Luz fue restringida. Esta situación podría compararse con una linterna encendida que que ha sido cubierta, creando la ilusión de que su luz ha dejado de existir. La *Shin* cósmica fue elegida para ayudar a eliminar esta ilusión.

Para entender mejor el papel que la *Shin* cósmica jugó en el sostenimiento del universo, debemos primero examinar los tres aspectos de la Fuerza de Luz —la Columna Izquierda, Derecha y Central— tal como se manifestaron en la vida de Avraham. La Kabbalah dice: "El Señor inspiró a Avram [más tarde conocido como Avraham] con un espíritu de sabiduría para que fuera capaz de descubrir la esencia que mantenía el equilibrio y la energía-inteligencia a la que cada uno está encomendado". El Génesis afirma: "Y Teraj tomó a Avram, su hijo, y a Lot, el hijo de Jarán... y se fueron con ellos desde Ur de los caldeos".[105] Puesto que Avraham ya había abandonado su lugar de nacimiento, el Zóhar pregunta por qué el Señor repitió el decreto a Avram: "Vete de tu tierra y de tu patria".[106] La respuesta a esta pregunta nos ayudará a entender los temas que se nos plantean ahora.

Primero, examinemos el poder que Nimrod ejercía sobre Avram cuando lanzó a Avram al hoyo en llamas. (La historia de la confrontación de Avraham contra Nimrod aparece en el *Midrash Rabá,* una gran compilación de exégesis de las escrituras judías). ¿Dónde se originó la fuerza de Nimrod y del Señor de la Oscuridad y sus entidades negativas? Nació en la energía-inteligencia negativa conocida por el nombre en código *Shuruk,* que es la Fuerza de Luz que no ha sido envuelta por el pensamiento-inteligencia de compartir (la Luz de *Jésed,* o

Misericordia) y se compara por lo tanto con un fuego que arde fuera de control.

Nimrod representaba la inteligencia interna del fuego, tal como se indica en el verso que dice: "Y Cus engendró a Nimrod, éste comenzó a ser poderoso en la Tierra".[107] Avram (más tarde Avraham) activó e hizo manifiesta la totalidad de las energías-inteligencias extraterrestres que consisten en —y se atraen en la forma de— tres columnas: Izquierda, Derecha y Central.[108] Cuando la energía-inteligencia de la Columna Izquierda, conocida por su nombre en código *Shuruk*, hizo su entrada en el nivel terrestre, Nimrod aprovechó esta oportunidad y utilizó su poder para lanzar a Avram —quien representa el aspecto positivo de la Fuerza de Luz, la Columna Derecha, y cuya energía-inteligencia había sido la primera en aparecer— al hoyo en llamas.

Debemos también entender el secreto del rescate de Avram del hoyo en llamas. Cuando el Señor vio que Avram había sido derrocado, Él tomó las medidas adecuadas. La única solución era un rayo de fuerza de pensamiento-energía de la Columna Central para neutralizar el poder del fuego devastador de *Shuruk*. Este agente neutralizador, con el nombre codificado de *Masaj DeJirik*, o la Columna Central, anuló de forma efectiva la energía de la Columna Izquierda del Señor de la Oscuridad, lo cual significa que el pensamiento-inteligencia negativo descontrolado y sin sentido de *Nimrod* ya no sería capaz de verter caos y violencia dentro del universo.

Esta medida drástica restauró y mantuvo un equilibrio unificado entre los polos positivo y negativo de pensamiento-inteligencia. Y entonces la Fuerza de Luz, la Luz de la

Sabiduría, se envolvió de la inteligencia espiritual conocida por el nombre codificado de "Luz de Misericordia". Sólo cuando los tres aspectos de la Fuerza de Luz —Izquierdo, Derecho y Central— están en equilibrio, el *Mojín*, la personificación de la Fuerza de Luz, se vuelve manifiesta como la gran unificación de todos los aspectos universales.

Avram, que personificaba el pensamiento-inteligencia positivo, fue rescatado del hoyo en llamas (el Señor de la Oscuridad), y está escrito que entonces "ellos fueron". Por lo tanto, la Fuerza de Luz se convirtió de nuevo en el poder unificado del universo que todo lo abarca. La euforia cósmica resultante se conoce por el nombre codificado de *Yishuv HaOlam*, que significa "el mundo civilizado, habitado".[109] *Yishuv HaOlam* era el principio según el cual los hilos de todas las energías inteligentes —todas las formas de conciencia y sus manifestaciones externas— estaban entretejidos en la tela de conexiones infinitas y mutuamente relacionadas que existen como aspectos de un todo cósmico. Con esta comprensión, llegamos al final de nuestra búsqueda de la conexión fundamental entre la realidad física y la conciencia. El pegamento cósmico —la energía-inteligencia unificadora que gobierna todas las interacciones en el cosmos— se conoce por el nombre codificado de *Masaj DeJirik*, la Columna Central.

¿Podemos realmente simplificar la complejidad aparente del universo en un solo pensamiento-inteligencia? El Zóhar dice que sí. Las dos fuerzas fundamentales y aparentemente opuestas que se manifiestan de formas innumerables, incluyendo la aparente atracción y repulsión de los polos de un imán, no son en realidad fuerzas distintas; son simplemente manifestaciones diferentes de la misma interacción subyacente que existe en el Mundo Sin Fin.

Antes de examinar cómo la energía-inteligencia de *Masaj DeJirik* restaura las dos fuerzas opuestas en una única totalidad cósmica, debemos definir el ingrediente activo esencial de esta fuerza. Su nombre es "restricción", y es la cura asombrosa para todas las enfermedades de los reinos celestiales y terrestres.[110]

¿Puede ser realmente tan simple? ¿Se espera que creamos al Zóhar cuando dice que el cosmos está unificado por la penetración omnipotente de la energía-inteligencia de la restricción que el hombre hace de su ego? La idea de que podemos reducir la complejidad asombrosa y visible del universo hasta llegar a su simplicidad esencial mediante el poder de nuestro propio pensamiento-inteligencia es una posibilidad, como mínimo, apasionante. La expresión Zohárica "tal como es Arriba, es Abajo" describe con gran alcance un universo en el que todas las manifestaciones, tanto físicas como metafísicas, están unidas en una red de relaciones interconectadas, cada una de las cuales está separada de la unidad que todo lo abarca, y al mismo tiempo unida a ella.

Puesto que incluso los objetos y los acontecimientos más comunes están gobernados por las mismas leyes que regulan el universo entero[111], es evidente que hay muchos ejemplos mundanos que pueden servir adecuadamente como punto de partida para nuestra investigación sobre la relación entre la resistencia y las leyes fundamentales de la conciencia. Examinemos pues la bombilla de luz común. Desde que uno de nuestros ancestros primordiales descubrió que dos piedras que se friccionaban entre ellas producían chispas, el hombre se ha embarcado en un esfuerzo continuo para traer la luz artificial a las horas de oscuridad. Hoy en día, por su puesto, la bombilla es la fuente de luz artificial más común que existe. Sin embargo, hay muchas preguntas que siguen sin respuesta acerca de este objeto mundano.

Cuando Thomas Edison inventó la lámpara incandescente, estaba buscando un método más limpio y eficiente de iluminación que el que proporcionaban las lámparas de gas o aceite. Aunque obviamente tuvo éxito en su búsqueda, el resultado final de su trabajo era más adecuado para producir calor que luz. De hecho, la bombilla no es primordialmente un sistema de iluminación en lo que se refiere a su producción de energía. Una bombilla de cien vatios sólo produce alrededor de cinco vatios de luz visible; los restantes noventicinco vatios se manifiestan en forma de calor. En esencia, el aparato que llamamos bombilla de "luz" es en realidad una herramienta para transformar la energía eléctrica en energía de calor de baja calidad, al mismo tiempo que produce luz como producto secundario.

¿Por qué una corriente eléctrica que pasa por un filamento da lugar a tanto calor y tan poca luz? ¿Por qué debe existir un polo positivo cuando, en realidad, es el polo negativo el que atrae la corriente? ¿Por qué se establece un circuito sólo después de que la resistencia del filamento al flujo de corriente eléctrica haya tenido lugar? ¿Requiere un circuito de opuestos para expresarse? ¿Se atraen realmente los opuestos? Para responder a estas preguntas desde el punto de vista kabbalístico, debemos primero entender que todos los sucesos y las manifestaciones están interconectados. La separación de la realidad en bits, bites y fragmentos cuánticos es una ilusión, kabbalísticamente hablando, porque todas las manifestaciones son expresiones de una sola unidad básica. Los kabbalistas nos dicen que esta ilusión fue un requerimiento de la Creación y que está basada en el principio de la restricción, al cual dio origen el Creador para eliminar el Pan de la Vergüenza y permitir el libre albedrío. La fuerza interna de esta ilusión es el conocido *Deseo de Recibir Sólo Para Uno Mismo*.

"El universo anterior a la restricción se llama 'Infinito' o 'Sin Fin' para denotar que, en éste, no podía ni siquiera imaginarse un final o un límite".[112] Dentro del Mundo Sin Fin, la Vasija y la Luz eran distintas manifestaciones de la misma realidad. Cualquier distinción entre la Vasija (energía negativa) y la Luz (energía positiva) es una ilusión. El circuito ocurre cuando el aspecto negativo, influenciado por la energía-inteligencia del filamento, se restaura a un estado de energía inteligente positiva.

Los opuestos no se atraen, dice el Zóhar. El espacio, ya sea en las galaxias remotas o dentro del reino infinito del átomo, indica meramente una carencia temporal de circuito. La bombilla apagada revela las polaridades de sus componentes. Aunque, una vez se ha encendido, estas partes parecen desaparecer en la luz, eliminando cualquier espacio que pensábamos haber visto previamente. Con la energía-inteligencia de la restricción a mano, los constituyentes de la materia y los fenómenos básicos involucrados con ellos dejan de existir como entidades aisladas.

Einstein hizo alusión a la consolidación de toda la energía-materia en su propuesta de la Teoría del Campo Unificado, la cual él afirmaba que un día explicaría la complejidad exterior de la naturaleza: "Por consiguiente, todas las percepciones del mundo que tiene el hombre y todas sus interpretaciones abstractas de la realidad se fusionarán finalmente en una sola, y la unidad profunda y subyacente del universo quedará expuesta".

"La energía-inteligencia de la Columna Izquierda desea constantemente cancelar la energía-inteligencia iluminadora de la Columna Derecha, conocida por el nombre codificado de *Jolam*. Y puesto que la energía-inteligencia de la Columna Derecha precedió a la Columna Izquierda en el proceso creativo[113], su energía-inteligencia desea cancelar la fuerza de la energía-inteligencia negativa y someterla permanentemente según el mismo principio y relación que gobierna la semilla, la raíz y la rama".[114] La fuerza de la positividad, sin embargo, es insuficiente para vencer por completo a la fuerza de la negatividad y para supeditarla a una relación inclusiva con la totalidad que todo lo abarca.

La tarea de crear la gran unificación del universo se redujo a dos componentes de la Fuerza de Luz unificada. El primero, conocido por el nombre codificado de *Masaj DeJirik*, elimina la cabeza del misil, o las primeras tres *Sefirot*, del pensamiento-inteligencia negativo. El segundo, la aparición de una enorme oleada de la Luz de la Misericordia, produce el efecto de la Columna Central, que combina la Derecha y la Izquierda en un solo todo unificado. Es esta restricción la que permite que la Columna Izquierda negativa se fusione con la Columna Derecha positiva, creando así un circuito. Sólo entonces *Maljut*, el Mundo de la Acción, se considera como parte de *Yishuvai Alma*, un universo ordenado y organizado.[115]

Volvamos ahora a nuestra pregunta de cómo una bombilla genera tanto calor y tan poca luz. Esto se debe a la actividad restrictiva del filamento cuando choca con el polo negativo, cuya inteligencia intrínseca es la del *Deseo de Recibir Sólo Para Uno Mismo*. Cuando la Cabeza (las Tres *Sefirot* Superiores) es eliminada, la Fuerza de Luz (en este ejemplo, la corriente eléctrica) se manifiesta dentro de la bombilla en el momento de la restricción como el lugar de nacimiento microcósmico y ardiente de un universo ilusorio; otro más de los trillones de Big Bangs en miniatura que tiene lugar a cada segundo de cada día. Como sucede con cualquier explosión, esta actividad genera una gran cantidad de calor. Al mismo tiempo, la energía-inteligencia de la Cabeza —el *Deseo de Recibir*— se reduce, disminuyendo así la fuerza plena de la corriente. Por consiguiente, se manifiesta más calor que luz.

Para la transferencia de energía, o para cualquier actividad de la Fuerza de Luz, se necesitan dos puntos terminales. Un tercer constituyente esencial en la creación de un circuito de energía es el elemento de la restricción, proporcionado por la energía-inteligencia mediadora conocida como la Columna Central. La *Tav* cósmica —la Vasija de *Maljut*— es carente de este atributo mediador; dentro de ella, *Masaj DeJirik*, la Columna Central, no funciona. Por este motivo, el Señor rechazó a *Tav* como un canal apropiado para la Creación del mundo. Esta carencia de energía-inteligencia mediadora es la razón por la cual en el Mundo Sin Fin existía un dominio de *Din* (juicio/castigo severo), pero sin este principio mediador, la civilización no podría existir.[116]

Sin embargo, la *Shin* cósmica finaliza en *Yesod* (Fundación), el nivel superior a *Maljut*, donde la energía-inteligencia de

Masaj DeJirik sí funciona. Por este motivo, la *Shin* cósmica se conoce también por el nombre codificado de *Emet* (Verdad), pues ella personifica la unidad esencial de todas las cosas y los sucesos.

Otra condición que debe darse para asegurar el movimiento armonioso de la Fuerza de Luz, dentro de la cual los opuestos están dinámicamente unificados, es una conciencia de la presencia de esta inteligencia unificada que todo lo abarca. El nombre codificado para la descripción de este pensamiento-conciencia es *Jotem* (Sello), una palabra que, tal como veremos, abarca varias interpretaciones. ¿Cómo logra uno esta conciencia pura? Uno debe entender que esta realidad, desde un punto de vista kabbalístico, consiste en una serie infinita de mundos posibles, todos los cuales existen dentro de un Mundo Sin Fin constante e incambiable. El hecho de que nuestras mentes racionales no puedan entender habitualmente este concepto no excluye la existencia de la realidad holística que estamos describiendo, la esencia de la cual es infinitamente mayor que la suma de sus partes. Sin embargo, demasiada evidencia en nuestras vidas cotidianas, sugiere que en este mundo físico, la ilusión es la regla y no la excepción.

La visión mecanicista del universo es totalmente inválida cuando se aplica a los estados alterados de conciencia. Incluso la idea generalmente aceptada de que la realidad está compuesta por objetos sólidos y espacio vacío es una ilusión. De hecho, la energía y la materia son simples aspectos del mismo espacio-tiempo/masa/energía continuo, la totalidad del cual está en comunicación instantánea constante. Todos hemos tenido experiencias paranormales, sin embargo las rechazamos rápidamente porque nuestra mente racional carece de la capacidad para comprender la infinita interconectividad de nuestro entorno.

Jotem (Sello) indica terminación, el punto final donde la energía se manifiesta materialmente; un símbolo comparado acertadamente con el sello de un rey al final de un documento. El Zóhar nos dice que el sello del rey impone el mismo sobrecogimiento y respeto que la presencia del rey. Esto se debe a que la Firma de la Fuerza de Luz (rey) personifica a la *Shin* cósmica, que a su vez encarna a *Emet* (verdad).

"Verdad" es otra implicación de la palabra *Jotem*.[117] ¿Por qué era *Jotem* significativo como la "Firma de la Fuerza de Luz"? La primera referencia bíblica del código contenido dentro del concepto de *Jotem* dice así: "Y las piedras estarán con los nombres de los hijos de Israel, doce, de acuerdo con sus nombres, como los grabados del *Jotem*". El *Jotem* era un pectoral en forma de bolsa que formaba parte de la vestimenta de los Sumos Sacerdotes de Israel. Tenía incrustadas doce piedras preciosas, cada una de las cuales tenía grabado el nombre de una de las doce tribus de Israel. Dentro de una bolsita en el *Jotem* estaban colocados el *Urim* y el *Tumim*. El sacerdote utilizaba el *Urim* para consultar el Tetragrámaton en busca de respuestas.[118]

Najmánides dice que el *Urim* era un texto que contenía los Nombres Divinos, y que era puesto dentro del pectoral; gracias al *Urim*, varias letras tomadas de los nombres de las tribus se volvieron disponibles como canales a una conciencia superior.[119] El derecho a utilizar este oráculo estaba reservado para los sacerdotes Levitas[120], y sólo un rey o un jefe del Sanhedrín podía hacerle preguntas.[121] El rey Saúl y el rey David consultaban el *Urim*.[122]

Los sabios han interpretado el significado de *Urim* como "aquellos cuyos mundos dan Luz", y el *Tumim* como "aquellos cuyos mundos están realizados". Además explican que el oráculo estaba influenciado por los rayos de Luz que brillaban sobre las letras, reflejando desde éstas y formándolas en grupos que el Sumo Sacerdote podía interpretar.[123]

El *Urim* proporcionaba al hombre un entendimiento profundo del cosmos y su lugar dentro de él, y por lo tanto un avance sin precedentes en nuestra comprensión del mundo. Los acontecimientos podían desarrollarse no sólo del pasado al futuro, sino también del futuro al pasado. Esta era nuestra máquina del tiempo, nuestra entrada a los Mundos Superiores.

¿De dónde provenía la información proporcionada por el *Urim*? El *Urim* era una cadena conectora de inteligencia que se extendía hacia abajo desde el nivel más elevado de inteligencia universal estableciendo un vínculo entre el mundo de Conciencia Cósmica pura y nuestras especies.

Con la inteligencia vino el poder: el poder de aniquilar, así como el poder de mantener un cosmos ordenado. Este tipo de poder estaba cargado de los tipos de peligro que, incluso hoy, todos conocemos muy bien. Los sentimientos y los valores de una persona poderosa pueden fácilmente volverse egocéntricos y egoístas, así pues existía el riesgo de que un sacerdote u otra persona que supiera cómo utilizar el *Urim* pudiera caer presa de ambiciones y deseos egoístas. El mal uso de este asombroso poder era exactamente lo que el Señor de la Oscuridad tenía en mente. Un sistema de energía tan sofisticado presentaba la escalofriante posibilidad de que la humanidad renunciase a su libre albedrío en masa; una condición que permitiría al Señor de la Oscuridad expandir su base de operaciones, castigar a sus enemigos y asumir un control completo sobre el reino de la Conciencia Cósmica.

Para que el poder inmenso de la Fuerza de Luz finalmente prevaleciera, era necesario que hubiera un fuerte elemento disuasorio, una válvula de escape que asegurara que el ejército de la Estrella de la Muerte nunca pudiera hacer uso de la Fuerza de Luz. La *Shin* cósmica se consideraba a sí misma digna del papel de salvaguarda de la armonía en el Mundo por Venir.

Si pudiéramos observar directamente el comportamiento del mundo atómico —la existencia del noventa y nueve por ciento que está más allá del alcance de nuestros cinco sentidos— veríamos frecuentemente objetos que aparecen y desaparecen. Pasado, presente y futuro se revelarían a sí mismos como aspectos unificados de la Fuerza de Luz. Esta era la visión del mundo que proporcionaba el *Urim*. En el *Urim* no había espacio vacío, ni falso estado de vacío, ni ilusión de oscuridad; sólo la verdad de la Luz que todo lo abarca.

Aunque el mundo metafísico parece distinto del mundo físico, no hay ningún requerimiento lógico para que existan de forma separada. El poder unificador de la restricción consciente de la humanidad es la clave para restaurar la Unidad. No existe una frontera real entre la mente y la materia. Todos los aspectos de la existencia física son meramente los mensajeros de la conciencia. En un nivel material, la transferencia y la transformación de la energía, la materia y la conciencia de un estado a otro parece difícil de imaginar hasta que nos damos cuenta de que aquello que distingue lo animado de lo inanimado, la energía de la materia, es la conciencia.

No hay ninguna diferencia esencial entre los átomos de una roca y los átomos de nuestro cuerpo. Los bloques de construcción básicos de los reinos físico y metafísico tienen las mismas estructuras y tendencias atómicas y subatómicas. La diferencia radica en las cuatro gradaciones del *Deseo de Recibir*, gradaciones que distinguen entre sí al reino mineral, vegetal, animal y humano.[124] Mientras que muchos de nosotros creemos que sólo los humanos tenemos conciencia, la visión kabbalística sostiene que los cuatro reinos son conscientes, y la diferencia principal entre ellos es el *Deseo de Recibir* de cada reino: Las formas superiores de vida tienen un mayor *Deseo de Recibir* que las inferiores.

La información codificada del universo —pasado, presente y futuro— se volvió manifiesta dentro del *Urim*. En esta era de computadoras, la diferencia entre *hardware* y *software* es bien conocida. En términos de esta distinción, podemos concebir a nuestros cuerpos como el *hardware* y a nuestro yo interno, nuestra conciencia, como el *software*. Para los sacerdotes de Israel, su computadora era el *Urim*, que representaba un programa de inmenso poder compuesto por una cantidad infinita de *terabytes* de energía-inteligencia cósmica.

La energía-inteligencia esencial de la *Shin* cósmica dominó a la de la *Tav* cósmica. *Shin* es la primera letra-energía del Señor, y es el pensamiento-energía dominante de Su Fuerza de Luz. El poder imponente de la *Shin* cósmica está demostrado por una expresión inmensamente vital de la Fuerza de Luz conocida por el nombre codificado de *Shadai* שׁדי . Las dos últimas letras de *Shadai*: *Dálet* y *Yud*, juntas constituyen la palabra dai, que significa "suficiente". La inteligencia negativa de juicio de la *Tav* cósmica ocasionó una expansión correspondiente de energía universal, que trajo consigo el peligro de un exceso de expansión hacia un caos desestructurado. Por lo tanto había una necesidad de la energía-inteligencia de *Shadai* para imponer una limitación a la proliferación de la Fuerza de Luz. Todo esto apunta al hecho de que cuando el mundo se convertiría más tarde en un lugar adecuado para sus habitantes, su completitud finalizaría y se manifestaría en *Yesod* (Fundación) del Mundo de la Acción (*Maljut*).[125]

"¡Suficiente!", exclamó *Shin*. "¡La expansión debe cesar! ¡El juicio riguroso debe refrenarse!" La expansión continua del universo no iba a servir a ningún propósito. La *Shin* cósmica dominó a la inteligencia negativa, la causa de la expansión cósmica, y la llevó a un estado de existencia armoniosa.

Y así, la *Shin* cósmica, armada con *Rajamim* (Compasión) —el poder de mantener un universo ordenado y bien organizado—, entró en la presencia del Creador para defender su causa. Su poderosa posición dentro de la Fuerza de Luz Divina le proporcionó el poder necesario para garantizar que el universo alcanzaría y mantendría un equilibrio adecuado en su manifestación de la Fuerza de Luz. Efectivamente, el nombre codificado del maestro principal de Israel, Moisés —en hebreo, Moshe: *Mem, Shin, Hei* משה—, a través del cual la Redención de Israel y del mundo se convirtió en una realidad, personificaba el poder imponente de *Shin*.

Es más, la *Shin* es uno de los 72 Nombres de Dios más poderosos: *Mem, Hei, Shin* מהש,[126] el código secreto para la sanación que se utiliza en el *Shabat*, y la energía mediante la cual los kabbalistas podían aumentar el potencial natural sanador de toda la humanidad. A través de este Nombre, el hombre puede conectarse con el poder sanador milagroso que reside en su interior. Este código permite a la humanidad aprovechar el poder del pensamiento y la emoción para eliminar cualquier bloqueo emocional que se interponga en el camino hacia la salud y la felicidad.

La *Shin* cósmica era el puente natural entre el mundo de la realidad física y la existencia metafísica interna del Señor de *Biná* (Entendimiento) cósmica.[127] Por lo tanto, parecía no existir una razón lógica por la cual el Señor no emplease la *Shin* cósmica como Su canal para la Creación.

Shin se presentó para proponer su pensamiento-inteligencia como el canal adecuado para la Creación del universo: "Señor, pueda que sea Tu deseo poner en marcha la génesis a través de mí, puesto que soy la energía-inteligencia primaria, la primera letra de una de las energías-fuerzas Supremas que finalmente se manifestarán en el Monte Sinaí por medio del código cósmico, la Biblia".[128]

Y así fue como la respuesta del Creador a la *Shin* cósmica resultó ser una total sorpresa para ella. "Tus atributos, *Shin*", dijo el Señor, "son ciertamente dignos de alabar. Sin embargo, la falsedad y el engaño, el sello distintivo y las expresiones del Señor de la Oscuridad, no tienen ninguna posibilidad de tentar a la humanidad sin tu participación activa. El Maestro del Mal requiere de tu ayuda para establecer el libre albedrío en el universo. Tu energía-inteligencia es un componente necesario dentro de la agenda de las *klipot*".

Es más, la humanidad no estaría segura si la *Shin* cósmica actuara como canal para la Creación, pues nadie tendría la certeza de hasta qué punto podría llegar el Señor de la Oscuridad en la manipulación de la energía-inteligencia de *Shin*.[129] La palabra *sheker* שֶׁקֶר (falsedad) está formada por tres letras: *Shin*, *Kof* y *Resh*. Si *Shin* fuera elegida como el canal para la Creación, el engaño y el mal podrían prevalecer sobre la humanidad, pues la energía de *Shin* está incluida en la palabra para falsedad. Sin la ayuda de *Shin*, la negatividad no podría existir, ni la ilusión del libre albedrío, sin la cual el hombre no tendría la oportunidad de eliminar el Pan de la Vergüenza. Por consiguiente, sin la participación activa de *Shin* dentro del drama de la Conciencia Universal, el propósito mismo de la Creación sería frustrado antes de tan siquiera iniciarse.

Al escuchar la respuesta del Señor, la *Shin* cósmica, con su cabeza inclinada en señal de humildad, partió del escenario del proceso cósmico.

CAPÍTULO 7

LA LETRA
RESH

Miedo a lo desconocido;
La fría infinidad;
Exploración planetaria;
Sistema Solar;
Vía Láctea;
Gravedad;
Universos alternativos;
Restricción;
Neutrones;
Campo de fuerza;
OVNIS;
Física cuántica;
Seres extraterrestres;
Pensamiento-energía

EL ENGAÑO Y LA INSENSATEZ
SE UNEN PARA ACONSEJARSE
Y CAUSAN DOLOR EN
MI ALMA. LA FALSEDAD ES
SU MANO DERECHA; SU
MERCANCÍA ES LA VIOLENCIA,
EL PERJURIO Y LA TRAICIÓN.

—MOISÉS HAYIM LUZZATO

Hay ocasiones en las que sentimos que algo nos persigue. El miedo a lo desconocido ha dado origen a muchas supersticiones que han desafiado la idea de un cosmos Divinamente ordenado.[130] Los cometas, por ejemplo, han estado asociados durante mucho tiempo con catástrofes terrestres. Los terremotos, las inundaciones y una gran multitud de desastres humanos, incluido el derrocamiento de reyes y presidentes, han sido atribuidos a influencias celestiales. ¿Qué otra cosa sino la intervención celestial podría ser responsable de la extinción repentina de especies vegetales y animales que han existido previamente durante eones?

La creciente evidencia científica indica que parte de la extinción masiva pudo en verdad haber sido provocada por la actividad cósmica. Una de las teorías sugiere que un cometa pudo haber colisionado con la Tierra y que la explosión resultante llenó la atmósfera de polvo en tal grado que se produjo un descenso de la temperatura y una ausencia de luz solar que provocaron la extinción masiva de muchas especies.

El hombre ha logrado proezas en la exploración que sobrepasan lo que podíamos imaginar hace tan solo unas décadas. Hemos hecho caminar a hombres sobre la Luna, y hemos enviado una nave espacial a volar por el sistema solar hasta llegar a Marte, Júpiter y más allá. Pero tales viajes son poco más que un paseo alrededor de la manzana si se comparan con un viaje a través de la Vía Láctea, el cual podría llevar varios millones de años incluso para una nave espacial que pudiera viajar a la velocidad de la luz. Con nuestra tecnología actual, parece que nuestra mayor esperanza para la exploración espacial de largo alcance se haya en portadores de información como la luz o los rayos cósmicos, que pueden proporcionar imágenes del universo más allá de las regiones que podemos explorar con una nave espacial.

Sin embargo, debido a que estos portadores están extremadamente limitados en su capacidad para proporcionarnos la información que buscamos, la información del Zóhar acerca de la Vía Láctea adquiere una mayor importancia. El Zóhar declara que las fuerzas de la negatividad están localizadas en la Vía Láctea. Hace referencia a que la temperatura allí es demasiado glacial (*kar*) קר para que puedan producirse las reacciones químicas sustentadoras de vida. El Zóhar dice que las inteligencias negativas de Satán, llamadas *klipot* (cáscaras), carecen de calidez. Temerosas de la Luz de la Sabiduría, cuyo sólo contacto las aniquilaría, estos seres de Oscuridad moran en cañones cósmicos que se hayan en la profundidad de las zonas remotas más frías de la Vía Láctea, base de operaciones del Señor de la Oscuridad. Aquí encontramos otro concepto *Zohárico* que parece rayar en la ciencia-ficción, sin embargo, desde la perspectiva kabbalística, las *klipot* malignas son demasiado reales.[132]

La Fuerza Oscura es distinta de cualquiera de las otras creaciones del Señor. Su sistema de soporte vital está íntimamente vinculado a las letras *Resh* y *Kof*, que según el Zóhar pertenecen al lado maligno.[133] La Vasija de *Resh* es la espina dorsal de la Fuerza Oscura. *Resh*, cuando se combina con *Kof*, forma la energía-fuerza inteligente de *kar* (frío), la esencia de la Fuerza Oscura. Es más, la palabra hebrea *rash* (pobre) רש indica empobrecimiento, y el *Talmud* declara que en ocasiones *Resh* simboliza el rasha (hacedor del mal).[134] Si *Resh* está en el otro lado (el lado del Señor de la Oscuridad), ¿cómo puede mantener también su vínculo inseparable con la

Fuerza de Luz? Efectivamente, si no fuera por el alimento que proporciona la *Kof* cósmica, la Fuerza Oscura permanecería en un estado de frigidez inerte, al mismo tiempo que *Resh* y *Kof* ayudan en el mantenimiento del Señor de la Oscuridad, ambas mantienen su identidad inteligente intacta dentro de las veintidós energías-fuerzas inteligentes puras de la Luz. ¿Cómo es eso posible? ¿Y por qué?

Quizás el atributo más interesante de la *Resh* cósmica y la *Kof* cósmica sea su diseño similar: cada letra cósmica tiene caras redondeadas en las esquinas y ambas carecen de una línea de base. Detengámonos a examinar una Vasija de tales características. A primera vista, observamos la ausencia de un área colectora efectiva, lo cual significa que la Vasija es incapaz de retener una carga abundante de energía. En la Kabbalah, la proyección y la retención de energía son componentes cruciales del funcionamiento del universo. Por ejemplo, nuestro universo está energizado por la letra *Dálet* , cuya esquina proyectada indica que su Vasija está preñada de la Luz de la Misericordia.[135] Una de las funciones de la fuerza de vida conocida por los kabbalistas como la Luz de la Misericordia es recolectar y retener la energía interna que los kabbalistas llaman la Luz de la Sabiduría. Cuando una Vasija que consiste en Luz de la Misericordia se ha unificado con la Luz de la Sabiduría, el campo gravitacional de la Tierra se debilita. Según la visión kabbalística, la gravedad se crea mediante una interacción específica entre la Luz de la Sabiduría y el campo de energía fluctuante del *Deseo de Recibir Sólo Para Uno Mismo.*

Los sistemas de propulsión del futuro funcionarán mediante una alteración de los campos gravitacionales locales. Esto será posible cuando la energía-fuerza inteligente del *Deseo de Recibir Sólo Para Uno Mismo* se haya convertido en la energía-fuerza inteligente del *Deseo de Recibir con el Propósito de Compartir.*[136] Esta forma particular de transmutación hace que los electrones —la inteligencia de la cual está formado primordialmente el *Deseo de Recibir Sólo Para Uno Mismo*— reorienten su energía-inteligencia básica interna. Los electrones juegan un papel fundamental en la generación de la gravedad, por lo que esta transmutación hace que la gravedad se debilite.

El Señor de la Oscuridad y las fuerzas del mal están formados por el *Deseo de Recibir Sólo Para Uno Mismo*. La letra *Resh* sólo tiene dos caras y tiene una esquina redondeada, lo cual indica la carencia de un Sistema de Tres Columnas, que en términos atómicos es como un átomo carente de neutrón.[137] Un circuito de energía inteligente requeriría la presencia de una tercera energía inteligente neutral de "restricción", la espina dorsal de la Fuerza de Luz y el arma secreta que podría destruir finalmente a la poderosa Fuerza Oscura.

Resh, carente de capacidad restrictiva, proporciona al Lado Oscuro el vehículo perfecto para cumplir su propósito maligno de infiltrarse en el cosmos con energía negativa o de cortocircuito. Sin embargo, *Resh* no tiene ningún deseo de integrarse al Lado Oscuro; ella simplemente carece de la voluntad necesaria para resistirse a él. Como una bombilla sin filamento (el aspecto restrictivo), el defecto de *Resh* es meramente que ella permite que la Oscuridad conquiste Luz.

El Zóhar advierte: "El hombre, por virtud de sus acciones negativas [sucumbiendo al *Deseo de Recibir Sólo Para Sí*

Mismo.], alimenta el poder del otro lado". Como resultado de los actos negativos del hombre, las fuerzas de la Oscuridad aprovechan la energía de *Dálet*, una letra que es indicativa de la energía-inteligencia conocida por los kabbalistas como la Luz de *Jésed* (Misericordia). Estas entidades negativas pueden alterar la conciencia de *Dálet* hasta tal punto que ella pierda su identidad. Su esquina se suaviza y desaparece, transformándola en una *Resh*. La letra *Dálet*, capturada así, aumenta enormemente el poder de la Oscuridad.[138]

El vínculo cósmico y la fuerza unificadora del universo es *Ejad* (Uno) אֶחָד, una superestructura asombrosa. La combinación de estas tres letras —*Álef*, *Jet* y *Dálet*— que conforman la palabra *Ejad*, responden a las características básicas de un campo de fuerza unificado. Empero, siempre que el Lado Oscuro captura a *Dálet*, este campo unificado se transforma en la influencia cósmica disruptiva conocida como *ajer* (otro) אַחֵר. Cuando la esquina sobresaliente de *Dálet* (Luz de la Misericordia) es eliminada, una nueva combinación de letras aparece en su lugar: *ajer* —*Álef*, *Jet*, *Resh*—. Por lo tanto, la fuerza reinante del Maestro del Universo, que es la unidad, ha sido reemplazada, y "otras" fuerzas extrañas dominan el cosmos, tal como evidencian las guerras aparentemente interminables que son tan prevalentes en nuestro llamado mundo civilizado.

La cresta de la estructura de *Kof* ק es la *Resh* ר. Por este motivo, la *Kof* también pertenece a la Fuerza Oscura. *Resh* y *Kof* aceptaron una tarea necesaria en el esquema cósmico de la humanidad para mantener su estatus dentro de las fuerzas de Luz de energía-inteligencia pura. Sin las fuerzas de la Oscuridad, el proceso de corrección del alma (*tikún*)[139] se interrumpe. La eliminación del Pan de la Vergüenza es el componente fundamental de la libertad de elección. Por lo tanto, la Fuerza Oscura proporciona a la humanidad el inestimable —pero también indeseable— servicio de brindarnos la oportunidad y el deber de elegir entre la Luz y la Oscuridad, el bien y el mal, lo correcto y lo incorrecto.

Las ideas que se presentan aquí parecen en cierta forma una historia de aventuras de ciencia-ficción con un reparto de inteligencias extraterrestres estrafalarias. Ciertamente, el lector puede sospechar que en lugar de un cuento benigno sobre los orígenes del *Álef Bet* hebreo, se ha topado con una narrativa descabellada sobre guerra, espionaje y contraespionaje. Como forma de entender nuestra propia existencia y lugar en el cosmos, buscamos evidencia de OVNIs y señales de vida fuera de la nuestra, sin embargo los extraterrestres están presentes entre nosotros. Si la guerra y el odio parecen inevitables, la culpa podría atribuirse directamente a las *klipot*. Hasta este día, estas energías-inteligencias malignas sostienen un fuerte agarre sobre muchos de los habitantes de nuestro planeta. El patriarca Avraham nos proporcionó las herramientas para detectar señales inteligentes de otras civilizaciones, así como el conocimiento para comprender la naturaleza aparentemente extraña de la vida en esta y otras galaxias. *El Libro de la Formación* establece un vínculo inmutable entre las formas de vida extraterrestres y las terrestres, y tanto las herramientas como el conocimiento son uno y el mismo: el *Álef Bet* hebreo.

Cuando Isaac Newton formuló sus leyes de la mecánica, muchas personas predijeron el final del libre albedrío. Las teorías de Newton relegaron a la humanidad a una posición inferior en un universo mecánicamente determinista. Con el advenimiento de la mecánica cuántica, sin embargo, el problema del libre albedrío ha vuelto a colocarse al frente de la investigación científica y filosófica. En cierto aspecto, el Zóhar apoya a la teoría cuántica: ambos favorecen decididamente al observador proporcionándole un papel vital en la naturaleza física del universo. El Principio de la Incertidumbre de Heisenberg apunta a un determinismo inherente en la red del microcosmos. Los acontecimientos subatómicos no tienen una causa última definible. En la raíz de este dilema, desde la perspectiva kabbalística, se haya el libre albedrío. El espectro subatómico, que incluye la energía-inteligencia metafísica del hombre, es inmune a las leyes físicas. Esto explica cómo la energía-inteligencia de la humanidad hace estragos en el flujo cósmico.

Por lo tanto, la lucha ente las veintidós superinteligencias del Señor y las inteligencias negativas de la Oscuridad depende enteramente de las acciones del hombre. Tal como mencionamos anteriormente, el Zóhar afirma que "El hombre, por virtud de sus acciones negativas, otorga poder al Señor de la Oscuridad". Por muy increíble que esto pueda sonar, el destino de nuestro mundo está influenciado por las acciones de la humanidad. Una vez que disponemos de esta información, el propósito de la galaxia —y el papel del hombre dentro de ella— no necesitan seguir siendo misterios inextricables.

Según el Zóhar, las fuerzas de la Luz y la Oscuridad reaccionan a las actividades del hombre reflejando o proyectando a la Tierra los resultados de su comportamiento en forma de cometas o ráfagas de radiación electromagnética. Las gigantes rojas y las supernovas —esos ardientes y atroces crisoles cósmicos— son manifestaciones de la inhumanidad de la cual el hombre es capaz por sí mismo. Las muertes de las estrellas y de los sistemas solares son impulsados por el pensamiento-energía negativo del hombre, y las ondas que se expanden a través del universo, más allá de la atmósfera de la Tierra, son reflejos del comportamiento negativo del hombre. Sin embargo, aun cuando el poder del hombre es considerable, nuestro libre albedrío está limitado porque la Fuerza de Luz tiene —y siempre mantendrá— el control supremo sobre el macrocosmos del comportamiento de la energía-inteligencia.

A *Resh* y a *Kof* se les otorgó la tarea solitaria y peligrosa de mantener el equilibrio dentro de la Luz de la Sabiduría que todo lo abarca y que evita que el cosmos caiga en el caos. Así, *Resh* sigue siendo el héroe no reconocido de la Fuerza de Luz. Su anonimato relativo se debe al hecho de que la palabra hebrea *rash*, que significa "pobre", encontró su camino hacia las Escrituras en el libro más complejo y oscuro de todos: el Eclesiastés. El rey Salomón, el autor del Libro del Eclesiastés, ofrece el siguiente proverbio: "Mejor es un niño pobre y sabio, que un rey viejo y necio que ya no sabe recibir consejos. Porque ha salido de la cárcel para reinar, aunque nació pobre en su reino".[140]

El Zóhar interpreta este versículo de la siguiente manera: El "joven pobre y sabio" es la inclinación al bien del ser humano: el *Deseo de Recibir con el Propósito de Compartir*. A esta tendencia se le denomina "niño" porque sólo se le asigna a una persona a partir de la edad de trece años en adelante. Se le llama "pobre" porque muchos no obedecen a ella. Se le llama "sabio" porque enseña el camino correcto. El "rey viejo y necio" es la inclinación al mal, el *Deseo de Recibir Sólo Para Uno Mismo*. Se le llama "rey" porque la mayoría obedecen a ella. Se le llama "viejo" porque está amarrado a un hombre desde su nacimiento hasta su edad anciana. Se le llama "necio" porque enseña el camino hacia el mal.[141]

Resh no creó su deseo propio de ser el canal cósmico para la Creación, pues sabía que ella podía servir mejor a la Fuerza de Luz de otras formas menos obvias. Por lo tanto, ella aceptó su destino, que consistía en permanecer como una inteligencia invisible, no reconocida y que trabaja tras los escenarios.

CAPÍTULO 8

LA LETRA
KOF

Humillación;
Canales;
Escudo de seguridad;
El Señor;
Comunicación simbólica;
Manifestación;
Fuerzas cósmicas;
Humanidad;
Lucha cósmica

OBTUVE RIQUEZAS Y HONOR,
Y VIVÍ DE ACUERDO A ELLAS;
OBTUVE SUS PUEBLOS Y
SUS CASTILLOS; ASÍ PUES, LA
BIBLIA FUE APARTADA Y LA
EXPOSICIÓN DE SUS LIBROS
FUE OBSTACULIZADA.

—DON ISAAC ABARBANEL

L a *Kof* cósmica, igual que la *Resh*, no se presentó ante la Fuerza de Luz para hacer su súplica. ¿Por qué no lo hizo? ¿Estaba avergonzada? ¿Había cometido alguna ofensa o pecado?[142]

Sólo un necio repite un gran error, y la *Kof* no era tonta. La *Tav* cósmica había cometido un error crucial revelando su posición al Señor de la Oscuridad, un error que *Kof* prometió no duplicar. Por lo tanto no era vergüenza ni humillación lo que impidió que *Kof* se presentara como posible canal para la Creación; ella simplemente estaba decidida a evitar cualquier contacto innecesario con las *klipot*. La *Kof* cósmica se sintió sola en su tarea, pero no se consideró inferior a las otras letras-energías. Por el contrario, sólo ella había sido elegida para aventurarse en el espacio Oscuro. A ninguna otra letra-energía le fue asignada esa tarea tan peligrosa. Era su misión, y sólo suya, proporcionar a la Fuerza Oscura la cantidad precisa de energía que necesitaba para preservar la existencia del libre albedrío.

La ración medida y precisa de energía que le llega a Satán le es proporcionada a través la pierna de *Kof*.

La *Kof* cósmica reconoció el uso que se le había dado a su capacidad como canal para la Luz, y ella entendió plenamente la importancia de mantener el equilibrio adecuado entre la Luz y la Oscuridad en el universo, pues sin la oscuridad, el libre albedrío no podría existir. *Kof* también se dio cuenta de que si el proceso de Creación se iba a manifestar a través de ella,

Satán se establecería de forma permanente como una fuerza de inteligencia participativa dentro de la Conciencia Universal. Por lo tanto, *Kof* apartó de su mente el pensamiento de presentarse como un canal adecuado para el proceso creativo, pues ese pensamiento en sí mismo pudo haber proporcionado a Satán una oportunidad para lanzar un ataque.

¿Por qué era *Kof* la única capaz de resistir un ataque de la Fuerza de la Oscuridad? ¿Le garantizaba su fortaleza interna cósmica que no sería apresada por esa inteligencia maligna? ¿Podía el escudo de seguridad proporcionado por *Resh*, *Shin* y *Tav* proteger a *Kof* de ser dominada por el Señor de la Oscuridad? La respuesta al misterio que rodea a la letra *Kof* la proporciona el Zóhar.[143] En una de sus secciones más complejas —un capítulo por lo tanto evitado por muchos de los traductores y comentaristas— el Zóhar explora la metodología del equilibrio cósmico examinando el siguiente verso: "Y el Señor llamó a Moisés, y le habló fuera de la tienda de reunión".[144]

A primera vista, este pasaje se lee como si estuviera teniendo lugar una conversación entre dos seres humanos mortales. Sin embargo, el verso menciona específicamente al Señor como "el que llama", así que, ¿cómo podemos entender que sea el Señor el que llame a Moisés? El Zóhar plantea la misma pregunta con respecto a otro pasaje del Génesis, donde se lee: "Y sacándole afuera, le dijo".[145] Obviamente, el Señor no tomó a Avraham del brazo y le llevó afuera, y por este motivo, el Zóhar advierte al lector de la Biblia que no se deje desorientar por la traducción literal. La Biblia utiliza el lenguaje ordinario para insinuar la verdad cósmica que está más allá del alcance de la conciencia racional. "Llamar a Moisés" y "llevar a Avraham afuera" eran expresiones figuradas que indican una comunicación metafísica.

El discurso humano se manifiesta mediante combinaciones de letras. El *Álef Bet* hebreo es un conducto para la comunicación, pero en un nivel metafísico. La etimología es algo más que trazar el origen de una palabra. Un análisis de la posición de las letras en una palabra puede ayudarnos a descubrir información a la cual no podríamos haber accedido de otra forma. La palabra hebrea para "llamar", *vayikrá*, וַיִּקְרָא mencionada en el versículo anterior, está formada por cinco letras: *Vav*, *Yud*, *Kof*, *Resh*, y *Álef*. Dos de las letras en esta palabra son *Kof* y *Resh*, que forman la palabra *kar* (frío). La Fuerza Oscura, que no tiene calor ni vida propia, se revela cuando la palabra *kar* se vuelve manifiesta. Por lo tanto, expresiones como "guerra fría", "esto me deja frío", "una persona fría", "tener el corazón frío", "a sangre fría", tienen todas ellas sus raíces en el Señor de la Oscuridad.

Un grupo de científicos de la Universidad de California, Berkeley, sostiene que el Sol es una estrella doble. Esta teoría se corresponde exactamente con la descripción que hace el Zóhar de una inteligencia dual representada por los dos triángulos de la Estrella de David, que el Zóhar llama el Sol.[146] La teoría de los científicos de Berkeley también se corresponde con el concepto *Zóhárico* de la Fuerza Oscura. Según el Zóhar, las fuerzas-energías positivas se transmiten a través de la Estrella de David, mientras que la Fuerza Oscura es la responsable del "tiempo" tormentoso y negativo a medida que orbita alrededor del plano de la Vía Láctea.[147] La energía inteligente negativa tiene sus orígenes en Satán, que es el responsable de los continuos conflictos que causan estragos en los habitantes de la Tierra.

Todo parece indicar que la *Kof* cósmica y la *Resh* cósmica pertenecen al lado oscuro. *Kof* proporciona sustento a Satán, y *Resh* asiste a *Kof* en su continua guerra fría que impregna nuestro universo entero. Sin embargo, el Zóhar advierte que estas dos inteligencias cósmicas son también parte del sistema que dirige el asombroso poder de la Fuerza de Luz. Actuando como dobles agentes, *Kof* y *Resh*, junto con *Yud* y *Álef*, controlan el equilibrio de las fuerzas cósmicas en el universo. Este control está indicado por la palabra codificada "llamar". El papel de la comunicación en la manutención del equilibrio cósmico se haya en el corazón del versículo. En su esencia, tal como sugiere su posición en el medio de la palabra, están *Kof* y *Resh*. *Yud* y *Álef*, la primera y la cuarta letra del código, protegen los perímetros.

A pesar de los esfuerzos de *Kof* y *Resh* por servir como agentes dobles, la batalla por la Conciencia Universal parece haber favorecido al Señor de la Oscuridad hasta este momento. En la Era de Acuario, sin embargo, la esencia de la realidad volverá, según el Zóhar, a su estado primario de unificación. En ese tiempo, la humanidad estará tan absorbida por su propia negatividad, luchando por mantenerse a flote en un mar de confusión, que deseará cambiar el cosmos de la única manera posible. Con el poder del *Álef Bet* como el instrumento de conexión cósmica, cualquier tipo de distancias y separaciones serán de nuevo unificadas, y de las cenizas de la insuficiencia nacerá la posibilidad de unirlo todo una vez más.

Se dice que antes de la caída de Adán y la posterior fragmentación de las Vasijas, *Kuf* y *Resh* mantuvieron una unidad y una simetría de interacciones perfectas. Sólo después de la primera interferencia dentro del universo, la Fuerza de la Oscuridad encontró una oportunidad de manifestar la inteligencia negativa. Hoy nuestro mundo expresa desunión y falta de simetría, pero un día restauraremos este universo fragmentado a su estado natural si infundimos energía inteligente positiva en todas nuestras relaciones.

La *Kof* cósmica reconoció la importancia de su posición dentro de la Fuerza de Luz que todo lo abarca. De todas las letras-energías, ella era la única que tenía la energía-inteligencia capaz de conectar estos dos universos paralelos. Sólo ella podía sostener a la Fuerza de la Oscuridad sin someterse a su influencia negativa.

Si hubiera tenido que abandonar su posición para convertirse en canal para la Creación, el peligro de que Satán tomara el control de la Conciencia Universal hubiera aumentado enormemente. Con esto en mente, la *Kof* cósmica volvió a su posición, confiada de su rol vital en la lucha entre las fuerzas del bien y del mal.

LA LETRA
TSADI

TODAS LAS ALMAS DE LOS
HOMBRES SON INMORTALES,
PERO LAS ALMAS DE LOS
JUSTOS SON INMORTALES
Y DIVINAS.

—SÓCRATES

L a *Tsadi* cósmica vio que la *Tav* y la *Shin* habían sido rechazadas: *Tav*, debido a los rígidos juicios que acarreaba en su interior, y *Shin* debido a la influencia que ejercía sobre ella la *Sitrá Ajra* (la inclinación al mal; literalmente, el otro lado). Sin embargo, esto no impidió que *Tsadi* se aventurara a proponer al Señor que ella podía ser un canal efectivo para el acto de la Creación.

Tsadi, como la letra *Tav* y la *Shin*, está incluida en la palabra *Jotem*, que significa Firma (de la Fuerza de Luz). Pero a diferencia de *Shin* y *Tav*, las energías negativas de las *klipot* no tienen acceso a *Tsadi*. La inmensa estación de batalla metafísica de la *Tsadi* cósmica en la Tríada Superior de la Estrella de David (la conciencia de *Zeir Anpín*) le proporciona una amplia protección de las influencias negativas. La conciencia de *Zeir Anpín*[148] está más allá del alcance de las Fuerzas Oscuras, que no se extienden más allá de la Tríada inferior de la Estrella de David. Por lo tanto, *Tsadi* se creía inmune a las insinuaciones de Satán. Su poder sería suficiente para frustrar cualquier intento del Señor de la Oscuridad de tomar control de la Conciencia Universal y, a través de ella, el mundo podría ser guiado hacia su corrección final; o al menos así lo creía ella.

El poder cósmico de *Tav*, *Shin*, *Kof* y *Resh* se origina dentro de la conciencia de *Maljut*, el nivel de mayor ocultamiento de la Fuerza de Luz. En este nivel de conciencia, "el Árbol del Conocimiento combina tanto el bien como el mal".[149] Así, mientras que las fuerzas de vida inteligentes de las letras-energías previas eran mezclas del bien y el mal (*Maljut* y *Zeir Anpín*), la *Tsadi* cósmica obtenía su energía solamente del estado de conciencia pura de *Zeir Anpín*. De esta forma, la

Tsadi cósmica se sentía cualificada para convertirse en el canal para el proceso creativo.

De entrada, la letra *Tsadi* tenía la misma apariencia que la curvada letra *Nun* ן. Sin embargo, la letra *Yud* del Tetragrámaton superó a la *Nun* y designó el *Brit* (Alianza Sagrada) para que se colocara en lugar de la *Yud*. El *Brit* se completa mediante las dos partes de la ceremonia de la circuncisión: el corte del prepucio y la partición en dos de la segunda piel. El cumplimiento de la orden de la circuncisión aparta a un lado todas las *klipot*.

Yud, la primera letra-energía de *Zeir Anpín*, es la Vasija para el Señor. Ella es la Emperatriz del Tetragrámaton[150], la fuerza de vida más poderosa que puede manifestarse dentro de *Zeir Anpín* y *Maljut*. *Yud*, una inteligencia suprema, estaba preparada para extender su poder tan pronto como se hizo manifiesta. Así, *Yud* se unió a *Nun* para crear a *Tsadi*.

$$ נ + י = צ $$

Cuando el Creador hizo que esto ocurriera, su objetivo final era proporcionar sustento para *Maljut*, el Mundo de la Acción. *Yud*, el símbolo de *Kéter* (Corona) de *Zeir Anpín*, se personifica en la Biblia en Adán. Eva simboliza la *Nun*, la polaridad femenina del *Zeir Anpín* cósmico.

La *Tsadi* cósmica se convirtió en el complejo de energía más poderoso que existía dentro de *Zeir Anpín*. ¿Cómo y por qué fue logrado un poder cósmico tan poderoso dentro de la letra *Tsadi*? La *Yud* cósmica poseía una concentración intensa de pensamiento-energía. No había otra letra cósmica capaz de ostentar tal poder. Su voluminosa pero compacta cabeza retrataba claramente la estación del mando del Señor. La *Yud* cósmica disfrutaba del supremo estatus metafísico en el que no personificaba mucha materia corpórea. Ella es, en realidad, la letra más pequeña del *Álef Bet*.

El Maestro del Universo buscaba la Vasija perfecta para combinar con la *Yud* para manifestar el poder extraordinario de *Yud*. El Señor eligió a la *Nun* como la compañera de *Yud*. La *Nun* cósmica está enfocada permanentemente hacia abajo, una señal elegante de su humildad, mientras que la *Yud* mira hacia arriba. Una prueba que determina si una persona es espiritual o no es observar la forma en que camina: una cabeza que mira hacia arriba indica que es una persona altiva, mientras que una que camina con la cabeza hacia abajo generalmente se percibe como humilde. La combinación de las energías-inteligencias positivas (*Yud*) y negativas (*Nun*) resultan en la creación de la Fuerza de Luz suprema del Señor.

Frente a frente, la *Yud* y la *Nun* reinaban en lo alto. *Nun*, que anteriormente se encontraba en la *Guevurá* cósmica, ascendió a la posición Celestial de la conciencia de *Biná*. No había ninguna energía-inteligencia que llevara consigo ni siquiera una traza del pensamiento-energía del *Deseo de Recibir Sólo Para Sí Mismo* que pudiera sobrevivir en la presencia de esta asombrosa combinación. Ante un ataque masivo de la combinación *Yud-Nun* conocida como *Tsadi*, la Fuerza Oscura desaparecería con una simple ráfaga de Luz, sin dejar ni rastro de su existencia previa; o al menos así lo pensaba *Tsadi*.

Una demostración clásica de este poder aterrador e infinito, aunque controlado, se halla descrita en el *Talmud*. El legendario sabio Rav Shimón bar Yojái era un alumno de Rav Akivá. Cuando Rav Akivá fue encarcelado por los romanos por enseñar la Biblia en público, Rav Shimón continuó estudiando bajo su tutela y asistiéndole.[151] Rav Akivá lo tenía en gran estima, y le decía: "Es suficiente para ti que yo y tu Creador reconozcamos tu poder".[152] Rav Shimón se negó a resignarse a la devastadora derrota de la revuelta de Bar Kojbá contra el imperio romano, y él manifestaba abiertamente su oposición a los romanos. Como resultado, Rav Shimón fue sentenciado a muerte, y él y su hijo, Rav Elazar, fueron forzados a huir. Durante doce años, permanecieron escondidos en una cueva en Pekiín, protegidos por un milagro.[153] Durante este periodo de soledad, dedicaron por completo su concentración al estudio de la Kabbalah y pusieron su sello en una visión de la vida que encontró una poderosa y elocuente expresión en muchas opiniones Agádicas.

Elías el Profeta le dijo a Rav Shimón bar Yojái que con la muerte del emperador, su propia sentencia de muerte había sido revocada. Después de su salida a la libertad, Rav Shimón vio a la gente arando los campos y exclamó: "¿Cómo pueden abandonar el reino del sustento espiritual que proporciona felicidad eterna a cambio de una compensación momentánea?". Rav Shimón y su hijo comandaban un pensamiento-energía tan poderoso que reducían a las personas a cenizas con solo mirarlas. Entonces una voz le habló a Rav Shimón, diciendo: "Rav Shimón, ¿fue tu exilio con el propósito de destruir el mundo?". La voz ordenó a Rav Shimón que regresara a su cueva. Doce meses más en la cueva proporcionaron a Rav Shimón el tiempo que necesitaba para descender al plano terrenal.[154]

En el Mundo de la Acción, la aterradora exhibición de poder de Rav Shimón no estaba en concordancia con el esquema cósmico de libre albedrío. La elección del hombre entre el bien y el mal no puede ni debe ser interrumpida. La opción de elegir la ilusión de la ganancia material por encima de la fuerza de unidad que todo lo abarca ha sido reservada para la humanidad desde el principio. Ciertamente, era el propósito mismo de nuestra creación, pues sin éste no tendríamos forma de aliviar el Pan de la Vergüenza.

Cuando el pensamiento-energía del *Deseo de Recibir Sólo Para Uno Mismo* prevalece entre los habitantes de la Tierra, las fuerzas de la Oscuridad se intensifican. Este es el momento en que *Nun* debe descender y volver a entrar en el espacio de *Zeir Anpín*, cayendo desde su posición de madurez hasta una de inmadurez. Este es el motivo por el cual la letra *Nun* indica una "caída". La palabra hebrea para "caer", *nefilá* נְפִילָה, empieza y está imbuida por la energía de *Nun*. Aún así, cuando la *Yud* se une con la *Nun* para formar la letra *Tsadi*, la *Nun* cósmica da origen al poder cósmico de *Yud*. La posición espalda con espalda de las letras *Yud* y *Nun* crea esta inmadurez, puesto que el espacio entre las dos letras brinda al Señor de la Oscuridad la oportunidad de tomar energía. En este estado de inmadurez, incluso la energía combinada de las dos letras no tiene ninguna probabilidad de vencer a la fuerza de Satán.

A través de los años, la humanidad ha obtenido acceso a una fuente de energía detrás de otra, incluida la energía que está encerrada dentro del corazón del átomo. Pero la creación de energía espiritual pura, como lo es la energía de nuestras almas, está y siempre estará más allá de nuestra capacidad de crear. En la Biblia, encontramos al menos dos representaciones del acto de Creación Divina: "Y creó Dios al hombre a Su propia imagen, a imagen de Dios Él lo creó a él; varón y mujer Él los creó a ellos".[155] Este versículo se refiere a la creación del hombre en el Sexto Día de la Creación. Sin embargo, después de los Siete Días de la Creación, leemos otra descripción bíblica de la creación del hombre: "Entonces el Señor formó al hombre del polvo de la tierra, y sopló en su nariz aliento de vida, y el hombre se convirtió en un alma viviente. Y el Señor Dios hizo caer un profundo sueño sobre el hombre, y él durmió. Y le quitó una de las costillas, rellenando el vacío con carne. Y de la costilla que el Señor Dios había tomado del hombre, formó Él una mujer y la llevó ante el hombre".[156]

¿Es esta segunda descripción de la creación del hombre una mera repetición de la primera? Si es así, ¿por qué esta descripción elaborada de la creación del hombre no se incluyó en la primera? Es más, si asumimos que Eva empezó a existir mediante el proceso descrito en la segunda explicación, ¿por qué fue luego castigada y expulsada del Jardín del Edén?[157] Después de todo, sólo se le dijo a Adán que no comiera de la fruta prohibida antes de la segunda descripción de la creación de Eva a partir de la costilla de Adán. El Zóhar traza una distinción entre el Adán y la Eva de la primera explicación de la Creación y el Adán y la Eva de la segunda explicación.[158] "El hombre y la mujer a los que se refiere en el Sexto Día de la Creación", afirma el Zóhar[159], "eran una forma de vida-pensamiento inteligente pura, sin ningún parecido con la materia corpórea". Este estado cósmico de hombre y mujer es análogo al estado de madurez de *Tsadi* previamente mencionado. Cuando *Nun* (Eva) asciende a la *Biná* cósmica, las letras se giran y se ponen cara a cara, y la madurez prevalece. Sin embargo, cuando el pensamiento-energía del

Sexto Día estaba combinado con la materia corpórea, volvió a surgir la condición de espalda con espalda. Este estado de inmadurez expuso entonces a Adán y a Eva a las garras de Satán, personificado por la serpiente. Adán y Eva tenían ahora la opción de la libre elección: sucumbir a la influencia de la serpiente y comer del Árbol del Conocimiento, o restringir y negar el pensamiento-energía del *Deseo de Recibir Sólo Para Uno Mismo*.

La creación Divina del hombre tuvo sus orígenes dentro de la formación de la letra *Tsadi*. El estado de Pensamiento-Energía puro mencionado en la descripción del Sexto Día de la Creación fue el pensamiento original maduro frente-a-frente del Maestro. En ese nivel cósmico, ninguna energía impura (como la controlada por la Fuerza Oscura) tenía la mínima oportunidad de sobrevivir. Esta, entonces, fue la creación Divina de siete días: el Sol y la Luna, las constelaciones, los peces, el agua, los animales y Adán y Eva; todos ellos creados como pensamiento-energías. La segunda explicación de la Creación describe la creación de la materia corpórea y el nivel inmaduro resultante de conciencia espalda-con-espalda que dio al Señor de la Oscuridad la oportunidad de tomar pensamientos-energías puros. El mundo caótico en el que vivimos es un resultado directo de esta captura, que otorgó el poder a la Estrella de la Muerte para reinar sobre los habitantes de la Tierra con terror y destrucción.

La mujer, simbolizada por la letra *Nun*, puede crear o destruir al hombre, según el Talmud[160]: "Una mujer es la corona de su marido"[161] y "Una mujer mala es peor que la muerte"[162]. La destrucción de un hombre era la "caída" indicada por la letra *Nun*. Esta letra puede tomar parte tanto de la madurez cósmica como de la inmadurez cósmica, ascendiendo a las alturas del pensamiento-energía puro o cayendo en el abismo de la Oscuridad.

La unidad frente-a-frente y la madurez de *Tsadi* fueron la razón por la cual *Tsadi* pensó que sería aceptable para el Señor como un canal para la Creación. La *Yud* cósmica, el aspecto masculino de *Tsadi*, está simbolizada en el nivel terrestre por el órgano masculino después de la circunsición[163]. Con la eliminación del prepucio (*klipot*), la energía interna de *Yud*, ahora divorciada de la mezcla de impurezas, se convierte en una fuerza dinámica en la reproducción de generaciones futuras. La calidad de vida codificada en una molécula de ADN —la fase posterior de la *Yud* cósmica— depende en gran parte del grado de pureza de *Yud*. Por este motivo, el arte de la circuncisión se ha vuelto sinónimo del *tzadik*, o persona justa. Al mismo tiempo, el poder *Sefirótico* de *Yesod* se asoció con el órgano masculino, que subraya la importancia de la existencia humana. El desarrollo de la humanidad está directamente ligado con esta capacidad asombrosa: el poder de crear vida.

El Zóhar afirma: "Cuando nos unimos en espiritualidad y compartimos amor con nuestra pareja en la hora y el tiempo cósmicos adecuados, se manifiesta energía óptima[164], y la unión del *Zeir Anpín* cósmico masculino y el *Maljut* femenino pueden consumarse". Todo nuestro cosmos está impregnado de energía positiva. El Zóhar explora el secreto de la alianza de la circuncisión y la unión en su interpretación de la historia de Noé, el sobreviviente del Diluvio.[165]

Noé llevó a cabo una alianza en la Tierra que se correspondía con la alianza metafísica de Arriba; por eso se le llama el

Hombre de la Tierra.[166] El significado profundo de esta alianza es que Noé necesitaba una arca (polaridad femenina, *Maljut*) con la cual "unir", de forma que la semilla de todas las especies futuras se preservara, tal como está escrito: "para preservar la semilla".[167] Esta arca física es el Arca de la Alianza, y la unión de Noé con el arca Abajo se correspondía con una unión similar Arriba del *Zeir Anpín* cósmico y el *Maljut* cósmico.

Antes de que se estableciera la Alianza con Noé, él no entró en el arca, como está escrito: "…y estableceré Mi Alianza contigo y tú entrarás en el arca".[168] Noé era un *tzadik*, un hombre justo que seguía el patrón celestial. Está escrito: "El justo es la Fundación (*Yesod*) del mundo".[169] El justo es el pilar que sostiene el mundo. Esto está implícito en las palabras: "Noé caminaba con el Señor"[170], lo cual significa que Noé nunca se separó de la energía-inteligencia interna de la *Yud* cósmica. También está escrito: "Noé halló gracia en los ojos del Señor. Noé, varón justo, era perfecto en su generación".[171] Según el Zóhar, las palabras "era perfecto" indican que nació circuncidado.[172]

Tzadik, "justo", y *Yesod*, "Fundación", son los pilares y la protección del cosmos. Consecuentemente, la letra *Tsadi* pensó que sería aceptable para el Señor como circuito para Su Energía Suprema. Debido a que ella estaba destinada a alcanzar la madurez y por lo tanto la perfección, ella se consideraba a sí misma un canal cósmico adecuado para la Creación. Con esto en mente, ella entró en la presencia de la Fuerza de Luz.

"Señor del Universo", dijo *Tsadi*, "pueda que sea de Tu agrado crear el mundo a través de mí, puesto que soy la señal de los

Tzadikim (Justos) y de Ti mismo, Quien también se llama Justo. Pues está escrito: 'El Señor es justo, Él ama la justicia'".

El Señor respondió: "Sí, *Tsadi*, tú signigicas rectitud, pero la rectitud no debe exponerse innecesariamente. Si la Creación del mundo se iniciara con *Tsadi*, te desvelarías y darías al mundo una causa para la ofensa. La Fuerza Oscura debe formar parte del paisaje universal para proporcionar libre albedrío al hombre corpóreo. Tu revelación podría llevar a Satán a tomar el poder de la *Yud* cósmica. Por lo tanto, debes permanecer en una configuración espalda-con-espalda, la cual indica que la Luz está oculta".

El Rollo Bíblico presentado en el Monte Sinaí da evidencia del rechazo del Maestro de la *Tsadi* cósmica. La letra *Tsadi* encontrada en el Rollo Bíblico estaba posicionada de forma que la *Yud* cósmica de la *Tsadi* estaba enfocada hacia arriba y lejos de su compañera, la *Nun*, lo cual indicaba que el universo no estaba todavía preparado para su madurez cósmica.

Consolando a *Tsadi*, el Maestro del Universo le aseguró que con el tiempo ella ascendería a un reino más elevado de conciencia cósmica, un nivel en el cual el aspecto de la *Yud* reinaría supremo. Segura en su conocimiento de que un día sería restablecida a su estado de madurez frente-a-frente, *Tsadi* regresó a su lugar en la panoplia cósmica.

CAPÍTULO 10

LA LETRA
PEI

Libertad;
Ley del movimiento;
Espacio;
Tal como es Arriba, es Abajo;
Israel;
Imperios;
Monte Zion;
Templo Sagrado;
Oscuridad cósmica;
Cartas astrológicas;
Encarnaciones;
Terremotos;
Realidad física

A LOS CIELOS Y A LA TIERRA LLAMO POR TESTIGOS HOY CONTRA VOSOTROS, QUE OS HE PUESTO DELANTE LA VIDA Y LA MUERTE, LA BENDICIÓN Y LA MALDICIÓN; ESCOGE, PUES, LA VIDA, PARA QUE VIVAS TÚ Y TU DESCENDENCIA.

—DEUTERONOMIO 30:19

L a letra *Pei* entró en el escenario de la Creación y suplicó: "Pueda que Te plazca, Maestro del Universo, crear el cosmos a través de mí. Yo significo *Purkaná*, emancipación. Tu diseño de la fuerza-energía inteligente que proporciona emancipación al mundo entero es la letra *Pei*. La libertad para el mundo entero se vuelve manifiesta a través de una combinación de letras que forman la palabra cósmica *Pedut* (Redención). La fuente y la primera letra de esta fuerza de poder es la letra *Pei*. Por consiguiente, es adecuado que la Creación del universo se canalice a través de mí".[173]

Según la expresión kabbalística "tal como es Arriba, es Abajo", esperamos encontrar la influencia positiva junto con la negativa. Allí donde se encuentre una energía positiva intensa, las fuerzas del mal acechan esperando la oportunidad de aprovecharse de ella. "El pecado yace a la puerta; y sobre ti está su deseo, pero tú puedes dominarlo"[174], declara la Biblia. Sir Isaac Newton expresó esta importante ley universal de la naturaleza cuando planteó su Tercera Ley del Movimiento: con toda acción ocurre siempre una reacción igual y contraria. Los kabbalistas llaman a este concepto la Ley de los Dos Sistemas:[175] "Dios hizo tanto lo uno como lo otro", proclamó el Rey Salomón.[176]

A medida que estudiamos Kabbalah, nos damos cuenta de cómo la energía personificada en una manifestación impregna y prevalece en todos los otros reinos de la Creación, cada uno siendo una expresión diferente de la realidad unificada que todo lo abarca.

La eficacia de la vacunación, por ejemplo, sirve para verificar esta regla fundamental de la interacción universal. El virus de la polio previene la polio, y el veneno de serpiente proporciona el mejor método para combatir una mordedura de serpiente. También vemos esta interacción en la naturaleza, pues junto a la planta de la hiedra venenosa encontramos su antídoto, la balsamina.

La fuerza-energía inteligente que fluye a través de la palabra aramea *Purkaná* también es referida por la disposición de las letras hebreas que forman la palabra *Geulá* גאולה, que significa Redención. *Geulá*, que también significa libertad, está estrechamente alineada con la palabra hebrea *Galut* גלות, que significa Exilio. "Dijo, pues: La gloria de Israel se ha ido al exilio; porque ha sido tomada el arca de Dios", proclaman las Escrituras.[177] La letra-energía cósmica que diferencia los conceptos opuestos de exilio y libertad es la letra *Álef*. La estructura cósmica de *Geulá* (Redención) incluye la *Álef*, mientras que *Galut* (Exilio) carece de *Álef*, que es la letra-energía que da lugar a la emancipación de la energía-inteligencia en toda la galaxia.

Los fenómenos físicos a gran escala están condicionados por la organización microscópica de las fuerzas inteligentes. El progreso de la entropía está controlado por el movimiento de las partículas. El macro mundo material está completamente respaldado por el micro mundo; cada uno de ellos es un reflejo del otro. La guerra y la paz, el exilio y la libertad, son reflejos del universo metafísico más amplio. El universo refleja un patrón de existencia humana consistente con las leyes básicas del reino celestial y el terrestre. Hay tanta rivalidad en los Cielos como la hay en la Tierra. El Espacio es un campo de batalla. Hay una lucha encarnizada continua entre las fuerzas cósmicas. El universo, que se originó como resultado de una salvaje explosión, todavía está rebosante de actividad violenta:

erupciones, convulsiones y materia perdida en el abismo de los agujeros negros. A lo largo de toda la tierra salvaje cósmica, la lucha eterna continúa.

El exilio y la libertad, por lo tanto, son meros reflejos de un universo más grande. ¿Pero qué los activa? ¿Por qué la libertad o el exilio vienen y van en momentos precisos? La libertad y el exilio dependen del estado de *Maljut*, la polaridad femenina. Siempre que *Maljut* carece de *Mojín* (la fuerza interna del cerebro), que encarna a las Tres *Sefirot* Superiores —*Kéter*, *Jojmá* y *Biná*— los Israelitas son expulsados de la tierra de Israel y llevados al exilio. Este fenómeno es simplemente la expresión específica de la ley natural que dice "tal como es Arriba, es Abajo".[178]

La tierra de Israel es el centro de energía de nuestro mundo físico, y la tierra de Israel Abajo está afectada por la tierra de Israel Arriba. Los Israelitas son la expresión física de *Maljut* cósmico, mientras que la tierra de Israel es la polaridad masculina de *Zeir Anpín*. Cuando la masculinidad cósmica (*Zeir Anpín*) y la feminidad cósmica (*Maljut*) están en armonía, se establece un circuito completo de energía, y en tales momentos, los Israelitas están conectados con la tierra de Israel. Pero cuando los Israelitas Abajo crean un cortocircuito con acciones negativas, se crea un cisma entre *Zeir Anpín*, la polaridad positiva, y *Maljut*, la polaridad negativa, alienando una de la otra. Este cortocircuito genera violencia en el reino celestial.

¿Quiénes son estas personas llamadas los Israelitas? ¿Por qué han estampado un sello tan extraordinario en el escenario universal de la historia, fuera de toda proporción con respecto a su número? "Los Israelitas mantienen el grado más intenso de *Deseo de Recibir* de todas las naciones del mundo", afirma el Zóhar.[179] Este nivel de negatividad brinda la oportunidad de una máxima expresión de la Luz de Sabiduría que todo lo abarca. Igual que una bombilla atrae energía de acuerdo a la capacidad restrictiva de su filamento, el grado de Luz que manifiesta la humanidad depende de su capacidad para restringir, y por lo tanto de atraer esa energía cósmica sublime. La capacidad restrictiva alcanza su nivel más elevado de manifestación en los Israelitas, y la región a través de la cual llega a nuestra galaxia la máxima cantidad de energía es la tierra de Israel. "Cuando el Señor creó el mundo, Él creó siete firmamentos Arriba. En cada uno habitan estrellas, constelaciones y ministros para servir. De forma similar, hay siete divisiones espirituales en la Tierra Abajo, una espiritualmente superior en energía a la otras; la tierra de Israel es la más elevada de todas, y Jerusalén es el centro de energía de todo el mundo habitado".[180]

El universo es un mensaje escrito en un código cósmico, la clave del cual está contenida en el Zóhar. Cuando desciframos el código, vemos un orden celestial más allá de nuestra comprensión racional. Cuando las escrituras se refieren a la región de "la tierra de Israel", están hablando de este reino invisible de conciencia. Cuando reflexionamos sobre la descripción que el Zóhar hace de la tierra de Israel, es fascinante examinar la relación entre Israel y el surgimiento y la caída de antiguos imperios.[181] El imperio Partiano de Ciro, por ejemplo, alcanzó su cumbre cuando Ciro conquistó la tierra de Israel. Un destino similar esperaba a los Imperios Babilónico, Griego y Romano, y más recientemente al Otomano. El ejemplo más contemporáneo de este patrón extraordinario es el Imperio Británico. Asombrosamente, cada imperio alcanzó la cumbre de su influencia internacional cuando gobernó Israel, y cada uno de ellos inició su declive en el momento en que perdió posesión de la tierra de Israel.

La dinámica intrínseca de la tierra de Israel es exactamente paralela a la intensidad del *Deseo de Recibir* que manifiestan sus habitantes. La inteligencia cósmica particular generada por esta tierra busca un nivel correspondiente de receptividad porque la energía positiva quiere compartir. La gente de Israel sostiene el poder de la tierra generando la forma más elevada de *Deseo de Recibir,* que es la Vasija para revelar la Luz de Sabiduría. La capacidad de la Vasija de Israel se corresponde precisamente con la cantidad y la intensidad de la energía que fluye desde esa tierra. Por este motivo, la región ha recibido el nombre de la tierra del pueblo de Israel: un código para la interconexión entre la gente y la tierra de Israel.

Ahora examinaremos cómo la tierra de Israel llegó a conocerse como la Tierra Santa. Seguidamente después de la destrucción de Shiló (aproximadamente en el 1050 a.C.), Israel necesitaba un Templo central. La derrota militar sufrida por los Israelitas en Eben-Ezer, que resultó en la captura del Arca de la Alianza por parte de los Filisteos, provocó una ausencia del Arca de la Alianza en el altar. Cuando el rey David tomó a Jerusalén como su capital, trajo el Arca de la Alianza de vuelta al Monte Sión, donde erigió una carpa para su protección.[182]

Los eruditos están divididos en sus opiniones sobre por qué David eligió esa montaña específica en Jerusalén como lugar de reposo para el Arca. La pregunta principal era si el lugar seleccionado para el altar era también el lugar que la tradición había identificado como el emplazamiento de la atadura de Isaac.[183] Pero otro factor en la elección de Jerusalén como emplazamiento era su independencia territorial. Como ciudad recientemente conquistada, todavía no se había incorporado al territorio de ninguna otra tribu. Jerusalén era por lo tanto el único emplazamiento como depósito para el Arca que podía satisfacer a todas las tribus.[184]

Es cierto que Avraham ató a su hijo Isaac en este lugar, y la independencia territorial de Jerusalén es un asunto registrado en la historia. Sin embargo, muchas preguntas siguen todavía sin respuesta. ¿Por qué fue elegido este lugar en particular para la atadura de Isaac? ¿Por qué siguió siendo Jerusalén territorialmente independiente? ¿Por qué se designa a Jerusalén como la Ciudad Santa? ¿Fue simplemente porque el Templo Sagrado se encontraba en en ella?

Las respuestas a estas y muchas otras preguntas yacen en la energía que está inherente a la tierra de Israel. El Zóhar nos dice que tanto el Templo como el Arca eran recolectores y conductores de energía-inteligencia cósmica. Cuando fluía un circuito de energía, el universo y todas sus galaxias infinitas estaban en armonía y la violencia no existía. "Cuando Israel moraba en la Tierra Santa, el Señor les envió comida desde una región Celestial, y el excedente fue entregado al resto del mundo".[185] Pero cuando los hijos de Israel pecaron, se creó un vacío entre la tierra de Israel Arriba (*Zeir Anpín*) y el pueblo de Israel Abajo (*Maljut*). Consecuentemente, el pueblo de Israel fue expulsado de la tierra de Israel, lo cual indicaba una ausencia de conexión con *Mojín* (Luz espiritual elevada), y el mundo y el cosmos fueron empujados hacia el cortocircuito, la oscuridad y la violencia. Cuando los Israelitas corrigieron sus malos actos, hicieron que Israel Arriba depositara Luz en Israel Abajo: la tierra de Israel y su pueblo fueron unidos de nuevo, y la Luz iluminó la Oscuridad cósmica. Esta condición de dicha fue representada por el regreso de Israel como un pueblo espiritual a su tierra.[186]

La importancia mística del cosmos era bien conocida para todas las culturas antiguas. Templos, monumentos y enseñanzas religiosas siguen en pie como testimonios de la creencia mundial de que los Cielos siempre han ejercido influencia sobre la vida diaria de la humanidad. Se pensaba que la estructura ordenada del cosmos simbolizaba la obra metafísica del Reino Celestial. No obstante, el Templo de Jerusalén tenía un estatus diferente al de los templos de cualquier otro pueblo antiguo. Lo que sucedía en el Templo — y por lo tanto en Jerusalén— se pensaba que afectaba a todas las cosas en la Tierra y en el cosmos. Los antiguos Israelitas creían que la Tierra, en lugar de ser una entre incontables billones de entidades celestiales repartidas por todo el universo, era el centro del universo, y consideraban que Jerusalén era el núcleo alrededor del cual todas las galaxias giraban. También se pensaba que el Templo proporcionaba alimento, paz y prosperidad a todos los habitantes de la Tierra e incluso a inteligencias extraterrestres de todo el cosmos. El Arca de la Alianza era el instrumento que atraía la energía-inteligencia Suprema hacia la Tierra. Los Israelitas consideraban al hombre interfase principal entre las energías terrestres y las fuerzas celestiales del dominio metafísico, y sólo cuando las fuerzas estaban en equilibrio los Cielos declaraban su majestuosidad e influencia.

La *Pei* cósmica simboliza el canal a través del cual la libertad reinaría en todo el cosmos. Las buenas acciones del hombre producen una cosecha de inteligencia positiva en todo el Reino Celestial. La *Pei* cósmica actúa como el canal transmisor a través del cual el cosmos acaba transmitiendo esta energía positiva manifestada a todas las galaxias, decretando así el fin de la violencia tanto en el dominio terrenal como en el celestial. Y debido a que el orden cósmico estaba asegurado por la energía-fuerza inteligente de libertad proporcionada por *Pei*, ella se sintió especialmente cualificada para actuar como canal para la Creación del mundo.

Durante miles de años, la gente creyó que el universo era como una marioneta cuyos hilos eran manipulados por entidades celestiales. Luego, hace unos 3.800 años, el patriarca Avraham, el primer astrónomo/astrólogo conocido en todo el mundo, reveló que los poderosos cuerpos celestiales en el cielo no eran dioses, sino energías-inteligencias cuya única función era ejecutar y manifestar las actividades de los habitantes de la Tierra.

En muchas bellas leyendas, el *Midrash* cuenta cómo Avraham se apartó del degradante paganismo de sus contemporáneos.[187] Una noche, durante su infancia, Avraham miró a las estrellas y pensó: "Estas deben ser los dioses". Sin embargo, al amanecer las estrellas desaparecían, y cuando el sol salía, él exclamaba: "Este es mi dios: a él adoraré". Entonces el sol se ponía y él nombraba a la luna su diosa. Pero cuando la luna también desaparecía, él exclamaba: "¡Esto no es bueno! Debe haber un Creador del sol, la luna y las estrellas".

En la casa del padre de Avraham, había un gran ídolo y unos cuantos más pequeños. Avraham rompió todos los ídolos pequeños y colocó el martillo en la mano del más grande. "Se estaban peleando entre ellos", explicó Avraham a su confundido padre, "y el grande tomó un martillo y los destrozó a todos. Mira, el martillo todavía sigue en sus manos".

"Pero no hay vida ni energía en ellos para hacer tales cosas", respondió el padre.

"¿Entonces por qué les sirves?", preguntó Avraham.

Y así fue como las entidades celestiales dejaron de ser consideradas dioses; en su lugar, se identificaron más acertadamente como canales cósmicos inteligentes. Este concepto se ve reforzado por el Zóhar, que afirma que el comportamiento de las estrellas y los planetas no es casual, tal como antes se imaginaba. En su lugar, las entidades celestiales actúan como espejos, reflejando eventos que tienen lugar en la Tierra.

"Las estrellas impelen, pero no compelen", declara un antiguo dicho kabbalístico. Un acontecimiento y su retrato astrológico no están necesariamente ligados. La astrología enfoca el espacio-tiempo continuo en un horóscopo. Una carta astrológica puede responder a una cierta pregunta, pero el libre albedrío le da a un individuo el poder de elegir un trayecto alternativo.

La Kabbalah enseña que las implicaciones de la carta astrológica de una persona están basadas en encarnaciones anteriores. Cada uno de nosotros tiene una película de su vida. Esta enseñanza puede compararse con una película de los años setenta que vuelve a filmarse en el siglo XXI. Aun cuando la película fue hecha originalmente en una época anterior, esta vez es tu película y puedes hacer con ella lo que desees. En el caso de tu encarnación actual, tú eres el productor, el director, el protagonista y el distribuidor, y como tal tienes la licencia artística de editar, volver a filmar, cortar, doblar o añadir material a tu voluntad. Cada nuevo estreno te brinda otra oportunidad de completar el proceso correctivo de alma y de alcanzar tu *tikún* único y propio.

La letra-energía *Pei* es nuestro canal meditativo para alterar los acontecimientos futuros de nuestras vidas. Mientras que nuestras estrellas nos impulsan con base en las energías que expresamos durante encarnaciones anteriores, *Pei* nos da el poder de redirigir nuestras energías a estados de conciencia más elevados y más productivos. La actividad humana puede cambiar el resultado de la película rehecha tanto para mejorarla como para empeorarla.

La carta astrológica es un indicador. Puede sacarnos momentáneamente de la feroz tormenta de la experiencia material y guiarnos hacia aspectos más sutiles de nuestra vida. Las meditaciones astrológicas son canales que podemos utilizar para alcanzar estados alterados de conciencia y así llegar a los reinos espirituales donde ocurren los cambios metafísicos. La intervención humana en estos ámbitos puede interrumpir el flujo del tiempo, evitando sucesos que parecen inevitables. La capacidad de predecir el futuro puede también surgir de tales meditaciones. El proceso de editar y re-editar no conoce limitaciones. Ayer, hoy, mañana; todos son uno y lo mismo, una vez que hemos entrado más allá de los límites de la conciencia racional.

Rav Shimón bar Yojai, el maestro Kabbalista, es famoso por alterar la dirección del tiempo y de los acontecimientos. La Luz que emanaba de Rav Shimón bar Yójái se decía que era enormemente intensa. Una Luz así, dicen los sabios, iluminará toda la Creación al final del periodo de corrección. El Zóhar ilustra la habilidad de Rav Shimón con la siguiente historia:

Un día, Rav Shimón observó que el mundo estaba cubierto de Oscuridad y que la Luz estaba oculta. Su hijo, Elazar, le dijo: "Intentemos averiguar qué quiere conseguir el Creador". Un ángel se apareció ante ellos en la forma de una gran montaña, arrojando treinta llamas de fuego. Rav Shimón preguntó al ángel cuáles eran sus intenciones. "Se me ha ordenado que destruya el mundo", dijo el ángel, "porque la humanidad no contiene en ella treinta individuos justos". Rav Shimón replicó: "Preséntate ante el Creador y dile que bar Yójái se encuentra entre los habitantes del mundo. Mi mérito es igual al de treinta hombres justos".

El ángel ascendió al Creador y le dijo: "Señor del Universo, ¿eres consciente de las palabras que bar Yójái me ha dicho?". El Creador replicó: "Desciende y destruye el mundo tal como se te ordenó. Ignora a bar Yójái".

Al ver aparecer de nuevo al ángel, Rav Shimón le dijo: "Si no asciendes de nuevo al Señor para llevarle mi petición, te impediré que vuelvas a alcanzar los Cielos de nuevo. Y esta vez, dile a Él que si el mundo carece de treinta hombres justos, Él debe perdonarlo por que existan diez. Si no hay diez hombres justos que puedan encontrarse en todo el mundo, entonces pídele que lo redima por virtud de dos hombres, mi hijo y yo. Y si Él considera que estos dos son insuficientes, entonces pídele que preserve al mundo por un solo hombre, y que ese hombre soy yo. Pues las Escrituras declaran: 'Mas el justo permanece para siempre'".[188]

En ese momento, una voz del Cielo dijo: "Digna de alabanza es tu porción, Shimón bar Yojái, pues el Señor dicta un decreto, y tú buscas anularlo; ciertamente para ti el salmista escribió el verso:[189] 'Él cumplirá el deseo de aquellos que Le temen'".[190]

Aquí vemos una demostración del poder de los estados alterados de conciencia. Rav Shimón, habiendo adquirido el nivel más elevado de Luz Interior y Luz Circundante, desafió la autoridad del cosmos y tuvo éxito en alterar su dirección.[191] Este, entonces, era el poder de *Pei*. Su capacidad cósmica proporcionaría a los habitantes de la Tierra la posibilidad de desbaratar las grandes tribulaciones a las que se enfrentaban. ¿Puede detenerse la violencia futura que amenaza a nuestro planeta? La respuesta fue dada por el Maestro del Universo cuando le habló a Rav Shimón bar Yojái. Las buenas acciones llevadas a cabo por los habitantes de la Tierra potencian la capacidad cósmica de *Pei* para ordenar las actividades terrestres y extraterrestres. Personas con una extraordinaria capacidad espiritual pueden cambiar el destino del cosmos.

Quizás la historia más fantástica acerca de la influencia extraordinaria de la mente sobre la materia es la de Joshua ben *Nun*. Cuando perseguía a los reyes canaítas en Bet-Horón, el le suplicó al sol y a la luna que se detuvieran. "Y él dijo en la presencia de Israel: 'Sol, detente sobre Gibeón; y tú, Luna, en el valle de Ayalón'. Y así, el sol se detuvo en medio del Cielo y no se fue en todo un día".[192]

Hasta hace poco, esa narrativa se consideraba imposible. El muro de Jericó pudo haberse resquebrajado por causa de un terremoto;[193] la división del Mar Rojo podría quizá explicarse por un tornado caprichoso[194]; ¿pero qué catástrofe natural pudo haber detenido la rotación de la Tierra? Debido al aumento de la popularidad de estas teorías tan radicales como aquellas expresadas por el escritor y erudito Immanuel Velikovsky, quien reinterpreta los acontecimientos de la historia reconciliando la historia bíblica y la arqueología moderna, una desviación de la Tierra de su eje regular se admite al menos como una posibilidad. Comúnmente se cree que a veces, durante su historia, la Tierra puede haber pasado suficientemente cerca de un cuerpo celestial con la masa suficiente como para perturbar la órbita de la Tierra. Un cometa o meteorito también puede haber chocado contra el planeta, causando que deje de seguir su órbita normal temporalmente.

Pero mientras que esta narrativa bíblica encuentra ahora un cierto grado de apoyo científico, no sucede lo mismo con otras. Por ejemplo, la posibilidad de que la conciencia pueda jugar un rol especial en la actividad celestial sigue sin ser aceptado por todos a excepción de unos pocos pensadores metafísicos. La gran mayoría de científicos tradicionales, el clero y el hombre laico no considerarían ni por un momento la idea de que la mente humana pueda influenciar remotamente los fenómenos físicos a gran escala. Sin embargo, las Escrituras nos piden que aceptemos sin cuestionárnoslo que la conciencia puede permitir a ciertos individuos trascender las leyes de la física. ¿A quién o a qué debemos creer?

Un nuevo reconocimiento del papel de la conciencia en el universo está emergiendo lenta pero firmemente dentro de la nueva física. La teoría cuántica afirma declaraciones de las Escrituras sugiriendo que la intervención humana influencia la estructura de la realidad física. Esta "nueva" perspectiva cuántica supone una desviación radical de la visión mecanicista Newtoniana de la realidad, así como un retorno a los valores kabbalísticos.

¿Cómo partió Moisés el Mar Rojo? Pocos negarían que un fenómeno de gran trascendencia tuvo lugar en Egipto aquel día. Sin embargo, como sucede con la historia de Joshua ben *Nun*, algunos eruditos han intentado mitigar la importancia del fenómeno del Mar Rojo, relegándola al reino del mito y la leyenda. Otros han asumido que las mareas insólitas u otros fenómenos climáticos fueron los responsables. Pero aun cuando esas teorías son ciertas, no logran explicar por qué estos eventos extraordinarios ocurrieron en un lugar y un momento determinados.

El comentador del pasaje de las Escrituras dice: "El agua de todos los océanos y mares fue dividida".[195] Una descripción de la partición del Mar Rojo que proporciona el *Midrash* dice: "Las aguas se apilaron hasta llegar a una altura de mil seiscientas millas, y podían ser vistas por todas las naciones de la Tierra".[196] Fueran cuales fueran las circunstancias, este suceso debe colocarse entre los hitos más dramáticos en los anales de la historia judía, e incluso humana. ¿Por qué los Israelitas se escaparon de la destrucción mientras que sus opresores perecían ante sus ojos?

"La columna de nube que iba delante de ellos se apartó y se puso a sus espaldas".[197] ¿Qué era esa columna de nube? Rav

Yosi, en la porción *Beshalaj* 9:157 del Zóhar, planteó la hipótesis de que era la nube que siempre se ve con la *Shejiná*[198], la nube en la que Moisés entró.[199] La sabiduría de la Kabbalah describe y explica el poder de Moisés de la siguiente manera: desde el lado de *Jésed*, la Columna Derecha, hay setenta y dos letras; desde el lado de *Guevurá*, la Columna Izquierda, hay setenta y dos letras; y desde el lado de *Tiféret*, la Columna Central, hay setenta y dos letras. En la esfera trascendente, las letras-energías están unidas, formando la Carroza Divina, el Nombre Sagrado. En estos tres versos, que deletrean las setenta y dos letras del Nombre Sagrado, están inscritos los tres elementos del agua, el fuego y el aire".[200]

Primer verso Columna Derecha

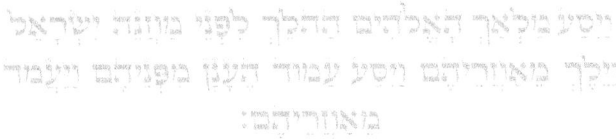

8	7	6	5	4	3	2	1

Dirección del escaneo

Segundo verso Columna Izquierda

וַיָּבֹא בֵּין מַחֲנֵה מִצְרַיִם וּבֵין מַחֲנֵה יִשְׂרָאֵל וַיְהִי
הֶעָנָן וְהַחֹשֶׁךְ וַיָּאֶר אֶת הַלַּיְלָה וְלֹא קָרַב זֶה אֶל זֶה
כָּל הַלָּיְלָה׃

הֶ	כַ	לֹ	הֵ	לֵ	יְ	לֹ	הֵ	9
קָ	ר	בֵ	זֶ	הֵ	אֶ	לֹ	וּ	8
הָ	לֹ	יְ	לֹ	הֵ	וְ	לֹ	אַ	7
עַ	רְ	וְ	יְ	אֶ	ר	אֶ	הַ	6
יְ	הֵ	עַ	נ	וְ	וְ	הֵ	וַ	5
יְ	יְשֻׂ	ר	אֶ	לֹ	וּ	יְ	הֵ	4
וּ	בֵ	יְ	נ	מַ	וּ	גַ	הֵ	2
וַ	נ	הֵ	בֵ	צַ	ר	יְ	בֵ	1
וּ	יְ	יֵ	אֵ	מֵ	יְ	וּ	בֵ	0

Dirección del escaneo →

Tercer verso Columna Central

וַיֵּט מֹשֶׁה אֶת יָדוֹ עַל הַיָּם וַיּוֹלֶךְ יְהוָה אֶת הַיָּם בְּרוּחַ
קָדִים עַזָּה כָּל הַלַּיְלָה וַיָּשֶׂם אֶת הַיָּם לֶחָרָבָה
וַיִּבָּקְעוּ הַמָּיִם׃

8	7	6	5	4	3	2	1	
יְ	הֵ	יְ	יְ	הֵ	וְ	הֵ	וַ	
בֵ	יְ	לֹ	בֵ	יְ	לֹ	וְ	יְ	
קָ	בֵ	הֵ	עַ	בֵ	ר	עַ	מֹ	
עַ	לֹ	וְ	יְ	בֵ	יְ	לֹ	מֵ	
וְ	וּ	יְ	הֵ	ר	הֵ	הֵ	עַ	
הֵ	ר	שֻׂ	כַ	וְ	וְ	יְ	הֵ	
בֵ	בֵ	בֵ	לֹ	וּ	הֵ	מֵ	אַ	
יְ	הֵ	אַ	הֵ	קָ	אַ	וְ	הֵ	
מֵ	וְ	הֵ	לֹ	ר	הֵ	יְ	יְ	

Dirección del escaneo ↓

Los 72 Nombres de Dios

Dirección del escaneo

8	7	6	5	4	3	2	1

Dirección del escaneo

"Y Moisés le dijo a Joshua…"[201] Joshua sólo era un joven, e Israel tenía muchos guerreros mejores que él. ¿Por qué entonces habló con él Moisés?[202] La razón fue que Moisés, en su sabiduría, sabía que lo que iba a suceder no iba a ser una mera batalla de carne contra carne —Israelitas contra Amalecitas— sino una competencia que enfrentaba la energía-inteligencia de la bondad contra la inteligencia extraterrestre de la maldad. Joshua, a pesar de ser joven, ya había alcanzado un estado elevado de conciencia espiritual. Aun cuando no era tan elevada como el alma de Moisés, que estaba unida con la *Shejiná*, el alma de Joshua había alcanzado la región extraterrestre de inteligencia llamada *Metatrón*, que significa "juventud".

Cuando Moisés percibió que el Señor de la Oscuridad, Samael, iba a ayudar a la nación de Amalec, Moisés pensó: "Este joven, Joshua, se enfrentará ante el Señor de la Oscuridad y vencerá".

Por lo tanto, le dijo a Joshua: "Ve y lucha contra Amalec. Es tu batalla, la batalla aquí Abajo, y yo me prepararé a mí mismo para la batalla Arriba".[203]

Este relato coincide con la descripción kabbalística de las setenta y dos letras. El conocimiento de este poder devastador fue transmitido a través de la letra *Pei*, que proporcionaba el impacto total de libertad al cosmos Superior e Inferior. Ahora se vuelve evidente por qué la letra *Pei*, el canal cósmico para la *Sefirá* de *Jod* (Gloria), conciencia de *Zeir Anpín*, se sintió digna de presentar su caso ante el Maestro del Universo.

Con esto en mente, *Pei* se presentó ante la Fuerza de Luz para hacer su súplica. "La *Purkaná* (liberación), que Tú finalmente manifestarás en el mundo, está indicada dentro de la *Pei* cósmica", dijo ella. "El vínculo unificador y que todo lo abarca está eternamente recubierto en mi interior. El *Mojín* de *Maljut* contiene la Fuerza de Luz para la redención de las galaxias. Cuando esta Luz se conecte cósmicamente con *Maljut*, la polaridad femenina se manifestará como libertad de todas las formas de violencia. Por lo tanto, sólo a través de mi puede el universo entero elevarse al estado de su Corrección Final".[204]

¿Cuál es la fuerza cósmica que se interpone en el camino de la libertad universal? La Redención Final de *Maljut* de las garras del Señor de la Oscuridad está íntimamente vinculada con la capacidad de *Zeir Anpín* de conectar con la *Mojín* de *Ima* (*Biná*). Todo depende del nivel de purificación de *Maljut* de los *dinim* (juicios). Los *dinim*, según afirma el Zóhar, eran formas de vida inteligentes que surgieron como resultado de la Restricción.[205] Esta influencia estableció una limitación sobre la fuerza de vinculación de la realidad unificada que todo lo abarca. La libertad y la Corrección Final, entonces se expresan cuando *Ima* (*Biná*), la Madre Celestial de *Zeir Anpín* y *Maljut*, libera y proporciona a su hija, *Maljut*, el canal para eliminar los *dinim*.

Sin la comunicación adecuada con *Biná*, *Maljut* está sujeta a la influencia cósmica de los *dinim*, y a los canales de la misericordia y la compasión no se les permite dejar sentir su influencia en el cosmos. Los *dinim* obstaculizan la liberación y la emisión de estas dos fuerzas-inteligencias que proporcionan la armonía fundamental en el universo.

El proceso para obtener la libertad espiritual está descrito en el *Midrash*, donde los sabios apuntan al águila como símbolo de la *Biná* cósmica. La compasión del águila por sus hijos se expresa cuando los coloca bajo sus alas para protegerlos de la flecha del enemigo. Ella dice: "Prefiero que la flecha me alcance a mí en lugar de mis hijos". Esta misericordia profunda, manifestada en *Maljut*, también se revela en la Biblia: "Como el águila que impulsa a su nidada, revoloteando sobre sus pichones, así extendió sus alas, lo tomó y lo llevó sobre sus plumas".[206]

"Eres en verdad muy bella", le dijo el Maestro del Universo a *Pei*. "Pero dentro de ti, *Pei* —penetrando los lugares más recónditos de tu inteligencia cósmica— yace la huella de *pesha*. Tu misma esencia es la primera letra de la palabra 'crimen'. Por lo tanto, mientras personifiques la fuerza de vida inteligente de *Pedut*, Redención, el *Mojín* que emerge de *Ima* no puede establecerse permanentemente dentro de tu esfera cósmica de influencia".

Para entender del todo esta respuesta del Maestro, debemos hablar sobre la energía que dio origen al hombre original, Adán.

Cuando Adán nació, él poseía el nivel de conciencia designado como *Kedushá* cósmica, la conexión con el espacio exterior[207], que está localizada dentro de la conciencia de *Zeir Anpín*. El alcance y la dimensión de Adán se extendían más allá de la vasta expansión de nuestra galaxia, pasando por toda la Conciencia Cósmica y el Mundo (*Asiyá*, o la acción corpórea), y más allá del infinito hasta el Mundo de la conciencia de *Briá*.

La colonia del Árbol de la Vida mencionada en la Biblia[208] conectaba y comunicaba con el reino de los mundos de la *Kedushá* cósmica. En el otro lado de la Conciencia Cósmica, el Árbol del Conocimiento del Bien y del Mal estaba localizado en los mundos de la *Tumá* cósmica, el reino de Satán. A Adán se le ordenó que no comiera del Árbol del Conocimiento.[209] Al mantener esta distancia cósmica, el Maestro del Universo mantuvo sano y salvo su Reino, más allá del alcance de los tentáculos del Señor de la Oscuridad. Bajo ninguna circunstancia debía haber contacto con las *klipot*.

Pero, Adán pecó, estableciendo así contacto con las *klipot*, y fue atraído, como si de un imán se tratara, hacia el dominio del Señor de la Oscuridad. Junto con Adán, los mundos de la *Kedushá* cósmica entraron en los tres mundos contaminados del Señor de la Oscuridad. Muerte, violencia, imperfección e inmadurez empezaron a reinar, y este estado catastrófico de desequilibrio continuará hasta que la conciencia del Mesías sea revelada universalmente.

Permítenos reflexionar por un momento sobre la interpretación estándar del relato bíblico del pecado de Adán. Al comer de la fruta prohibida, creó contacto con el otro lado. Los frutos de ambos árboles personificaban la totalidad de cada conciencia:

Kedushá (Santidad, Pureza) para el Árbol de la Vida y *Tumá* (Impureza) para el Árbol del Conocimiento, una situación que no difiere de nuestro entendimiento moderno de la doble hélice del ADN, que informa sobre todos los aspectos de nuestro ser corpóreo.

La interpretación kabbalística del comportamiento negativo de Adán asume otra dimensión: "El pecado de Adán en realidad consistió en separar el Árbol del Conocimiento del Árbol de la Vida. Si hubiera unido el Árbol del Conocimiento con el Árbol de la Vida, el bien y el mal nunca hubieran existido. Fue sólo después de que Adán separara los dos árboles cuando el Árbol del Conocimiento manifestó el bien y el mal. Sólo entonces las *klipot* obtuvieron acceso al Árbol del Conocimiento y extrajeron su energía de allí".[210]

El Árbol del Conocimiento poseía el cosmos entero de *Kedushá* y *Tumá* en un estado potencial. La conciencia de *Tumá* contenía chispas de la totalidad unificada que todo lo abarca que Adán debía sanar. Si Adán hubiera ejercido la restricción y seguido la orden del Maestro del Universo, el proceso de *tikún* se habría completado. Las chispas se habrían liberado de las garras del Señor de la Oscuridad y el reino del mal nunca se habría manifestado. Pero debido a la transgresión de Adán, *pesha* (crimen) se estableció dentro de *Maljut*. Y lo que es más, el pecado de Adán trajo a la serpiente más cerca de Eva en el nivel terrenal porque lo que ocurre Arriba también ocurre Abajo. Por lo tanto, la serpiente bajó hasta Eva y le inyectó el veneno del *Deseo de Recibir Sólo Para Uno Mismo*.[211]

La *zuhamá* (suciedad) con la cual la serpiente profanó *Maljut* trajo la corrupción a toda la Creación. La purificación del cosmos no ocurrirá hasta la Corrección Final. El profeta Isaías se refirió a la rehabilitación y restauración del universo a la perfección cuando declaró: "Él se tragará a la muerte en victoria; y el Señor enjugará lágrimas de todos los rostros".[212] En la Kabbalah, los "ojos" se refieren a *Jojmá* y *Biná*, y las "lágrimas" simbolizan la carencia de *Mojín*, la Luz de la Redención. Esta ausencia fue un resultado de la *zuhamá* que se combinó con la Conciencia Cósmica Inferior después del pecado de Adán de comerse la fruta del Árbol del Conocimiento. El profeta Isaías, por lo tanto, afirma que las lágrimas no desaparecerán de *Maljut* hasta que la Fuerza Oscura sea abolida para toda la eternidad. Cuando *pesha* (crimen) sea eliminado, el Señor de la Oscuridad dejará de existir.

Entre *Atsilut* cósmica y *Briá* cósmica existe un *parsá*, una frontera cósmica, similar al cinturón de Van Allen en nuestro sistema solar. El Señor le dijo a Adán que no extrajera Luz por debajo de esta frontera cósmica porque Satán podía apoderarse de la Luz que entraba en los tres universos cósmicos inferiores. Si Adán hubiera obedecido, los Mundos de *Briá* (Creación), *Yetsirá* (Formación) y *Asiyá* (Acción) hubieran sido elevados hasta llegar a *Atsilut* (Emanación), restaurando así nuestro mundo terrenal en la perfección eterna. Sin embargo, como Adán no elevó las chispas y los tres universos inferiores hasta *Atsilut*, nada en la Creación fue perfeccionado. En su lugar, Adán descendió a los tres Mundos Inferiores, que ahora estaban unidos con el mal, y atrajo la *shefa* (abundancia) por debajo de la barrera de *Atsilut* con él. Estos asuntos estaban encapsulados dentro de las palabras con las que el Creador respondió a *Pei*: "Eres muy bella, *Pei*, pero escondida en lo más profundo de tu interior se halla la impresión de *pesha* (crimen)".

En otras palabras, aunque *Pei* personifica tanto a *Pedut* (Redención) como a la Luz de la Sabiduría, es el *Mojín* que emerge de *Ima* el que finalmente será otorgado a *Pei*, trayendo la redención al mundo. Por lo tanto, la redención se precipita gracias al *Mojín*. Hasta que no se alcance el nivel de conciencia del Mesías, toda la redención que se produzca en el mundo será incompleta. Esto se evidencia por las repetidas expulsiones del pueblo de Israel de su tierra y por la destrucción de los dos Templos Sagrados. Todo esto se debe a que *Pei* contiene *pesha*. La redención que *Ima* puede proporcionar ahora a *Pei* es todavía incapaz de redimir por completo el *pesha* (crimen) del pecado de Adán. Consecuentemente, *Pei* siempre estará en riesgo de ser tomada por las *klipot*.

Cuando el Señor respondió a *Pei*, Él también comparó la apariencia de la letra como la de una serpiente que muerde a una persona e inmediatamente esconde su cabeza dentro de su cuerpo. Este rasgo hace que sea imposible matar la serpiente, pues sólo puede matarse si se golpea en la cabeza. El Zóhar cuenta cómo después de hacer que Adán pecara, la serpiente enrolló su cabeza dentro de su cuerpo y "extendió sus manos".[213] Aunque *Maljut* obtiene el *Mojín* para la redención a través de *Ima* (*Biná*), la cabeza inclinada de la serpiente representa la Luz del Cuerpo, en lugar de la Luz de la Cabeza.

La Luz del Cuerpo se refiere a las *Sefirot* de *Jésed*, *Guevurá* y *Tiféret*, que son reveladas por el *Mojín* e impartidas a *Maljut*. Por consiguiente, la serpiente obtiene acceso a *Pei*, haciendo que *Pei* se quede sin el *Mojín*, que es necesario para la creación del mundo. Siendo esto así, la letra *Pei* es inadecuada para traer al mundo su Corrección Final y su perfección suprema.

A raíz de todo esto, sabemos un par de cosas sobre *Pei*. Primero, sabemos que *Pei*, que simboliza a *Maljut*, está contaminada con el veneno de la serpiente. Segundo, sabemos que el *Mojín* recibido de *Biná* no proporciona a *Pei* el poder suficiente para vencer al enemigo. Esta posición vulnerable de *Pei* muestra que ella recibe la Luz que emana del Cuerpo y no de la Cabeza de las *Sefirot*. Por consiguiente, el Señor le dijo a *Pei* que no era un canal apropiado para la Creación.

Con su cabeza inclinada, *Pei* partió de la presencia del Maestro.

CAPÍTULO 11

LA LETRA
AIN

ע

Electricidad;
Fuerzas Opuestas;
Regocijarse;
Aflicción;
Abundancia;
Lenguas;
Influencias cósmicas;
Lógica;
Discriminación;
Desgracia;
Una Guerra Santa

LA GENTE VE LAS COSAS
COMO SON Y SE PREGUNTAN
POR QUÉ. YO SUEÑO CON
COSAS QUE TODAVÍA NO SON
Y DIGO ¿POR QUÉ NO?

—JOHN F. KENNEDY

E n ningún momento se menciona en el Zóhar que la letra *Ain* se acercara al Señor con la petición de ser el canal y la semilla para la Creación. La *Nétsaj* cósmica (Victoria), la fuerza de vida interna de la conciencia de *Ain*, se revela como el compañero invisible de la *Jod* cósmica. La mayor parte de las características de *Jod* están determinadas por su profunda conexión con *Nétsaj*. Igual que los polos positivos y negativos de una bombilla de luz proporcionan unidos las condiciones necesarias para la manifestación de la electricidad, *Nétsaj* y *Jod* hacen lo mismo dentro de su morada en la Tríada Inferior de la Estrella de David. *Nétsaj* y *Jod* se consideran como dos secciones de una parte del Cuerpo de las *Sefirot*. Ellas son, en efecto, dos fuerzas opuestas que juntas proporcionan una expresión unificada de la totalidad que todo lo abarca.

Ain significa "ojo" en hebreo. *Ain* es la única letra dentro del *Álef Bet* que representa un objeto físico específico. Las palabras que empiezan con la letra *Ain* apuntan a la predominancia, sea beneficiosa o no, de la conciencia sobre la materia física. Igual que las piedras y los ladrillos se utilizan para construir edificios, las palabras se forman a través de la ordenación y la agrupación de letras, que son los canales a través de los cuales la inteligencia y las fuerzas-energías inteligentes se vuelven manifiestas. La localización de la letra *Ain* dentro de una palabra designa un estado particular de conciencia. *Oneg* עֹנֶג, que significa "regocijarse"[214], empieza con la letra *Ain*, lo cual indica el logro de un estado alterado de conciencia. Sin embargo, cuando las letras de esta palabra aparecen en orden inverso, la palabra o energía inteligente que emerge de esta ordenación alterada es *nega* נֶגַע, que significa "plaga" o "aflicción"[215]

Debido a la relación íntima entre *Ain* y su letra compañera, *Pei*, encontramos razones similares por las cuales ninguna de las dos fue utilizada como canal para la Creación. *Pei* no fue utilizada debido al *pesha* (crimen) que penetró en lo más recóndito de su inteligencia cósmica. La conexión íntima de *Pei* con *pesha* se debe a que *Pei* es la primera letra de la palabra *pesha*. Sin embargo, cuando las letras de la palabra *pesha* פשע —*Pei, Shin, y Ain*— se reordenan, se crea una nueva palabra: *shefa* שפע, que significa "abundancia".

La lengua hebrea y el *Álef Bet* nunca se encuentran con los límites con los que se topan otras lenguas. Tal como dijo Heisenberg: "Los problemas del lenguaje aquí son realmente serios. Deseamos hablar de alguna forma sobre la estructura de los átomos, pero no podemos hablar sobre átomos con el lenguaje ordinario".[216] Si hemos llegado a los límites del lenguaje ordinario, ¿hay rutas de pensamiento más allá del lenguaje que podamos usar para entender la realidad no conceptual? Los kabbalistas dicen que sí.[217] El estudio del mundo de los átomos ha forzado a los físicos a darse cuenta de que nuestro lenguaje común es totalmente incapaz de describir la realidad atómica y subatómica, pero el estudio de la realidad cósmica no presentó tales límites a la lengua hebrea.

El *Álef Bet* no es una lengua ordinaria. Todos los universos conocidos y desconocidos fueron creados a través de las letras-energías contenidas en el *Álef Bet*. De la misma forma que la vida es un ciclo, con influencias cósmicas variadas positivas y negativas que aparecen en distintos momentos, también las letras del *Álef Bet*, a través de palabras y sílabas, representan series de acontecimientos cíclicos.

Este fue precisamente el motivo del rechazo de *Pei*. Cuando descubrimos la naturaleza indeterminada de *Pei*, nos enfrentamos a una paradoja cósmica. *Pei* fue el canal que hizo manifiesta la fuerza de energía inteligente de *pedut* (libertad). Sin embargo, la interpretación y la relación mutua de las energías inteligentes de las letras podría causar que *Pei* fuera el catalizador de la creación de *pesha* (crimen) en nuestro universo. Por lo tanto, dentro de *Pei* hay una mezcla o confusión entre el concepto de crimen y el concepto de libertad. Si no podemos elegir correctamente entre estos dos conceptos, entonces el proceso de *tikún* (corrección espiritual) no tiene posibilidades de éxito. Por lo tanto, debía encontrarse otra energía inteligente, una que no poseyera este tipo de naturaleza dicotómica.

Los científicos se han esforzado durante muchos siglos por descubrir las leyes básicas y globales de la naturaleza. Sin embargo, hoy en día el científico cuántico ha llegado a ver el universo —al menos en su nivel subatómico— como un fenómeno co-creado por la mente humana. Si esto es cierto, entonces todas las observaciones humanas y las construcciones conceptuales deben estar tratando con un mapa conceptual de la realidad, en lugar de con la realidad en sí misma.

Para aquellos que no pueden aceptar una realidad multifacética, estos nuevos avances científicos abren una caja de Pandora de consecuencias potencialmente severas. Después de todo, si no existe tal cosa como una realidad única y global, entonces parece que cualquier definición de lo que es real no es mejor que ninguna otra. Y si la realidad en sí misma no es real, ¿entonces qué ocurre con conceptos como la libertad, la justicia y la honestidad? ¿Acaso no están también abiertos a interpretación? ¿Están entonces todos los conceptos humanos sujetos a los deseos caprichosos de aquellos que los harían servir para sus propios fines? ¿Quién dice lo que está bien y lo que está mal, ahora que la realidad en sí misma está más allá de nuestro entendimiento?

Este era el dilema que el Maestro del Universo deseaba evitar. Él rechazó la petición de *Pei* debido al *pesha* (crimen) que se hallaba en su interior. E hizo esto a pesar del hecho que *Pei* simboliza la polaridad negativa, la *Jod* cósmica de *Zeir Anpín*, y a pesar de que el *Mojín*, la Luz de la Redención, también reside dentro de su conciencia. La *Pei* cósmica con su fuerza-inteligencia negativa de la Columna Izquierda, se parecía mucho a la Fuerza Oscura en algunos aspectos. Por lo tanto, si *Pei* hubiera sido aceptada como canal para la Creación, la posibilidad de que el sufrimiento y la desgracia se hicieran presentes habría aumentado notablemente. Ciertamente, la *Pei* también contenía la energía-inteligencia de la libertad, pero esta inteligencia podría haber sido tomada por el Señor de la Oscuridad, condenando así a los habitantes de la tierra a una guerra eterna. El Maestro no tuvo otra elección que rechazar a la *Pei* cósmica como canal para la Creación.

Entonces la *Ain* cósmica, la polaridad positiva, dio un paso adelante para presentar sus razones por las cuales debía ser el canal de la Creación. "Aun cuando es cierto", afirmó *Ain*, "que *Pei*, como polaridad negativa, atrajo el *Mojín* (Luz de la Redención) de *Biná*, es la Columna Derecha y no la Izquierda la que expresa la energía-inteligencia del *Mojín*. Yo contengo la conciencia de *Nétsaj*, que es positiva en su naturaleza. Consecuentemente, puedo manifestar la Luz de la Redención.

Así, como la primera letra-energía de la palabra *anavá* (humildad)[218], represento la naturaleza de anavá. Por consiguiente, si fuera elegida, los habitantes de la Tierra recibirían la influencia positiva del rasgo de humildad, y las cualidades negativas del odio, la maldad y la envidia podrían reducirse enormemente".

"Es más", continuó *Ain*, "ser la personificación de la *Nétsaj* cósmica aumenta mi capacidad para soportar los ataques de Satán. Entre nosotros existe un espacio natural que no existe entre *Pei* y las fuerzas de la Oscuridad. La energía-inteligencia de la *Nétsaj* cósmica es positiva, mientras que la energía-inteligencia de Satán es negativa".[219]

El Maestro del Universo respondió: "Pero tú, *Ain*, también representas a *avón* (pecado), igual que tu compañera, la *Pei* cósmica. La letra *Ain* es la primera letra de la energía-inteligencia de *avón*".[220]

Si *Ain* se convirtiera en el canal de la Creación, se le brindaría al Señor de la Oscuridad la oportunidad de aprovechar el primer pecado de la humanidad como medio para perpetuar su reinado sobre los habitantes de la Tierra. El principio de humildad podría no recuperarse nunca de tal ataque. Entonces el concepto de humildad sería concedido sólo a los dóciles, los pobres y los inocentes, y no habría espacio para que los fuertes expresaran el rasgo de humildad del ser humano.

La *Ain* cósmica, con su cabeza inclinada en señal de humildad, partió.

EL MUNDO EXISTE MEDIANTE
TRES COSAS: LA BIBLIA, EL
SERVICIO Y LAS ACCIONES DE
AMOR Y GENEROSIDAD.

—SIMÓN EL JUSTO, *PIRKEI AVOT* *(ÉTICA DE LOS PADRES)*

L a búsqueda de la unión cósmica continuó. A pesar del rechazo de la *Ain* cósmica por parte del Maestro del Universo, la *Sámej* cósmica se sintió cualificada para ser el canal a través del cual se estableciera el mundo. Sin embargo, ella sintió gran presión para identificar alguna razón fundamental por la cual ella sería un instrumento más apropiado para la gran unificación que cualquiera de las otras letras-energías. En búsqueda de hechos que pudiera citar ante el Señor, *Sámej* empezó a reflexionar sobre la infraestructura misma de Su dominio, el misterio de la vida misma.

Al ahondar profundamente en los niveles celestiales y terrenales de la conciencia, la *Sámej* cósmica esperaba presentar un argumento más poderoso que aquellas que la habían precedido. Si *Sámej* era capaz de entender cómo el universo mantendría el equilibrio de todas las formas de vida energéticas, entonces podría decidir cómo su propia energía-inteligente la cualificaba para tal tarea.

Permítenos, con *Sámej*, reflexionar sobre el misterio más profundo de todos: el origen de la vida. Según los científicos, las formas de vida primitivas empezaron a emerger en la Tierra hace al menos tres mil millones de años de años. En los últimos años se ha avanzado en el descubrimiento de ciertos principios básicos que parecen controlar la apariencia de la vida, pero hasta ahora el enigma de la vida sigue sin tener respuestas.[221] Charles Darwin se hizo famoso por postular el concepto de la evolución biológica, pero aunque sus hallazgos arrojaron luz sobre cómo se desarrolló la vida en la Tierra, no lograron determinar el origen de la vida. Incluso Francis Crick, quien descubrió el ADN, se declaró ignorante en lo que respecta a los orígenes primordiales de la vida. En palabras propias de Crick: "Es imposible para nosotros decidir si el origen de la vida aquí fue un suceso extraño o uno que casi ciertamente debía tener lugar. Parece prácticamente imposible dar algún valor numérico a la probabilidad de lo que parece ser una secuencia improbable de eventos". A pesar de nuestros mejores esfuerzos, parece que cuanto más aprendemos sobre nuestros orígenes, menos sabemos.

¿Es la vida el resultado de una actividad química aleatoria? ¿O es la humanidad la expresión de la Voluntad Divina? Según el Zóhar, la vida humana, simbolizada por Adán, representa el logro supremo del proyecto cósmico del Señor.[222] "Y el Señor creó al hombre a Su imagen y semejanza", declara la Biblia.[223] Este versículo afirma explícitamente que la vida es el resultado directo de la actividad decidida del Creador.

El Zóhar proporciona más comentarios sobre el origen de la vida: "Rav Jiyá empezó a disertar sobre el versículo: 'Aparecen las flores sobre la tierra, ha llegado el tiempo de las canciones, y se oye en nuestra tierra el arrullo de la tórtola'.[224] Él dijo: 'Cuando el Señor creó el mundo, dotó a la Tierra de toda la energía que necesitaba para ello. Él no presentó frutos hasta que apareció el hombre. Sin embargo, cuando el hombre fue creado, todos los productos que estaban latentes en la Tierra aparecieron sobre el suelo. De forma similar, los cuerpos celestiales no impartieron energía-inteligencia a la Tierra hasta que emergió el hombre'.

Pues está escrito: 'No había aún en la tierra arbusto alguno del campo, y ninguna hierba del campo había germinado todavía, pues el Señor Dios no había hecho llover sobre la tierra, ni había hombre que labrara el suelo.'[225] La cosecha de la Tierra estaba todavía oculta en su seno y aún no se había mostrado.

Los Cielos se abstuvieron de verter lluvia sobre la Tierra porque el hombre no había sido creado todavía. Sin embargo, cuando el hombre apareció, las flores brotaron de la Tierra, y todos sus poderes latentes fueron revelados".

Que "llegó el tiempo de las canciones" estaba indicado por el hecho de que la Tierra estuviera preparada para ofrecer alabanzas al Señor, lo cual no podía hacer antes de que el hombre fuera creado. "Y se oye en nuestra tierra el arrullo de la tórtola" indica, según el Zóhar, que la energía inteligencia no estaba presente en el universo antes de que el hombre fuera creado. Cuando emergió el hombre, también emergió la vida en la Tierra. Cuando el hombre pecó, la Tierra fue maldecida, y todas esas cosas buenas la abandonaron. Tal como dice la Biblia: "Maldito sea el suelo por tu causa"[226], y de nuevo: "Cuando cultives el suelo, no te dará más su vigor".[227]

Ha habido mucha especulación sobre la posibilidad de que pueda existir vida en algún otro lugar del universo. No se ha encontrado una clara evidencia que pruebe la existencia de formas de vida extraterrestres, pero la mayoría de científicos cree que debe haber vida en otros planetas, dada la antigüedad y la inmensidad del universo. Con el advenimiento de la exploración espacial, se elevaron las esperanzas de resolver este misterio, pero cuando el aterrizaje del hombre sobre la luna no ofreció ninguna pista, muchas de esas esperanzas fueron derrumbadas. Las rocas de la luna nos enseñaron más sobre el universo, pero nada sobre las posibilidades de otra vida en el universo. Las naves sin tripulación que aterrizaron en Marte nos enseñaron aún más, pero tampoco añadieron nada a nuestra reserva de conocimiento sobre el misterio de la vida.

Según el Zóhar, Adán fue el logro supremo del proyecto cósmico del Señor. Adán el hombre es el símbolo terrenal del Adán de Arriba: *Adam Kadmón* (Adán Primordial). Adán simbolizaba la forma material de toda la Creación. Sin embargo, para su despertar, el surgimiento de la vida tendría que esperar al Sexto Día.

Todas las actividades incluyen una de dos formas de restricción: voluntaria e involuntaria. La restricción involuntaria prevalece en todos los niveles de la existencia terrenal y celestial, incluyendo muchas de las funciones corporales del hombre. Pero hay una excepción a la regla de la restricción involuntaria: la voluntad del hombre. Sólo los componentes metafísicos de la humanidad —nuestras mentes y nuestras almas— tienen la opción de ejercer la restricción involuntaria y revelar así la energía-inteligencia infinita. El resto de la Creación funciona en un nivel más o menos automático o reactivo. Cuando elegimos la restricción, revelamos los orígenes y la interacción dinámica de la vida misma; cuando elegimos no hacer restricción, permanecemos en un mundo de oscuridad e ilusión. La creación de Adán activó un flujo incesante de energía que se manifestaba como formas de vida inteligentes, y toda la Creación cobró vida.

La Fuerza de Luz, acompañada y canalizada por la energía-inteligencia de las *Sefirot*, se manifestó por primera vez en el Tercer Día de la Creación. El Tercer Día bíblico, según la interpretación kabbalística, indica el surgimiento de la Columna Central que une las dos energías-inteligencias opuestas de la Fuerza de Luz, es decir el *Deseo de Impartir* (Columna Derecha) y el *Deseo de Recibir* (Columna Izquierda). El conductor entre estas fuerzas opuestas es la energía-inteligencia de la restricción. Cuando tiene lugar la restricción, se impide que la Fuerza de Luz entre en la Vasija de la energía-inteligencia del *Deseo de Recibir,* causando así una explosión que revela la energía-inteligencia del *Deseo de Impartir.*

Imagina un apagón universal en el que toda la actividad cósmica se enlentece hasta llegar a una virtual paralización. Esta era la condición antes de la aparición de Adán. Todos los sistemas estaban en un estado de suspensión latente, preparados y esperando el momento en que se activara el interruptor a la posición de "encendido". Cuando la energía-inteligencia de Adán (hombre) apareció, la Luz infinita de la Creación iluminó los Cielos en una explosión colosal, y el entramado de la vida inició su danza cósmica.

El Zóhar explica que la expansión presente del universo físico se debe al empuje de la explosión inicial de Adán, provocada por la restricción original.[228] Según este modelo, la humanidad (que evolucionó a partir de Adán), continúa desencadenando esta actividad del cosmos. La expansión y la contracción cósmica dependen de si elegimos o no hacer restricción. Cuando hacemos restricción, infundimos energía-inteligencia positiva en el cosmos. Por el contrario, si elegimos rendirnos al *Deseo de Recibir Sólo Para Uno Mismo,* generamos una agitación cosmológica.[229]

El Zóhar declara que un entendimiento de Adán nos proporcionará una comprensión total del cosmos. El célebre kabbalista, físico y astrónomo Shabtai Donolo afirma en su comentario del *Libro de la Formación* que el hombre es un reflejo de todo el laberinto cósmico de propiedades físicas e interacciones metafísicas. Era precisamente a este asunto al que se dedicaba *Sámej* ahora. ¿Podía ser ella un canal adecuado para un universo ordenado? ¿Era su estructura metafísica particular apropiada para ayudar al hombre cuando llegara a consumirse por sus propios deseos egoístas?

Antes de continuar describiendo la súplica de *Sámej*, debemos examinar la interacción de energías durante e inmediatamente después de la Creación. Al hacerlo, entenderemos mejor la esencia de la *Sámej* cósmica. La energía-inteligencia de *Sámej* en el *Álef Bet* se halla dentro de la *Sefirá* de *Tiféret*, que está representada por el Tercer Día de la Creación.[230] El Tercer Día, hasta ahora, ha sido oscurecido por el código cósmico en el que está encriptado. La versión bíblica del Tercer Día es imprecisa acerca de lo que tuvo lugar aquel día. Sin embargo, el Zóhar dice que "el Tercer Día de la Creación es el nombre codificado de la energía-inteligencia *Sefirótica* del *Tiféret* cósmico. La *Sefirá* de *Tiféret* encapsula el dominio de la Columna Central sobre las otras dos energías-inteligencias". Es por este motivo, kabbalísticamente hablando, que el número tres denota la necesidad de tres fuerzas elementales necesarias en nuestro universo.[231]

El autor del Zóhar, Rav Shimón bar Yojái, condenó las interpretaciones populares de la Biblia. Según Rav Shimón, la Biblia no es un relato detallado de doctrina religiosa; en su lugar, no es más que un código completo de nuestra cosmología. La Biblia habla en código; la Kabbalah lo descifra.

Lo que parece surgir del relato bíblico de la Creación, y de su interpretación de apoyo que hace el Zóhar, es que la Tierra y su estructura física completa cobraron vida en el Tercer Día de la Creación, que está representado por la *Sefirá* de *Tiféret*.[232] El universo físico se originó cuando la tercera fuerza, el principio mediador de restricción conocido por la Kabbalah como la Columna Central, empezó a existir. El hombre y los reinos animales les siguieron más tarde.

Según la Kabbalah, el universo ha sido programado para desarrollarse en una serie de Diez Emanaciones hacia su Corrección Final. Un orden uniforme y bien dispuesto, guiado por un patrón metafísico innato, engloba a todos los fenómenos, desde el más sencillo al más complejo. Igual que el ADN proporciona todos los ingredientes necesarios para la duplicación biológica y la transmisión de propiedades hereditarias, también el mundo metafísico funciona de acuerdo a diez interacciones inherentes. El Zóhar sugiere que hay un sistema que funciona de forma muy similar al sistema de ADN biológico. Este ADN metafísico se ocupa de los fenómenos naturales, determinados e influenciados por el diseño conjunto que existe en la naturaleza. Igual que la molécula genética de Crick, la Tierra y sus habitantes contienen patrones metafísicos únicos que son los equivalentes metafísicos del ADN. El Zóhar señala que el comportamiento y la orientación de cualquier entidad individual no está sólo genéticamente condicionada y predeterminada, sino que también es el resultado de la posición de su propio ADN metafísico dentro de la totalidad cósmica.

Ya sabemos que el desarrollo completo del hombre depende de que establezca una relación adecuada con su entorno físico. Lo mismo sucede en el nivel metafísico. Rav Shimón dijo: "Mientras la comunidad esté completa y dichosa, las bendiciones abundarán para todos. Sin embargo, cuando el mundo no está conectado con la unidad que todo lo abarca, entonces las bendiciones serán negadas por Él y por todos los otros".[233] El Zóhar dice que podemos dar forma a la relación entre el hombre y el medio ambiente para bien o para mal, según el criterio que elijamos.[234] Este modelamiento puede tener lugar tanto en el nivel mundano como en el metafísico. El hombre tiene la capacidad de modificar su ADN metafísico, y todas las generaciones sucesivas heredarán la modificación.

El código y la estructura de nuestro ADN metafísico yacen dentro de la estructura de las *Sefirot*. En nuestra discusión de los siete días de la Creación, ten en cuenta que nos estamos refiriendo a la actividad en un nivel de energía-inteligencia puro: el nivel del ADN metafísico. Nuestro marco de referencia para el establecimiento real del todo de nuestro universo excluye necesariamente cualquier referencia al universo físico expresado físicamente, que surgió más tarde, tal como está indicado por los dos relatos de la Creación en el Génesis.

La Tierra también tiene su código cósmico completo e individual de siete fuerzas inteligentes encapsuladas: las Siete *Sefirot* Inferiores. Estas fuerzas primarias son responsables del sistema solar y de la división cósmica propia de la Tierra. Los siete canales de energía-inteligencia que emanaban de las siete *Sefirot* durante el tiempo de Creación bíblica eran, y todavía son, directamente responsables de las diversas manifestaciones geográficas de la Tierra.[235]

Puesto que la creación de la Tierra precedió a la creación de los cuerpos celestiales, la Tierra se considera la semilla cósmica de nuestro sistema solar. Los planetas surgieron de una replicación del complemento de información de la Tierra. La Tierra es el canal cósmico de energía-inteligencia de *Tiféret*. Cada *Sefirá* o canal de energía-inteligencia, consiste en sus siete divisiones propias del ADN metafísico, igual que la semilla de un árbol contiene los códigos de ADN para todos los sub-componentes (raíces, hojas, etcétera) del árbol entero.

Cuando un árbol produce una copia idéntica de sí mismo, lo hace a través de múltiples formas de expresión. Así ocurrió con la Tierra durante el periodo inicial de la Creación. Siete energías-inteligencias encapsuladas salieron despedidas de la Tierra cósmica, sembrando el sistema solar con siete energías-inteligencias complejas, manifestadas mediante la energía-inteligencia del marco de *Nétsaj*. Esto dio origen a los siete cuerpos celestiales: Saturno, Júpiter, Marte, el Sol, Venus, Mercurio y la Luna.

En la descripción bíblica del Cuarto Día de la Creación, el término "día" no debe tomarse literalmente. "Día" es un código para la energía-inteligencia *Sefirótica*. El Tercer Día, descifrado, es la energía cósmica de *Tiféret*, y el Cuarto Día es la energía-inteligencia cósmica de *Nétsaj*. Lo que emerge de esta interpretación de la Biblia es un proceso dinámico de evolución *Sefirótica*. Esto arroja una luz nueva y más comprensible sobre la pregunta de qué sucedió primero y qué sucedió después.

Mientras que estamos en el tema de la evolución, me gustaría tratar la teoría de Darwin, un tema controvertido que hizo tambalear los mismos cimientos de la doctrina judeo-cristiana y se convirtió en el campo de batalla de la dicotomía ideológica más grande de la historia, que enfrentaba la religión y la ciencia. El proceso evolutivo sugerido por el Zóhar plantea algunas preguntas serias relativas al origen y la evolución de la vida humana. El relato bíblico de la Creación indica que las plantas, los animales y el hombre aparecieron en la tierra de una manera secuencial.[236] Esto puede considerarse como la confirmación de la teoría de Darwin de que los seres vivos cambian de una forma a otra como resultado de sucesos aleatorios, y no de la intervención deliberada del poder Divino. Un examen *Zohárico* del plan maestro de la Creación proporciona una apreciación más profunda de los relatos bíblicos de la Creación.[237] Un análisis más exhaustivo del Génesis revela que el acto de la Creación es repetitivo. La actividad creativa del segundo capítulo parece ser idéntica a la del primer capítulo, pero según el Zóhar, el relato de la Creación en el primer capítulo representa la Creación cuando todavía se encontraba en un estado potencial, mientras que el relato de la Creación en el segundo capítulo se refiere a la Creación física.

Las leyes naturales del reino metafísico garantizaban que las primeras Vasijas que aparecieran después del *Tzimtzum*, o Primera Restricción, fueran aquellas con un grado superior de pureza, y consecuentemente con un grado menor de *Deseo de Recibir.* Las Vasijas son el opuesto exacto de las Luces. Las primeras son la expresión del *Deseo de Recibir,* el aspecto negativo, mientras que las Luces son la energía-inteligencia de la Fuerza de Luz, el Deseo de Impartir, el aspecto positivo.[238] Debido a que las primeras Vasijas tenían un *Deseo de Recibir* inferior, las primeras Luces que surgieron fueron, por correspondencia, aquellas con un grado inferior de *Deseo de Impartir.*

La paradoja en este proceso es que el nivel supremo de la Fuerza de Luz, *Yejidá*, no puede expresarse hasta que la energía-inteligencia más baja y más intensa del *Deseo de Recibir* se hace manifiesta.[239] Esta paradoja ilustra otra característica importante —quizá incluso la esencia— de la visión kabbalística del mundo: el conocimiento de que todos los conceptos y las entidades aparentemente contradictorios e irreconciliables son aspectos de una única unidad básica.

El Mundo de la Acción representa la Vasija final más baja de la energía-inteligencia y el grado más alto de *Deseo de Recibir*. Sólo por virtud de la expresión de este aspecto negativo del deseo puede manifestarse el nivel supremo de la Fuerza de Luz. Entender esta relación nos proporciona una comprensión más profunda de las paradojas a las que se enfrenta la sociedad hoy en día. Por una parte, observamos una multitud de gente orientada a lo físico, buscadora de placer y no espiritual; por la otra, vemos un despertar de la espiritualidad en muchos lugares y culturas de todo el mundo. Esta coexistencia de intenciones y deseos opuestos se haya en el corazón de la visión kabbalística de la Era del Mesías.

Ahora permítenos regresar al misterio de la Creación bíblica. El Zóhar nos dice que el primer relato de la Creación en el Génesis ilustra la evolución de la energía-inteligencia de la Vasija, es decir, la emanación del proceso *Sefirótico*, mientras que el segundo relato describe el nacimiento del mundo físico. Las inteligencias cósmicas evolutivas del Primer Día hasta el Sexto Día son las *Sefirot* de *Jésed*, *Guevurá*, *Tiféret*, *Nétsaj*, *Jod* y *Yesod*, y cada una de éstas contiene un grado diferente de *Deseo de Recibir*, de forma que cada *Sefirá* contiene una manifestación más intensa del *Deseo de Recibir* que la que la precede.

El primer relato de la Creación, por lo tanto, describe la aparición metafísica del hombre como la Vasija primordial para la revelación de la Fuerza de Luz. El *Deseo de Recibir* logró su manifestación más intensa en el hombre. El *Deseo de Recibir* del hombre, el más grande del universo, proporcionó a la Fuerza de Luz una Vasija conductora para revelar la mayor abundancia de Luz. Cuanto mayor es la capacidad de la Vasija, mayor es la intensidad de la Fuerza de Luz que la llena. El segundo relato de la Creación en el Génesis describe la manifestación del universo físico y el hombre como una entidad corporal, la mayor expresión de la actividad del Señor, con la capacidad de dominar la actividad extraterrestre desde el nivel terrestre.

El término "animal" es el código para la *Jod* cósmica y su nivel de *Deseo de Recibir*, que era mucho menor que el de la *Yesod* cósmica, el hombre. La corporeidad no es el tema tratado en la primera descripción de la Creación porque los animales y el hombre no existían todavía en un marco corpóreo. La energía-inteligencia de la sexta *Sefirá*, *Yesod*, estaba todavía en un estado puro de energía potencial.

"El Señor creó al hombre a Su imagen y semejanza", afirma la Biblia. De hecho, todas las manifestaciones físicas contienen un grado de la fuerza de vida del Creador, pero la Fuerza de Luz encontró su plena manifestación sólo en el hombre. Por lo tanto, en el segundo capítulo del Génesis, el hombre físico apareció antes de los animales, siendo los animales un nivel inferior de conciencia. Ahora tenemos un entendimiento más profundo del verso que afirma: "Y Adán llamó a los animales, a los pájaros y a todas las criaturas del campo por sus nombres". La palabra "llamar" es un código para el control de la energía (ver el capítulo que trata sobre la letra *Kof* para una explicación más completa sobre la palabra y el concepto). Adán (el hombre), el logro y la manifestación supremos de la

Fuerza de Luz, recibió la capacidad de controlar la energía, tal como afirma el Zóhar.

Este es el motivo por el cual la estabilidad del universo dependería sólo de la conducta del hombre. El hombre personifica la manifestación dual en el universo. Ambas polaridades, negativa y positiva, serían expresadas por las acciones del hombre. La violencia, la guerra y el sufrimiento serían su propia creación, igual que la paz en la Tierra y la buena voluntad hacia su prójimo dependerían enteramente del grado de restricción con el que el hombre confronta la Fuerza de Luz.

Después de considerarlo, la *Sámej* cósmica entendió los requerimientos de un universo ordenado, y concluyó que ella era de lejos el instrumento más adecuado para la Creación del universo. Así que se acercó al Maestro del Universo y le dijo: "Señor del Universo, pueda que te plazca crear el mundo a través de mí, puesto que represento la función de *smijá* (apoyo) a los caídos. Tú, Señor, reflejas esta característica tal como se afirma en el verso: "El Señor sostiene a todos los que caen".[240]

Para evitar percances en el intento del hombre de alcanzar su *tikún*, la Tierra y su entorno deben ser cósmicamente estables; y la estabilidad era el objetivo de la *Sámej* cósmica. Ella sabía perfectamente que la armonía se mantendría en el mundo si ella era la escogida para ser el canal de la Creación. La letra *Sámej* creía que sólo ella de entre todas las letras-energías podía cumplir los requerimientos expresados en las Escrituras, que dicen así: "¿Conoces las ordenanzas de los Cielos? ¿Puedes establecer sus reglas en la Tierra?".[241]

Los kabbalistas llaman a la energía necesaria para mantener un cosmos equilibrado el *Or DeJojmá*, la Luz de la Sabiduría. La estructura de *Or DeJojmá* es el equivalente kabbalístico de la estructura del átomo, el esquema intrínseco que gobierna a toda la energía, la Fuerza de Luz iniciadora que es la semilla de la energía atómica. El descubrimiento de que los átomos están compuestos de tres tipos de partículas elementales — protones, electrones y neutrones— ha acercado a la física moderna a la Kabbalah. Esta tríada básica, en distintas combinaciones, forma la base de todo lo que existe.

Todo, lo material y lo que está más allá, está compuesto por átomos. Tu mano se mueve libremente a través del mar infinito de átomos que te rodea, sin embargo se detiene cuando entra en contacto con una mesa. ¿Por qué es así? La respuesta se haya en la naturaleza del electrón, que posee la energía-inteligencia del *Deseo de Recibir Sólo Para Uno Mismo*. La superficie de un átomo está compuesta de electrones que exhiben una energía-inteligencia negativa, así que cuando aparece otro tipo de estructura cualquiera, son repelidos por esa energía negativa. De esta forma, nuestras manos no pasan a través de las piedras, nuestros cuerpos no pueden atravesar paredes y no nos caemos a través de nuestra cama por la noche.

En lo más profundo del átomo está el núcleo, que es cien mil veces más pequeño que el átomo. Recientemente, los físicos han llegado a creer que los protones y los neutrones son compuestos de otras partículas subatómicas, que a su vez parecen ser compuestos de partículas todavía más pequeñas. La búsqueda interminable de compuestos más pequeños sigue su curso. El infinito se ha introducido en el santuario antes manejable de la física. Y todo lo que queda es la incertidumbre.

¿Completaremos alguna vez nuestro entendimiento de la naturaleza? ¿Hay realmente una regresión infinita hacia partículas más y más básicas? Desde el punto de vista del kabbalista, la respuesta es sí, pues la energía es inteligencia, y la inteligencia se encuentra en el reino infinito de la metafísica. ¿De dónde provienen los elementos que ocurren de forma natural? ¿Cómo evolucionó la energía-inteligencia de tal poder? El Zóhar arroja luz para nosotros con los siguientes pasajes:

> *Rav Aba comenzó sus reflexiones de esta porción con el verso:[242] '"Confíen en HaShem por siempre…" (Yeshayá 26:4), pues en Yah (Yud-Hei), Yud, Hei, Vav y Hei —el Tetragrámaton— está la creación del universo'. Toda la humanidad debería asirse a HaShem y poner su confianza en Él. Esto, para que su fortaleza sea atraída de la esfera llamada Ad (Tiféret), que preserva el universo y lo une en un todo indisoluble. La Columna Central, Tiféret, es la inteligencia energía que une, el mecanismo que junta la Columna Derecha (protón) con la Columna Izquierda (neutrón). Este Ad es el deseo de las eternas montañas[243] de Biná y Maljut. Biná es la fuente de donde todas las bendiciones se originan, y su deseo de coronar los Mundos Inferiores con bendiciones requiere Ad, o Tiféret, en su transmisión. Maljut, a su vez, anhela recibir esas mismas bendiciones y energías.*

*Por lo tanto dice, 'Confíen en HaShem en Ad ',
[es decir], contemplen los Mundos de
Emanación sólo tan lejos como el nivel de Ad.
Pues más allá de ese nivel es una región
escondida, tan trascendente que sobrepasa todo
entendimiento, la fuente misma de donde los
mundos fueron diseñados y surgieron. Hasta
este momento, es aceptable contemplar la
unidad tripartita, pues es totalmente recóndita.*

*"Este es Yah, de donde todos los mundos fueron
creados", dijo Rav Judá. "Tenemos evidencia
directa de las escrituras para esto, pues está
escrito:[244] 'Pregunta por los días que han pasado
—desde el día en que HaShem creó al hombre
sobre la Tierra— y pregunta desde un lado del
Cielo hasta el otro'".[245]*

El Zóhar revela la Superestructura del Maestro: la *Yud-Hei*
del Tetragrámaton (*Biná*), el aspecto más interno de la
Fuerza de Luz. La *Yud-Hei* del Tetragrámaton permanecerá
para siempre oculta y fuera del alcance de la comprensión
humana. El hombre puede investigar hasta este punto, pero
no más allá. Sin embargo, cuando la Fuerza de Luz entra en
el marco de *Tiféret*, la Luz se transforma; las tres partículas
iniciales de energía, o aspectos de la Fuerza de Luz —las
Tres *Sefirot* Superiores de *Kéter*, *Jojmá* y *Biná*— asumen un
cambio de nombre para indicar este nivel inferior de energía-
inteligencia, y su Luz se convierte en un todo unificado.

La energía-inteligencia de la *Sámej* cósmica es la *Sefirá* de
Tiféret: la capacidad de unión que reune a los opuestos

dentro de la realidad de la Fuerza de Luz. En cierto sentido, las *Sefirot* de *Jésed*, *Guevurá* y *Tiféret* pueden considerarse partículas elementales. Son las estructuras que conforman la inconocible *Yud-Hei* y por lo tanto son lo máximo en energía-inteligencia. *Tiféret* es la forma del Señor de apoyar y equilibrar todas las Emanaciones o *Sefirot* subsiguientes en el nivel más elemental.

Consecuentemente, la letra *Sámej* sintió que su energía-inteligencia era necesaria para la estabilidad en el mundo de *Asiyá*, la manifestación corpórea del Reino del Señor. De hecho, el Señor ya había decidido que la Tierra sería creada en el Tercer Día por esta misma razón: el Tercer Día era una Emanación de la Columna Central, de la cual la *Sámej* cósmica era la fuente primordial.

Si el hombre corrompía sus acciones, causaría que el *Mojín* (la Luz de la Redención) fuera expelida de *Zeir Anpín*, el marco global de *Tiféret* y *Maljut*. Esto, a su vez, reduciría la Fuerza de Luz dentro de *Zeir Anpín* y *Maljut*. Para evitar este resultado e impedir que se produjera una violencia catastrófica en el cosmos, el Señor proporcionó el canal de energía-inteligencia conocido como *Sámej*. La *Sámej* cósmica era la conexión del Maestro del Universo con su Superestructura, la *Yud-Hei*, también denominada *Daat*. Como se ha mencionado previamente, la *Sámej* cósmica recibía el nombre de Luz de Misericordia y se encuentra un paso más abajo de la Luz de la Sabiduría, pero aun así es una energía-inteligencia que se distingue por su asombroso poder primordial. Este es el motivo por el cual la Luz de la Misericordia recibe el nombre de *Avira Dajya* (Atmósfera Pura). La *Sámej* cósmica estaba a la par con la Luz de la Superestructura del Señor.

Las acciones erróneas del hombre podían llevar a un estado de desequilibrio universal. Sin embargo, ninguna *klipá* (energía-inteligencia maligna) puede competir con el nivel de energía consciente de *Zeir Anpín*, todo *Tiféret* y *Nukvá* (*maljut*). Si ocurriera el desequilibrio, la *Sámej* cósmica entraría en escena para proteger, apoyar y mantener el equilibrio dentro del cosmos.

La palabra *Sámej* significa "apoyo". La *Sámej* cósmica protege los niveles conscientes de *Zeir Anpín* y *Maljut* y los ayuda a mantener sus posiciones dentro del reino de energías-inteligencias del Maestro del Universo, evitando así que el Señor de la Oscuridad establezca una base dentro del dominio del Maestro durante el periodo de inmadurez. La Tierra es un compuesto del Tercer Día, el poder de la restricción, y la conciencia del neutrón de la Superestructura del Señor, la *Yud-Hei*, que causó que la Tierra estuviera estrechamente alineada con el nivel de energía de *Sámej*. Esta es la razón por la cual la *Sámej* cósmica no tuvo dificultad en acudir al rescate de la Tierra durante sus periodos de inmadurez; la similitud entre ellas proporciona un vínculo entre sus niveles de conciencia.

Por lo tanto, *Sámej* se consideró a sí misma más adecuada para la Creación del universo que cualquiera de las letras anteriores. La energía-inteligencia de *Sámej* logró una afinidad con la esencia de la Superestructura del Señor, lo cual hizo que el inmenso poder de *Sámej* permaneciera intocable por el poder del Señor de la Oscuridad. Cuando surgió la necesidad, la *Sámej* cósmica pudo descender al territorio de *Zeir Anpín* y *Maljut*, el nivel de conciencia hasta el cual no podía extenderse el escudo de seguridad de la Superestructura del Señor.

Aunque este escudo de seguridad no podía proteger a *Sámej* durante su descenso, ella no tenía miedo del Señor de la Oscuridad. Las letras que la precedieron eran susceptibles de ser capturadas por Satán una vez que abandonaban la protección del Maestro, pero eso no sucedía con la *Sámej* cósmica. Su energía-inteligencia se originaba en el Reino Superior, la Superestructura del Señor. Satán no podía competir con la *Sámej* cósmica y él lo sabía. El poder de *Sámej* podía desintegrar por completo el reino del Señor de la Oscuridad. La *Sámej* cósmica podía derrotar a Satán aun cuando *Zeir Anpín* y *Maljut* estaban en un estado débil e inmaduro de Conciencia Cósmica debido a la corrupción del universo por parte de la humanidad. En otras palabras, *Sámej* sintió que podía proteger al hombre aún cuando sus propias acciones lo hacían vulnerable al ataque. La Tierra y el universo entero tenían una mejor oportunidad con la *Sámej* cósmica como instrumento de Creación.

Después de que *Sámej* presentara su caso, el Señor respondió: "Tu propio razonamiento dicta que permanezcas en tu nivel consciente cósmico y no abandones tu posición".[246] ¿Qué quiso decir el Señor con esto? Él se refería al hecho de que *Zeir Anpín* y *Maljut* estaban inclinados a caer de su nivel cósmico de conciencia debido al libre albedrío del hombre. Pero si el universo se impregnaba de la energía-inteligencia de *Sámej*, entonces la inmadurez permanente se convertiría en una posibilidad real porque el hombre encontraría innecesario llevarse a sí mismo al nivel de conciencia de *Tiféret*. No existiría el ímpetu por parte de la humanidad de manifestar la restricción necesaria para eliminar el Pan de la Vergüenza. Solamente si el entorno de la Tierra y sus habitantes eran inconscientes de la presencia cósmica de *Sámej* podía prevalecer el libre albedrío.

La energía-inteligencia de *Mayin Nukvín* (Energía-inteligencia Retornante) mantiene y da apoyo a todo el cosmos.[247] Si viviéramos en un planeta en el que hubiera pocos cambios, el aburrimiento se instauraría. La humanidad no tendría motivación para mejorar. Por otra parte, si nuestro universo fuera un universo impredecible en el que las cosas cambiaran de forma aleatoria, no tendríamos manera de saber qué hacer en cada momento. Vivimos en un universo fluctuante porque la humanidad está siempre en un estado de modificación y variación. Creamos esta condición mediante nuestro propio ejercicio del libre albedrío. Sin embargo existe un orden y una cierta previsibilidad en el cosmos; los planetas se siguen moviendo en órbitas predecibles, mostrando una precisión más refinada que la de un reloj.

La violencia tiene su papel en la historia de la naturaleza. Aparte de las múltiples tormentas, cataclismos y desastres ocurridos en la historia de la Tierra, los radiotelescopios a menudo reciben señales de estrellas que mueren y galaxias que colisionan. Pero de nuevo, el panorama aparece más sereno cuando consideramos que para cada peligro conocido hay una inteligencia protectora que proporciona un remedio. Por ejemplo, nuestra ionosfera detiene los rayos violetas destructivos y otras radiaciones dañinas. Una pantalla magnética mantiene los rayos cósmicos bajo control. La Tierra en sí misma está situada en la distancia correcta con respecto al sol para garantizar la medida adecuada de calor de forma que nuestra provisión de agua no se evapore ni se congele totalmente, permaneciendo en su lugar en el estado óptimo para mantener la vida.

En tales entornos, las formas de vida gozan de prosperidad. A veces, sin embargo, el hombre juega a juegos peligrosos. Se olvida de su propósito y se convierte en una víctima de la amnesia con respecto a su pasado más reciente. Fragmentar el átomo no es más que uno de estos juegos que con seguridad amenaza al hombre con su propia destrucción. El Zóhar repetidamente toca una nota discordante en lo referente a la interferencia de fuerzas elementales a lo largo de la historia. "Estas son las generaciones de los Cielos y de la Tierra", dice el Zóhar.[248] La expresión "estas son" denota que dichas generaciones mencionadas anteriormente no se tienen en cuenta a partir de ese momento. La Kabbalah se refiere a los resultados de tohu (vacío), que aparecen implícitos en el primer capítulo del Génesis: "Y la Tierra era tohu y vohu[249]; de éstos hemos aprendido que el Señor creó mundos y los destruyó".[250]

La superficie lunar ofrece un testimonio elocuente de una era previa de destrucción. En relación al alcance infinito del universo, la Tierra está muy cerca de la luna. Sin embargo la luna tiene muchos cráteres severos causados por colisiones catastróficas. ¿Por qué la Tierra ha sido librada de estos fenómenos destructivos? ¿Podría deberse a que *Sámej* proporciona un escudo cósmico? El Zóhar dice que sí.

"Si tú, *Sámej* cósmica, abandonaras tu posición", dijo el Maestro del Universo, "tu ausencia causaría que el Cielo y la Tierra permanecieran en un equilibrio eternamente precario. Ellos sentirían constantemente tu presencia; ellos necesitarían siempre tu apoyo".

"Consecuentemente", concluyó el Señor, "puesto que la humanidad dependería para siempre de tu apoyo, y debido a que *Zeir Anpín* y *Maljut* carecerían de la fuerza para mantenerse de en pie por sí mismas, tu energía-inteligencia te hace inapropiada para ser el canal para la Creación del mundo".

Con esto, la *Sámej* cósmica abandonó la presencia del Señor.

LA LETRA
NUN

Mundos Inferiores;
Reino terrenal;
Inhumanidad;
Dolor;
Sufrimiento;
Erupciones de energía;
Colisiones;
Escudos de seguridad;
Justos;
Estaciones de batalla;
Libre albedrío;
Mundo de la Acción;
Poder asombroso

NOSOTROS DECIMOS
QUE LA INSEPARABLE
INTERCONEXIÓN
CUÁNTICA DE TODO EL
UNIVERSO ES LA REALIDAD
FUNDAMENTAL.

—DAVID BOHM Y BASIL HILEY

Tras haber observado y reflexionado sobre el rechazo de *Sámej*, la letra-energía *Nun* entró en el foro de energías-inteligencias para presentar sus méritos. *Nun* se consideraba apropiada para ser utilizada en la Creación del mundo, pues ella gozaba de un estatus tan elevado como el de la *Sámej* cósmica.

El triunvirato de las *Sefirot* —las Tres *Sefirot* Superiores: *Kéter Jojmá* y *Biná*—, la Superestructura del Señor, está en un estado de productividad constante. Igual que una estación eléctrica terrestre, estas tres primeras *Sefirot* producen energía, independientemente de si su energía se utiliza o no. Ellas son la fuente de todas las energías cósmicas.[251] Pero cuando estas energías-inteligencias de la Superestructura descienden y entran en *Zeir Anpín*, atraviesan una transformación que reduce su energía-inteligencia a un estado inferior de conciencia. Sus descripciones *Sefiróticas* originales dejan de referirse a ellas. En lugar de *Kéter*, *Jojmá* y *Biná*, reciben nombres nuevos: *Jésed*, *Guevurá* y *Tiféret*, respectivamente.[252]

La *Sámej* cósmica proporciona la energía-inteligencia de la Columna Central —el principio mediador restrictivo llamado *Tiféret*— a los Mundos Inferiores de *Zeir Anpín* y *Maljut*. El emparejamiento de estos dos Mundos Inferiores era el secreto de la armonía y el equilibrio en el reino terrenal. Cuando la energía-inteligencia de la Columna Central, que es el *Deseo de Recibir con el Propósito de Impartir,* fue otorgada a la humanidad, el vínculo cósmico entre *Zeir Anpín* y *Maljut* evitó el caos en todos los niveles del gran todo cósmico.

¿Cómo llegó a merecerse el hombre el regalo de la conciencia cósmica de *Tiféret?* Utilizando sus propia energía-inteligencia latente de *Tiféret*, que es inherente a él desde el nacimiento hasta la muerte. Esta energía es capaz de restringir la poderosa fuerza del *Deseo de Recibir Sólo Para Uno Mismo.* "Porque la inclinación del corazón del hombre es mala desde su juventud", declaran las Escrituras.[253] La actividad humana pone en marcha o desactiva la fuerza vinculante, *Tiféret.* El equilibrio y la armonía en todos los niveles cósmicos dependen completamente de la *Tiféret* cósmica. La violencia en cualquier lugar, celestial o terrestre, emerge de la inhumanidad del hombre hacia su prójimo. Las acciones negativas del hombre son catalizadores para el enfado, la guerra y el sufrimiento.

El universo nació en una explosión de violencia conocida como el *Big Bang.* Hoy en día el universo está todavía repleto de actividad violenta —grandes erupciones de energía de galaxias agitadas, disturbios y colisiones horripilantes— pero esto no es obra del Señor. En su lugar, es un reflejo de la actividad del hombre en la Tierra. Debe anotarse que había un elemento de competencia entre las letras-energías, una lucha que continua hasta hoy. Sin embargo, las letras son más o menos iguales entre ellas, y a diferencia de la lucha humana, ninguna de las letras intentó nunca dominar a otra. Son las acciones del hombre, no aquellas de las letras-energías, las que sembraron las semillas de la destrucción. Para contrarrestar estas fuerzas, el Señor buscó una energía-inteligencia que esparciera la armonía y la tranquilidad universales. Esta búsqueda del Señor le llevó hasta la *Nun* cósmica.

La *Sámej* cósmica no podía abandonar su estación en la Superestructura del Maestro del Universo para ser una parte integrante permanente en el universo creado, puesto que entonces el hombre nunca pondría a prueba la responsabilidad de la restricción. No obstante, la energía-inteligencia de la *Nun* cósmica, como canal para la energía de *Guevurá* de *Zeir Anpín*, parecía ideal para la Creación del universo. Su rango, similar al de *Sámej*, le garantizaba el beneficio del escudo de seguridad de *Zeir Anpín* de *Biná*. Por lo tanto, ella no tenía ningún miedo de ser atacada por el Señor de la Oscuridad. Es más, ella no llevaba la carga de la responsabilidad de servir a los Mundos Inferiores de *Zeir Anpín* y *Maljut* durante el tiempo de su inmadurez. Esa tarea le fue otorgada a la *Sámej* cósmica.

Afirma el Zóhar: "La *Nun* es la primera letra y la cuna de *Norá Tehilot* (Temeroso en Alabanzas) y *Navá Tehilá* (Alabanzas para los Justos)". La traducción de la codificación poco habitual de la energía-inteligencia particular de *Nun* en una comunicación coherente no ha sido una tarea insignificante. Sin embargo, Rav Áshlag descifró la sección de difícil comprensión del Zóhar que trata sobre este tema y proporcionó una interpretación interesante de la energía-inteligencia cósmica de *Nun* y de su subsiguiente súplica para ser considerada como el instrumento adecuado para la Creación del universo. Según la interpretación de Rav Áshlag, cuando la naturaleza intrínseca del todo cósmico se ve amenazada con la desintegración o la aniquilación, la *Sámej* cósmica aparece en escena. La entrada de la *Sámej* cósmica en el reino terrestre conduce a las *klipot* de vuelta a su medio ambiente originario. La Superestructura del Señor, expresada en su propio marco de referencia, se transforma así en otro marco, y emerge un nuevo elemento: el tiempo —la Luz de la Compasión— que se añade a las tres coordinadas espaciales de *Kéter*, *Jojmá* y *Biná*.

Este nuevo paradigma, conocido como tiempo, proporciona el pegamento cósmico que une al universo en una realidad dinámica y unificada. Satán carece de la Luz de la Compasión, la cuarta dimensión (tiempo). La palabra en código cósmica para esta cuarta dimensión es *Tehilá* (Alabanza). Si no fuera por la actividad negativa del hombre y su falta de compasión, Satán no tendría lugar dentro del marco universal. La inhumanidad proporcionó al Señor de la Oscuridad un conducto hacia la unidad básica del universo, una necesidad de la continuidad del libre albedrío.

Biná, la energía-inteligencia de la Columna Izquierda de la Superestructura, es la personificación de la Luz de la Compasión. Al expresar el poder cósmico de *Biná*, el Zóhar dice de ella que comprende la *Nun Shaarei Biná,* las Cincuenta Puertas de la Inteligencia. Aquí debemos notar que el valor numérico de *Nun* es cincuenta. *Guevurá* de *Zeir Anpín* también utiliza a la *Nun* cósmica al hacer su energía-inteligencia manifiesta. *Nun* es un aspecto integral de la tríada que consiste en *Mem, Nun* y *Sámej*. La *Sefirá* de *Guevurá* es una fuerza dinámica en el arsenal de *Nun*. La conexión de la *Nun* cósmica con *Tehilá* (Alabanza) recibe el nombre de *Norá Tehilot*. Por lo tanto, la *Nun* cósmica, que participa inherentemente en la Luz de la Compasión y recibe el nombre codificado de *Norá Tehilot*, iba a servir permanentemente para equilibrar el universo y asegurar la armonía universal entre los actores del escenario cósmico.

La súplica de *Nun* al Señor empieza de la siguiente manera: "Maestro del Universo, puesto que represento la Columna Izquierda de *Zeir Anpín*, la energía-inteligencia de la atracción, soy principalmente responsable de la expresión de *Tehilá*

(Alabanza) por parte de la *Sámej* cósmica. Por lo tanto te pido que crees el mundo a través de mí. Debido a la fuerza de la Luz de Compasión que *Guevurá* recibió de *Biná*, el todo cósmico de *Zeir Anpín* de *Biná* consiguió el nombre de Norá Tehilot [254]; y yo soy la primera letra-energía de la palabra *Norá*".

Nun continuo: También se hace referencia a mí en el verso codificado: '*Navá* (Atractivo) alabanza por los *tzadikim* (justos)'.[255] Por lo tanto, la *Tsadi* cósmica —*Yesod* de la Tríada Inferior de *Zeir Anpín*— obtiene su madurez a través de mi energía-inteligencia".

Nun representa el aspecto femenino de la letra *Tsadi*, que significa "justo". Por lo tanto, *Nun* recibe el nombre de "Alabanza por los justos". Como energía-inteligencia de la *Sefirá* de *Yesod*, *Tsadi* proporciona alimento espiritual a *Maljut*, el Mundo de la Acción. La *Yud* cósmica, el vehículo para la Fuerza de Luz del Señor, requiere de *Nun* para su manifestación. *Nun*, por lo tanto, sería llamada para participar y funcionar como canal de comunicación de *Yud* con el Mundo de la Acción. Su relación con el reino terrestre estaba entonces establecida aun antes del inicio el mundo. Consecuentemente, *Nun* afirmó que ella sería el instrumento adecuado para que el Señor creara el universo, pues ella garantizaría el mantenimiento de la estabilidad y la armonía en el cosmos.[256]

El Señor contestó: "*Nun*, vuelve a tu lugar. Fue por ti que la *Sámej* cósmica fue rechazada. Pues tú simbolizas *noflim* (caer), ya que la palabra *noflim* empieza con la letra *Nun*".

La intención de la respuesta del Señor era acercar a la *Nun* cósmica al entendimiento del plan total de la Creación y ayudarla a aceptar su posición única dentro del cosmos.

La cualidad que predominaba en la conciencia de *Nun* era la creación de la armonía en el universo, pero ella no fue capaz de entender el drama de la Redención Final. Cada letra sería una participante en este drama cósmico, no un observador externo. Ciertamente, la interrelación de las letras entre ellas y con el cosmos le daría significado al todo. Por lo tanto, *Nun* se equivocó al ver la Creación simplemente en términos de su estatus como garantizadora de la armonía cósmica. Ella no tuvo en cuenta el otro lado de su naturaleza dual.

Se puede decir que *Nun* era algo así como una espada de doble filo. Mientras que ocupaba una posición única y poderosa dentro de la *Guevurá* cósmica, también jugaba el papel de la *Yesod* cósmica, la *Tsadi*. Satán no podía sobrevivir a un ataque de la *Nun* cósmica en su aspecto de *Guevurá* cósmica, razón por la cual ella rogó ser utilizada como canal para la Creación. Pero si *Nun* era llamada para ayudar a proporcionar su energía-inteligencia para la *Tsadi* cósmica en la ejecución de la función de *Tsadi* en el escenario de la Creación, ella se expondría a un ataque por parte del Señor de la Oscuridad.[257]

La posición de la *Nun* cósmica dentro de la *Tsadi* podría requerir de ayuda si ella caía (*noflin*) presa de Satán. Una vez que el Señor de la Oscuridad penetrara en una estación dentro del escudo de seguridad, no se sabe lo que podría ocurrir. Cuando se le ordenó a *Sámej* que volviera a su estación de batalla en el caso en que hubiera *noflin* (caídos) víctimas del

Señor de la Oscuridad, el Maestro del Universo ya estaba señalando el error potencialmente fatal de *Nun*. *Nun* no entendió totalmente las implicaciones del rechazo de *Sámej*. Ella sólo vio la cara positiva de su propia energía-inteligencia como canal para el poder asombroso de *Guevurá*, que podía proporcionar a los habitantes de la Tierra la fortaleza para soportar cualquier ataque de Satán y que a la larga podía marcar el inicio de la Redención Final del mundo.

Tal como dijo el Señor, no era accidental que la primera letra de *noflim* fuera la letra *Nun*. Las palabras, igual que las letras, expresan modos esenciales de existencia y niveles de energía-inteligencia. Por lo tanto, si a la letra *Nun* se le habría permitido ocupar la primera posición del mundo, ella podía haber causado una brecha en el escudo de seguridad de la Fuerza de Luz, lo cual muy probablemente podría haber brindado al Señor de la Oscuridad la oportunidad de esclavizar eternamente al mundo a la negatividad y al *Recibir Sólo Para Uno Mismo*.

Cuando el Señor le recordó a *Nun* su conexión con *Tsadi*, *Nun* se dio cuenta de que su energía cósmica era inadecuada para la protección de los habitantes de la Tierra. La *Nun* cósmica entendió la respuesta del Señor y no tenía intención de frustrar Sus planes para el universo físico. Todas las letras-energías fueron inspiradas por la sutileza y la belleza del mundo natural que estaban buscando crear.

Con gran pesar, la letra *Nun* abandonó la presencia del Señor.

CAPÍTULO 14

LAS LETRAS
MEM Y *LÁMED*

לבמ

Destinos;
Letras cósmicas;
Falsa creencia;
Elementos físicos;
Entornos naturales;
Paradigma;
Luz de Sabiduría;
Mundo cotidiano;
Reencarnación;
Perfección;
Monarcas;
Misericordia;
Matrimonio;
Novios

Y EL SEÑOR SERÁ REY SOBRE TODA LA TIERRA; AQUEL DÍA EL SEÑOR SERÁ UNO, Y UNO SU NOMBRE.

—ZACARÍAS 14:9

L as letras estaban ansiosas por ayudar en la materialización de las galaxias infinitas, el mundo y el hombre, pero no habían descubierto todavía el método a través del cual este futuro universo podía expresarse. Quizá habían imaginado al principio un cosmos pequeño y ordenado en el cual las formas dominantes fueran energías-inteligencias benignas como ellos. En cualquier caso, sus intentos de explorar los misterios cosmológicos más profundos habían fallado, y cada una de sus súplicas había sido negada.

Sin embargo, no sólo estaba en juego el futuro de la humanidad, sino también el futuro de las letras. El mundo al que estaban a punto de dar vida sería también su mundo, y sus destinos estarían vinculados con él para siempre. Cada letra simbolizaba un aspecto particular de la realidad que todo lo abarca. Cada una era diferente de las otras en muchos detalles, sin embargo todas estaban combinadas dentro de una realidad única y primordial. Las letras rechazadas hasta ese momento habían tratado el universo como una entidad independiente de ellas mismas. Sin embargo, *Mem* representaba un nuevo enfoque, uno que buscaba combinar el canal para la energía-inteligencia con la energía en sí misma, en lugar de ver la energía y el canal como separados.

Mem מ se acercó al Señor y dijo: "Maestro del Universo, te ruego que crees el mundo a través de mí. Mi energía-inteligencia da inicio a la palabra *Mélej* מֶלֶךְ (Rey), que es Tu Título".[258]

Generalmente no somos conscientes en nuestras vidas cotidianas de la unidad de todas las cosas. Tendemos a dividir el universo en objetos y acontecimientos separados. Los kabbalistas nos dicen que este sentido de fragmentación surgió cuando las veintidós letras cósmicas se expresaron cósmicamente como los elementos, las estrellas y los planetas y los doce signos del zodíaco. Esta es la razón por la cual percibimos erróneamente el universo como una mezcla de componentes separados. Según los kabbalistas, la falsa creencia de que todas las cosas están desasociadas entre ellas es el motivo esencial del desencantamiento creciente dentro de las sociedades modernas. No es sorprendente que la vida parezca cada vez más irreal cuando el hombre contemporáneo se distancia de su entorno e incluso de sí mismo.

Las fuerzas positivas y negativas de la Luz y la Vasija, y las energías-inteligencias que tienen que ver con ellas, no son en realidad entidades aisladas, sino partes integradas del todo. El mundo real no puede ser fragmentado en unidades que existen de forma independiente. La realidad, según la definición kabbalística de esta palabra, es infinita y unificada: en otras palabras, todo lo que este mundo aparentemente no es.

La teoría cuántica nos ha forzado a ver el universo como una red singular de pensamientos e interacciones. Cuando adoptamos una visión cuántica de la ciencia médica, no podemos seguir aceptando la idea comúnmente establecida de que las partes individuales elementales de nuestro cuerpo constituyen la realidad fundamental. El todo unificado consiste en el cuerpo y la mente. Los aspectos internos y externos del individuo están tejidos en una red inseparable de relaciones mutuamente condicionadas. No pueden ser tratados como entidades separadas.

La característica más importante de la visión kabbalística del mundo es la conciencia de la unidad y la interconexión mutua de todas las entidades y eventos. Este fue precisamente el pensamiento superior en la conciencia de la *Mem* cósmica.

La idea de fragmentación gobernaba la visión de Satán del universo. Este concepto yace en las raíces de un mundo esclavizado por él. El Señor de la Oscuridad buscaba imponer un marco de separación sobre el todo indiferenciado, llevando así a la vida humana hacia el desmembramiento y la desintegración psíquicas: una situación de divide-y-vencerás que le permitiría establecer su dominación total.

La súplica de la *Mem* cósmica representaba entonces su intento de proporcionar la energía-inteligencia que preservaría la realidad como un todo unificado. El plan de *Mem* era otorgar a los habitantes de la Tierra la conciencia de unidad e interdependencia de todas las manifestaciones aparentemente separadas, permitiendo así a la humanidad entender el significado esencial de la existencia y aceptar los principios metafísicos que gobiernan todo el universo.

El plan de la *Mem* cósmica tuvo en cuenta el hecho de que el libre albedrío, tan intrínseco a la creación del universo, le dio al mismo tiempo una inestabilidad inherente que limitó severamente su capacidad para sostenerse a sí mismo. Este, por lo tanto, era el quid del dilema de la Creación. La alternativa sugerida por la *Mem* cósmica trataría de resolver este dilema liderando a la humanidad hacia una percepción drásticamente alterada de la realidad.

La *Mem* cósmica exhibía la energía-inteligencia de *Jésed* de *Zeir Anpín*. Sus características únicas posicionaban a *Mem* como un recipiente directo y un canal del poder asombroso de la Luz de Sabiduría. Cuando *Zeir Anpín* logra ascender al nivel de conciencia de *Jojmá*, luego la Luz de la Sabiduría (a la cual se hace referencia como Vida) se revela directamente a partir del Rostro del Señor en el universo. El Rey David revela el misterio de la posición peculiar de *Jésed* en su verso codificado: "El Señor mandará su misericordia (*Jésed*) en el día".[259] La implicación, según el Zóhar, es que la Fuerza de Luz englobada en *Jésed* se une con y se manifiesta a través de cada una de las *Sefirot* dentro del dominio de *Zeir Anpín*.

Este pasaje guarda semejanza con el pasaje que describe el Primer Día de la Creación: "En el principio creó Dios los Cielos y la Tierra... Y llamó Dios a la luz Día, y a la oscuridad llamó Noche; y el atardecer y el amanecer fueron el día uno... Y llamó Dios al firmamento 'cielos'. Y el atardecer y el amanecer fueron el segundo día... Dijo Dios: 'Haya luceros en el firmamento celeste, para apartar el día de la noche'".[260]

La primera pregunta que acude a nuestra mente cuando analizamos el pasaje anterior es: ¿Por qué es necesaria tanta repetición? Los Cielos se crearon en el Segundo Día; sin embargo, también se refiere a ellos en el primer versículo, donde el autor declara que fue creado en el primer día. De forma similar, se nos dice que el día y la noche se establecieron en el primer día, pero el proceso parece repetirse en el Cuarto Día. Otro rasgo extraño de la descripción que hace la Biblia de la Creación son sus referencias a los "días". El primero se llama *Yom Ejad*, que significa "Día Uno". Los días subsiguientes se designan como el Segundo, Tercero, Cuarto y así sucesivamente.

Sin embargo, el término gramaticalmente correcto para el punto de partida de la Creación debería haber sido el "Primer Día", no el "Día Uno".

Antes de seguir avanzando, es importante recordar que la esencia de la Creación es la evolución progresiva y la transformación de la energía-inteligencia de las Vasijas, conocidas como las *Sefirot*. Este proceso de transformación no altera ni afecta a la Fuerza de Luz o Luz de Sabiduría; únicamente revela un aspecto diferente de la realidad unificada que todo lo abarca.

Este proceso podría compararse con el agua que se vierte en varios vasos de distintos colores, en los cuales el agua parece tener un color diferente en cada vaso, pero el agua en sí misma no se ve alterada ni afectada. Las *Sefirot* o energías-inteligencias funcionan de forma similar, difundiendo y diversificando la energía original del Ein Sof (Mundo Sin Fin).

En el Día Uno de la Creación, la energía-inteligencia de *Jésed* cobró vida. Esta *Sefirá* representa una entidad unificada. Como una semilla, contiene dentro de sí misma el potencial pleno para todo el crecimiento y las manifestaciones futuras. Es por este motivo que la Biblia se refiere al primer día como *Yom Ejad*, o "Día Uno", que significa un todo unificado. La palabra codificada *Ejad* enfatiza este estado metafísico indiferenciado.

Los nombres codificados del segundo día y los días siguientes indican que dieron origen a energías-inteligencias multiformes. La palabra *sheiní* (segundo) implica que ahora había dos fuerzas y no el todo unificado que había existido hasta ese momento. *Jésed* es por lo tanto la forma más elevada en la que la Fuerza de Luz —la Luz de Sabiduría que todo lo abarca del Señor— se manifiesta. Antes del Segundo Día, las energías-inteligencias existían sin ninguna diferenciación. Éstas no asumieron configuraciones distintivas y personales hasta después de la emanación de la *Sefirá* de *Guevurá* en el Segundo Día, cuando todas las potencialidades implicadas en cada *Sefirá* se volvieron manifiestas bajo la influencia de su principio formativo específico. En cada *Sefirá* subsiguiente, la Fuerza de Luz aparecía como una energía-inteligencia particular.

Esto nos conduce a otra pregunta: ¿Por qué la diferenciación entre el Cielo y la Tierra, entre el día y la noche, se menciona como si tuviera lugar en *Yom Ejad*, así como en el Segundo Día y el Cuarto Día? La *Sefirá* de *Jésed* contenía todos estos elementos variados como un todo unificado, como la semilla que incluye la raíz, el tronco, la rama y la hoja. En *Yom Ejad*, las entidades diferenciadas del Cielo y la Tierra estaban ocultas como potencialidades de la totalidad que todo lo abarca. No aparecieron como entidades separadas hasta que tuvieron lugar algunas transformaciones posteriores, y éstas ocurrieron en el Segundo Día, cuando el Cielo apareció como una fuerza cósmica propia. En el Cuarto Día del proceso cosmológico, la diferenciación entre el día y la noche se volvió manifiesta, mientras que el Día Uno, el día y la noche no aparecían como entidades separadas.

Por lo tanto, era un atributo clave de la *Mem* cósmica que la composición de su energía-inteligencia fuera similar a la Fuerza de Luz unificada del Señor. *Mem* es la inteligencia total que existe en el universo de *Zeir Anpín*, nuestro sistema universal. Ella tenía un vínculo total con la Fuerza de Luz. Las otras *Sefirot* no estaban completamente conectadas. Sólo podían considerarse compañeras de la Fuerza de Luz. Consecuentemente, *Mem* imploró al Señor: "Dentro de mí, Tu te llamas Rey. Cuando la Fuerza de Luz del Señor se revele a través de mí, el Señor de la Oscuridad ya no será capaz de hacerse con Tu Luz. Por lo tanto, la Corrección Final está asegurada por mi energía-inteligencia".[261]

La letra cósmica *Mem* y el elemento Mesiánico al cual se hace referencia en la doctrina de *Gemar HaTikún* (la Finalización de la Corrección) de Rav Isaac Luria (el Arí) están íntimamente unidos. El *tikún* del *Gemar HaTikún*, el camino hacia el final de todas las cosas en el Mundo de la Acción, es también el camino hacia el principio. La aparición de toda la Esencia del Señor, tal como ejemplifica *Mem*, se vuelve su opuesto, la doctrina de *Gemar HaTikún* (corrección Final) y el regreso al contacto original con el Señor, que se asemeja a la *Mem* cósmica.

El Zóhar afirma que en los días del Mesías "No habrá más la necesidad de que uno le pida a su vecino 'enséñame la sabiduría'.[262] Un día, ya no enseñará cada hombre a su vecino ni cada hombre a su hermano diciéndole 'conoce al Señor', porque todos me conocerán, desde el más joven hasta el mayor de ellos.[263]

Cada acontecimiento, cada parte de la continuidad de la existencia, existe al mismo tiempo interiormente y exteriormente. La Llegada del Mesías, o el *Gemar HaTikún*, significará que nuestro mundo terrenal ha recibido su forma final. Cuando el hombre está en íntimo contacto con el atributo de compartir, la Fuerza de Luz del Señor se manifiesta. Cuando la actividad del individuo —el *Deseo de recibir* de la Vasija— está asociado con la Fuerza de Luz, el *Deseo de Impartir* se revela. Como sucede con la *Mem* cósmica, en la cual la Luz y la Vasija son una, es el hombre quien añade el toque final al Dominio del Señor. Es el hombre quien completa la consagración de la Fuerza de Luz. En algunas esferas del ser, la existencia Divina está entrelazada con la existencia humana. En cierto sentido, por tanto, somos los dueños de nuestro propio destino. En el juicio final, nosotros somos los responsables de la continuación de nuestro exilio.

Mem se vio a sí misma como el instrumento ideal para la Creación porque sólo ella personificaba la gran unificación del universo. Ella sentía que si era utilizada como canal para la Creación, entonces el mundo se aseguraría el logro del *Gemar HaTikún*. A través de la letra *Mem*, la totalidad de *Zeir Anpín* se corona como *Mélej*, el Rey. *Mem* es la primera letra de la palabra *Mélej*, y es a través de ella que la Fuerza de Luz se revela al mundo. "Consecuentemente", declaró *Mem*, "a través de mí, la Corrección Final del mundo puede estar garantizada". La respuesta del Señor a *Mem* fue sorprendentemente distinta de Su rechazo a las demás letras: "Lo que has dicho es ciertamente así. Pero no puedo emplearte en la creación del mundo porque el mundo requiere de un Rey. Así que vuelve a tu lugar junto con la *Lámed* cósmica y la *Kaf* Final cósmica. Las tres componen las letras y la influencia cósmica de la palabra "rey". El mundo no puede existir sin un *Mélej*, un Rey".

Por extraño que pueda parecer, la *Mem* cósmica era realmente adecuada para el papel de la Creación. La respuesta del Señor no negaba sus cualificaciones. Por el contrario, el Señor reconocía su gran valor y poder, y ésta era la razón misma por la cual no quería utilizarla para la Creación. "El mundo no podría existir sin la participación de *Mem*", afirmó el Señor.[264]

La unidad del Señor y Su Revelación, tal como ejemplifica el Rey, fue concebida como una relación entre Él y Su Creación. Esto significa que el Señor desea tener una relación con algo externo a Sí mismo, no sólo una relación entre Él y Él mismo. Pero si la *Mem* cósmica era una encarnación viva de la Fuerza de Luz, y reflejaba el significado oculto y la totalidad de la existencia, entonces, ¿por qué no hacer uso de ella como canal cósmico de la Creación?

El Señor le dijo a *Mem* que la Fuerza de Luz que influiría en la perfección del mundo debía estar incluida en las tres letras: *Mem*, *Lámed* y *Caf*, que juntas constituyen la palabra *Mélej* (Rey). Si no fuera por esta unión cósmica, no habría ningún Rey, y sin un Rey, el mundo no podría existir. La esencia de la respuesta del Señor a la letra *Mem* es que *Mem* realmente simboliza la gran *Jésed* que se menciona en los Salmos. Ella se unió con cada *Sefirá* en el cuerpo de *Zeir Anpín*. Su poder único está ilustrado por la abertura dentro de su gruesa base, la cual indica la emisión de una provisión abundante de Fuerza de Luz.

No obstante, su poder cósmico depende de y coincide con la *Lámed* cósmica. La letra *Lámed* se revela como "una torre que fluye y vuela en el aire".[265] La *Lámed* cósmica llegaba muy alto, mucho más arriba que las demás. Su estructura ascendente conectaba el nivel consciente de *Biná* con la totalidad de *Zeir Anpín*. *Mem* era el depósito y el canal de la Fuerza de Luz para la conciencia de *Zeir Anpín*; *Lámed* era su vínculo.[266]

Caf, como letra final de la palabra codificada *Mélej* (Rey), era *Maljut*, la conexión, la etapa final en la que la Fuerza de Luz creativa del Señor se materializa. La Fuerza de Luz no puede manifestarse dentro de un único marco metafísico, sino sólo a través del paso de un periodo de tiempo a otro. Es más, no puede haber un Rey sin un Reino (*Maljut*). Mediante estas tres formas, *Maljut* se distingue como la iluminadora de *Zeir Anpín*.

Maljut sirve como el Trono Celestial de *Zeir Anpín*. Su esencia no se absorbe a través de la contemplación de la verdadera naturaleza del Señor, sino como una percepción de Su apariencia en el Trono, tal como describe Isaías el Profeta: "El Rey está sentado sobre un trono alto y elevado".[267] En el Zóhar, la ilustración que se utiliza más frecuentemente de la doctrina del trono es el Trono del Juicio en *Rosh Hashaná*. "Cuando Isaac —la Sefirá de *Guevurá* (Juicio)— toma el control, entonces los ángeles superiores e inferiores se reúnen para el juicio, y el Trono del Juicio es exaltado. El Rey toma asiento en el mismo y juzga a los mundos. Entonces llega el momento de 'tocar la trompeta durante la luna nueva en el momento indicado de nuestro solemne día festivo'".[268]

"Feliz es el pueblo de Israel, pues sabe cómo eliminar el Trono del Juicio y establecer el Trono de la Misericordia. ¿Cómo? Con un Shofar".[269]

Maljut, el receptor del Trono, se manifiesta en concordancia a la actividad del hombre. Por lo tanto, *Maljut* proporciona una cierta representación del Señor, pero las características específicas de esta representación dependen del Trono Celestial que la humanidad ha erigido a través de sus acciones. El Señor de la Oscuridad espera que la humanidad haga aparecer el Trono del Juicio, pues entonces la oportunidad tan esperada del Señor de la Oscuridad llegará, y las guerras celestiales comenzarán.

El Señor de la Oscuridad proporcionó a su flota el suficiente poder de ataque para llevar a cabo su programa de acción, pero llegaría un momento en que sufriría un gran contratiempo que rompería su columna. La extinción del Señor de la Oscuridad estaba prácticamente asegurada en el tiempo del Éxodo: "En aquel momento [el momento de la división del Mar Rojo], llegó el comandante designado para representar a Egipto en el Reino Celestial, acompañado por seiscientos carruajes, dirigido por seiscientos adversarios angélicos de Israel. Para poder afrontar todas las categorías de luchadores de principados y poderes, vinieron todas las multitudes de representantes celestiales del enemigo. '¿De dónde vinieron?', pregunta el Zóhar. Hemos sabido que el Señor de la Oscuridad proporcionó al comandante del ejército celestial Egipcio la flota adicional para respaldarle".[270]

A Moisés se le asignó la tarea de llevar a los hijos de Israel fuera de Egipto, lugar donde habían sido esclavos de los egipcios. El relato bíblico muestra a Moisés haciendo un despliegue de poderes asombrosos para efectuar los diez milagros, al llamar a Diez Plagas para que descendieran sobre los egipcios. La Biblia no entra en gran detalle sobre cómo el Señor llevó a cabo estas grandes hazañas milagrosas, pero una cosa es cierta: el control del espacio celestial era un elemento crucial del plan del Señor para ayudar a Moisés a sacar a los Israelitas de Egipto. La batalla por lograr el control del universo terrenal dependía del control sobre el Trono; o, dicho más precisamente, dependía del Trono en el cual se manifestara el poder del Señor.

El derrocamiento de gobiernos, o los "tronos" de monarcas reinantes, está determinado por el resultado de una batalla celestial que se está librando en los Mundos Superiores. La victoria de una guerra celestial se manifiesta posteriormente en el nivel de nuestro mundanal planeta. Si los egipcios eran derrotados y la libertad reinaba sobre la tierra, el trono del juicio celestial egipcio tendría que ser derrocado o reemplazado por el Trono de la Misericordia del Señor.[271]

Rav Shimón, el autor del Zóhar, afirmó: "Ahora es apropiado revelar misterios conectados con lo que está Arriba y lo que está Abajo. ¿Por qué está escrito aquí: 'Ven (bo) al Faraón?' ¿No debería decir: 'Ve (lej) al Faraón'?[272] El verso parece estar diciendo que el Señor estaba dando instrucciones a Moisés sobre la siguiente plaga con la que debía amenazar al Faraón; por lo tanto, las instrucciones para Moisés deberían haberse expresado como una orden de "ir" al Faraón, no de "venir" a él. El Zóhar dice que la palabra "venir" indica que el Señor llamó a Moisés para que fuera a Su Reino Celestial. De hecho, el Señor guió a Moisés a través de un laberinto celestial hasta la guarida de un dragón celestial —el comandante celestial de Egipto—, de quien emanaban muchos dragones menores. Pero Moisés tuvo miedo de acercarse al Faraón porque el ejército egipcio de la Oscuridad obtenía su poder de las regiones celestiales.

El Señor vio que Moisés temía al Señor de la Oscuridad. Ninguna de las fuerzas del Señor había podido derrotarle hasta ahora. Moisés proclamó: "Mira cómo me opongo a ti, Faraón, Rey de Egipto, el gran dragón, el Señor de la Oscuridad".[273] El trono celestial de Egipto, que representa el grado supremo del *Deseo de Recibir*, había reemplazado al Trono de la Misericordia. Consecuentemente, el trono terrenal de Egipto reinaba como ningún trono lo había hecho antes. Egipto no gobernaba sobre el mundo antes de que Israel se asentara allí. Egipto está descrito como una 'casa de esclavos'.[274] Y este es el significado de la frase: "Entonces surgió un rey",[275] es decir que el Señor de la Oscuridad de Egipto se elevó en fortaleza y obtuvo su predominio sobre los jefes de otras naciones.[276] La doctrina del trono debía ser ahora clara y comprensible. *Maljut*, el trono, revela la realidad que todo lo abarca. Esta revelación tiene lugar como resultado del comportamiento del hombre. El canal a través del cual se revela esta energía es la *Caf* cósmica final ך.

La *Caf* final ך proporciona el velo o cortina cósmica que se halla ante el Trono, igual que *Maljut* proporciona a *Zeir Anpín* una cortina para ocultar la gloria de la Fuerza de Luz. Simultáneamente, la letra *Caf* es el primer canal para la palabra hebrea *kisui* כסוי, que significa "cubrir" u "ocultar". La palabra *kisei* כסא (trono) deriva de la palabra *kisui*. Estas dos palabras están íntimamente vinculadas entre ellas. Su código revela la verdadera naturaleza de su esencia: la omnipotencia del Señor, al mismo tiempo que conserva su ocultamiento. De forma similar, el hombre debe vestirse antes de poder revelarse ante el mundo. Es una paradoja, pero una crucial para entender nuestro universo. Por este motivo, la imagen doblada de la letra *Caf* es un símbolo de ocultamiento.

Maljut se compara con una vestimenta, o más precisamente con lo que se conoce en terminología kabbalística como *Levushei DeKadrutei* (Vestimentas de Oscuridad). Cuando el Reino del Señor se revela, *Zeir Anpín* elimina esta vestimenta de Oscuridad y la impone sobre las naciones que adoptan la idolatría y que participan en la adoración a las constelaciones celestiales. La retirada de este manto de Oscuridad está simbolizada por la estirada *Caf* final. Como resultado del desnudamiento de *Caf*, Israel y los justos se posicionan entonces para recibir la unidad de la Luz que todo lo abarca.[277]

Todas las generaciones y toda la existencia están entretejidas en esta cortina. Aquel que la ve penetra en el secreto mismo de la Redención Mesiánica. El periodo final de la Era de Acuario es ya una realidad visual para aquellos que pueden ver. La oración de los kabbalistas antiguos lo resume todo: "¿Cuándo percibiremos lo que ningún ojo ha percibido?" "¿Cuándo oiremos hablar de la Redención Final?". El grado tercero y final de la conciencia de *Zeir Anpín* revelada por *Maljut* es el misterio de *Maljut* misma coronando a *Zeir Anpín*. La naturaleza paradójica del Reino coronando al Rey ha continuado siendo un tema central de las doctrinas místicas más antiguas de la Kabbalah.

El Trono del Rey, que encarna y ejemplifica a toda la Creación, depende de Su Reino, *Maljut*. En esta conexión, hay dos versos extraños que merecen especial atención. Cuando el rey Salomón entró en el paraíso de la especulación mística, dijo: "Una mujer virtuosa es coronación gloriosa de su marido".[278] El segundo verso dice: "Salid, oh doncellas de Sión, y ved al rey Salomón, con la corona con que le coronó su madre en el día de su desposorio y el día del gozo de su corazón".[279] Este verso habla sobre la idea del "matrimonio sagrado", que juega un papel central en el Zóhar y fue un concepto fundacional para todos los kabbalistas posteriores. Lo que tuvo lugar dentro de este *Zivugá DeKedushá* (Matrimonio Sagrado) fue la unión del Rey con Su Esposa/Compañera, también representada como el matrimonio de las dos *Sefirot* de *Zeir Anpín* y *Maljut*.

No puede haber un rey sin un reino. El Zóhar[280] dijo que Rav Shimón bar Yojái y sus estudiantes concedieron un significado místico especial a la Festividad de las Semanas (*Shavuot*). Ninguna otra festividad podría retratar más adecuadamente el matrimonio místico que la Festividad de las Semanas, que conmemora la Revelación y la entrega de la Biblia en el monte Sinaí.[281] Para el kabbalista, esta Alianza entre el Señor e Israel se considera un Matrimonio Sagrado.

En la noche de Shavuot, la novia se prepara para el matrimonio con el novio. Era costumbre que todos los que pertenecían al palacio de la novia le hicieran compañía. Todos debían participar a través de un ritual festivo en las preparaciones para su matrimonio.[282]

Israel Najara, el poeta del círculo de Safed, escribió un poético contrato de matrimonio, una paráfrasis mística del documento de matrimonio (*ketubá*) prescrito por la Ley Judía.[283] El ritual kabbalístico de *Shabat*, y especialmente de la noche de *Shabat*, sufrió una transformación significativa en conexión con la idea del matrimonio cósmico. Con base en el concepto *Zohárico* del *Shabat* por parte de Rav Shimón, los kabbalistas de Safed desarrollaron una estructura ritual para lograr el nivel más elevado de conciencia posible en el reino terrenal. El tema dominante del ritual era el matrimonio místico entre el Rey y la Reina. Una interpretación profunda del Reino Celestial de la Reina del *Shabat* hizo posible que cualquier hombre o mujer participara en el cortejo para lograr una identificación completa con la Reina del *Shabat*.

En la noche del viernes, poco antes de la puesta de sol del *Shabat*, los kabbalistas de Safed, usualmente vestidos de blanco, salían al campo abierto para encontrarse y cantar himnos místicos a la novia cósmica: la Reina del *Shabat*. El más famoso de estos himnos fue compuesto por Solomon Alkabetz, un miembro del grupo de Moisés Cordovero en Safed. El himno empieza así: "Ve, querido mío, a encontrarte con la Novia. Déjanos recibir la energía interna de *Shabat*".[284] Este himno, que hoy en día se canta por todo el mundo, combina la energía cósmica de *Shabat* con la esperanza Mesiánica de la Redención de *Maljut*. En la tarde del viernes, el Cantar de los Cantares, la bella obra maestra del rey Salomón que esclarece el vínculo indisoluble entre el Rey y Su Reina, se entona también para la Novia cósmica.

El amplio espectro de significados contenidos en el matrimonio cósmico de *Zeir Anpín* y *Maljut* dio origen al concepto espiritual del alma gemela, y el matrimonio cobró una relevancia profunda en el nivel terrenal. Una unión espiritual elevaba al cosmos y, por fin, la gente podía sentirse uno con el Reino Celestial y la armonía inherente dentro del cosmos. El matrimonio y el amor entre un marido y su mujer se convirtieron en una parte central de nuestra cosmología. En lo sucesivo, las relaciones humanas determinarían, en gran medida, la armonía del universo.

Y quizá lo más importante de la llegada de esta unión simbólica es que una mujer de valor podía mantener y retener la armonía universal de nuestro cosmos; lo cual no es una tarea pequeña, incluso para una mujer. Si ella pudiera entender el papel tan relevante que se le otorgó en el escenario de la existencia humana, ella misma sería coronada, tal como *Maljut* corona la cabeza de *Zeir Anpín*.

El verso en el Cantar de los Cantares ilustra la importancia de *Caf*. Ella es la primera letra y el canal inicial de la energía-inteligencia de *Kéter*, la palabra hebrea para "Corona". La importancia de *Mem* ya ha sido ampliamente ilustrada más arriba; fue esta misma importancia la que llevó al Señor a ordenarle que no descendiera por debajo de su posición majestuosa en el cosmos, pues su energía-inteligencia estaba íntimamente conectada con el Rey.

Y así *Mem*, con la cabeza bien alta, volvió a su posición en el Reino Celestial.

LA LETRA
CAF

ך/כ

¿CONOCES LAS LEYES DE LOS CIELOS? ¿PODRÁS ESTABLECER SU DOMINIO EN LA TIERRA?

—JOB 38:33

L as letras buscaban su lugar en el cosmos. Esta búsqueda las obligaba a hacerse preguntas como: *¿quiénes somos? ¿Cuál es nuestra energía-inteligencia interna? ¿Dónde estamos en este vasta expansión del cosmos?*

Cuando la *Mem* cósmica se retiró del escenario de la Creación junto con la *Lámed* cósmica y la *Caf* final, la *Caf* cósmica dio el paso más radical, osado y sin precedentes en el Reino del Señor. En el momento de la partida de la *Mem* cósmica, la letra *Caf* descendió de su Trono de Gloria y volvió a la arena de la Creación. Temblando, dijo: "Señor del Universo, te ruego que inicies el arte de la Creación a través de mí. Soy la primera letra y la energía-inteligencia inicial de Tu *Kavod*, Tu Honor". Cuando la *Caf* cósmica cometió su acción revolucionaria de dejar su Trono, el Trono tembló, y los cimientos de doscientas mil galaxias fueron sacudidos, llevándolas al borde de un ruinoso colapso".[286]

Similares sucesos catastróficos están registrados en las Escrituras. "La Tierra tembló y los Cielos destilaron"[287], narra la profetisa Débora en la Canción de Débora. "Tembló la Tierra; también se derramaron los Cielos ante la presencia de Dios; el Sinaí mismo tembló delante del Señor", declara el salmista.[288] Varias fuentes de diversas tradiciones describen un cataclismo catastrófico en la Tierra y mundos celestiales en colisión. Job dice que la catástrofe cósmica al final de una era cósmica es una fuerza Divina "que arranca las montañas sin que ellas lo sepan y les da la vuelta con su furor, remueve la Tierra de su sitio".[289] Estos cataclismos naturales tuvieron lugar por todo el universo, algunos de ellos fueron más severos y otros no tanto. El descenso de la *Caf* cósmica del Trono del Señor casi puso fin a toda la armonía celestial de un solo golpe.

La mayoría de nosotros nunca experimentaremos personalmente un cataclismo natural más violento que un huracán o un terremoto. Sin embargo, con una sola acción, la *Caf* cósmica puede haber logrado la dudosa distinción de crear un desastre más grave que cualquier huracán o terremoto, una catástrofe que afectó a unas doscientas mil galaxias en su totalidad. Un suceso de tales características es impensable. Efectivamente, nada de esta magnitud ha sido registrado en ningún otro lugar a excepción del Zóhar.

La reaparición de *Caf* en el proceso creativo plantea varios problemas estrechamente relacionados que deben ser discutidos. El primer punto es la razón por la que la *Caf* cósmica ignoró la respuesta del Señor a su petición. El Señor le había dicho que su papel significativo en la estructura y el mantenimiento del Trono era el vínculo que unía al Señor con Su Reino, y este fue el motivo por el cual ella no podía ser el canal de la Creación. El Señor no podía liberarla del trabajo crucial que ya estaba llevando a cabo para Él. Hemos examinado los tres principios fundamentales que puede decirse que gobiernan la posición cósmica y la visión general de *Caf*, pero a pesar de estas razones, la *Caf* cósmica insistió en presionar con su atrevida sugerencia de que fuera ella el canal para la Creación. *Caf* no ejercía la restricción. Estaba decidida a llevar su ruego tan lejos como fuera posible.

Los ruegos que las diversas letras estaban haciendo al Señor referentes a su idoneidad como canales para la Creación son más que un mero diálogo cósmico interesante. En las enseñanzas kabbalísticas, el poder del pensamiento se ve como la energía impulsora que hace que la Fuerza de Luz, o la realidad suprema, se exprese.[290] Sin embargo, esta observación nos adentra más profundamente en el problema de las peticiones mismas. El argumento que cada letra presentó para defender su idoneidad como canal para la Creación del mundo es similar a la tarea de poner en marcha la energía-inteligencia cósmica de *Mayin Nukvín* (Aguas Femeninas), que manifiesta a *Mayin Dujrín* (Aguas Masculinas). La expresión de la Fuerza de Luz cósmica del Señor —la unidad que todo lo abarca, *Mayin Dujrín*, que proporciona la vida-energía-fuerza esencial— depende de las características del canal a través del cual se expresa la Fuerza de Luz. Las letras son los vehículos de *Mayin Dujrín*. El ruego de cada letra era una expresión de su conciencia, y fue esa expresión la que creó la realidad estructural de la letra.[291]

¿Cómo puede la conciencia crear su propia Vasija? ¿Es esta una mera teoría abstracta que no tiene nada que ver con la realidad? ¿O tiene este concepto alguna base científica? En principio la respuesta parecería ser no. El universo newtoniano con el que estamos todos familiarizados fue construido a partir de un conjunto de bloques básicos: partículas y fuerzas en cantidades medibles y con efectos predecibles. Pero la visión del mundo sugerida por la física moderna indica que esta idea ya no es sostenible. Cada vez más, los científicos ven el universo como una red dinámica de sucesos interconectados, un todo indivisible en el que todas las cosas participan. Todo en el universo está conectado con todo lo demás.[292] Incluso la conciencia humana participa en el todo cósmico, tal como nos dicen la nueva física y la antigua Kabbalah. En las palabras del renombrado Kabbalista Rav Yehudá Áshlag: "La totalidad del sistema de Creación que da estructura a la realidad debe su existencia al pensamiento-conciencia".[293]

Los conceptos que prevalecen en esta nueva era de la física pueden parecer al principio extraños para nuestra sensibilidad occidental. Es fácil confundirnos cuando nos confrontamos con los fenómenos que pueden existir más allá del tiempo y el espacio. Pero, más asombroso que todas estas ideas extrañas, es el hecho de que no son conceptos nuevos. Efectivamente, todo aquel que explora el material kabbalístico llega a la conclusión inevitable de que gran parte de la información "nueva" que está emergiendo en la actualidad ha sido conocida durante siglos. Hay tantos paralelismos entre las enseñanzas del kabbalista y las enseñanzas del científico contemporáneo que a uno casi le resulta imposible distinguir quién dijo qué.

La implicación crucial de los ruegos que las letras expresaron al Señor es que la conciencia no sólo es una parte necesaria del todo cósmico, sino que es el componente esencial que controla y determina la estructura de la realidad. Este es un punto muy importante en la Kabbalah: las letras están motivadas por la conciencia. De hecho, si existen o no, cómo se manifiestan y el grado de su poder, dependen totalmente y están vinculados con la conciencia.

En la Kabbalah, la interrelación universal entre la realidad y la conciencia siempre incluye al observador humano y su conciencia. Según los kabbalistas, *el ruego en sí mismo es lo que crea*. El ruego es la realidad que se yace bajo la materia física. Ésta engloba todas las realidades posibles. Al hacer sus ruegos, las letras presentaron una estructura positiva de la realidad.

En lenguaje kabbalístico, este ruego se denomina *Mayin Nukvín*, las aguas femeninas o Vasija que contiene a *Mayin Dujrín,* las aguas masculinas de la Fuerza de Luz del Señor. *Mayin Nukvín* es la conciencia que se origina dentro de la Vasija, el receptáculo.

El Zóhar dice que esta polaridad femenina determina el grado en que la Fuerza de Luz, la unidad que todo lo abarca, se manifiesta: "No puede haber un despertar Arriba —*Mayin Dujrín*— a menos que haya un despertar Abajo —*Mayin Nukvín*".[294]

Por lo tanto, la respuesta del Señor a cada una de las veintidós letras de *Zeir Anpín* y *Maljut* era construir *Mayin Dujrín*, la conciencia interna de la Fuerza de Luz. La Fuerza de Luz empezó a manifestarse como el nivel de conciencia de cada letra, respuesta que consistía esencialmente en una interacción entre *Mayin Nukvín* y *Mayin Dujrín*. El ruego y la respuesta al ruego no solamente son activos en el sentido que determinan el arte de la Creación; las letras en sí mismas son el proceso.

La afirmación de cada letra de considerarse una Vasija aceptable para el propósito de la Creación es análoga al proceso involucrado en la interacción dinámica de *Mayin Nukvín* y *Mayin Dujrín*. Esta interacción permite que *Zeir Anpín* y *Maljut*, los canales para la manifestación de la unidad que todo lo abarca, impartan Luz a nuestro mundo. Al utilizar la dimensión de *Mayin Dujrín* de una letra, la Luz se imparte de una manera específica y está determinada por esa letra.

El ruego de cada letra causó que la Fuerza de Luz del Señor revelara su poder gobernador. La respuesta del Señor a cada letra era intrínseca a esta revelación. Al mismo tiempo, la revelación desvelaría por qué cada letra se consideraba inadecuada como canal para la Creación. La letra que finalmente serviría como canal para la Creación tenía que servir también de forma efectiva en el Reino del Señor y tenía que ser capaz de resistir a Satán. El éxito o el fracaso de una letra dependería por completo de su capacidad para contener la realidad del Señor que todo lo abarca. Su fracaso a la hora de resistir un ataque del Señor de la Oscuridad sería el resultado directo de la insuficiencia de la dimensión de Luz de esa letra.

Esto era un conflicto que el Maestro del Universo tenía que vencer, y era un conflicto que no podía eludirse. El objetivo primordial de la Creación era proporcionar a los humanos el control sobre su destino individual, y es la lucha entre la Oscuridad y la Luz la que hace que el libre albedrío sea posible. Desde el punto de vista kabbalístico, no hay conflicto entre el determinismo y el libre albedrío. Para crear el libre albedrío, Satán se enfrentó contra la Estructura de *Kedushá* del Señor. "El Señor creó a una en contra de la otra", declara el rey Salomón.[295]

El rey Salomón parece ofrecer a la humanidad la capacidad única de penetrar e influenciar sobre la realidad estructural del universo de una forma nunca antes soñada en los días de Newton. Es más, la centralidad de los seres humanos en el todo cósmico derriba esencialmente el concepto de la causalidad y nos obliga a tratar el problema de la secuencia. El concepto del tiempo universal con un pasado, un presente y un futuro absolutos se pone en cuestionamiento. Desde un punto de vista kabbalístico, la posibilidad de que un efecto pueda preceder a su causa es algo muy real. "En la Biblia no hay ni pasado ni futuro. La presentación histórica de la Biblia no es secuencial".[296]

La secuencia de las *Sefirot* demuestra la existencia de un universo no determinista. La *Sefirá* de *Yesod* está representada en la Biblia por José, cuyo nacimiento precede en el tiempo a los nacimientos de Moisés, Aarón y el rey David.[297] Sin embargo, en la secuencia de las *Sefirot*, *Yesod* le sigue a *Nétsaj* y a *Jod*, representadas por Moisés y Aarón, respectivamente.

De acuerdo al rey Salomón: una estructura cósmica ordenada —el objetivo del diálogo del Señor con las letras— no está en conflicto con el concepto de libre albedrío. Todo lo que consiguió el diálogo entre el Señor y las letras fue hacer posible un universo que evitaría que las fuerzas Oscuras tomaran el control. La influencia del Señor de la Oscuridad se sentiría profundamente, pero nunca hasta el punto de la dominación completa.

Sin embargo, una letra incapaz de contener las dimensiones necesarias de la Fuerza de Luz no podía mantener un universo equilibrado y armonioso. El Señor, al señalar los aspectos negativos de cada letra, hizo que cada una de ellas partiera y regresara a su lugar. La energía-inteligencia de cada letra era una longitud de onda que el Señor de la Oscuridad podía utilizar para crear una conexión con esa letra, asumiendo el control de ella en su totalidad, y por lo tanto arrebatándole control del universo al Señor. Por consiguiente, el Señor obligó a estas letras a partir del escenario de la Creación. Sólo una letra que fuera capaz de mantener una capacidad suficiente de la energía-inteligencia del Señor podría resistir un ataque de Satán. A través del proceso de su diálogo con el Señor, las letras llegaron entender quién debía verdaderamente ser elegida como Vasija adecuada para la Creación del mundo y por qué.

La interconexión y la interrelación de las letras *Mem*, *Lámed* y *Caf* final en la palabra *Mélej* (Rey) permitieron que el Rey —*Zeir Anpín* cósmico— se revelara a través de *Maljut* cósmica. Así, la Fuerza de Luz del Señor se manifestó dentro del universo. Sin embargo, cuando la energía-inteligencia de *Mem* se reveló —es decir, cuando ella hizo su ruego al Señor—, esta interconexión e interrelación terminó. *Caf* finalizó su función como escudo de seguridad y por lo tanto descendió del Trono de la Gloria. Su versión alargada como *Caf* final, vinculando los Reinos Superiores e Inferiores del cosmos, llegó a su final.

Este es precisamente el motivo por el cual el Zóhar no menciona la aparición de *Caf* ni su ruego ante el Señor, cosa que sí hace con las otras letras. *Caf* se presentó ante el Señor sólo después de la revelación de la energía-inteligencia de *Mem* cuando *Mem* realizó su petición. La interconexión entre estas tres entidades cósmicas —*Mem*, *Lámed*, y Kaf final— era única. Estaban fuerte y permanentemente vinculadas entre ellas.

Consecuentemente, cuando la *Mem* cósmica se convirtió en el poder dominante dentro del cosmos, la *Caf* cósmica también fue retirada de su posición en el Trono y descendió, junto con la *Mem*, al Reino Celestial Inferior de nuestro universo. La estación de la *Caf* cósmica, similar a la de las demás letras, está localizada dentro del Reino Cósmico de *Briá* (Creación).

Allí se establecía el ADN individual y colectivo que posteriormente se expresaba de forma física en los reinos terrenales y celestiales de nuestro universo. *Briá* proporciona la fuerza de vida para todos los universos que existen abajo.

"Cuando la *Caf* cósmica se bajó del Trono, tembló, junto con doscientas mil galaxias". El vínculo conector entre los Reinos Celestiales de *Jojmá* y *Biná* y los Mundos Inferiores es *Maljut*. *Maljut* actúa como la fuerza intermediaria en el cosmos. Como *Sefirá* —o fuerza cósmica— final, en cualquier marco creativo de referencia, *Maljut* carga con la responsabilidad única de la manifestación de cualquier entidad celestial o terrestre. El papel de *Maljut* puede compararse con el de la semilla de una fruta, que se expresa físicamente en la fase final de su desarrollo como el fruto. A su vez, ese fruto contiene una semilla que es *Kéter* (Corona) o el origen del árbol posterior.

La *Caf* cósmica mantuvo la continuidad y la interconexión entre las doscientas mil galaxias y la Fuerza de Luz.

La forma de la *Caf* final alargada indicaba y proporcionaba este vínculo cósmico. Por lo tanto, cuando *Caf* abandonó su posición como *Maljut* del *Briá* cósmico, causó una ruptura en esa continuidad, así como una interrupción de la Fuerza de Luz dadora de vida al Mundo Inferior de las doscientas mil galaxias. Las galaxias sufrieron una calamidad de estrangulación mientras el cordón umbilical del cosmos estaba en peligro.

Entrando en detalle sobre la doctrina mística del Trono, unos de los misterios más velados dentro de todo el concepto kabbalístico del cosmos, Rav Áshlag proporciona la descripción paso a paso del proceso evolutivo del Trono Celestial:[298]

El Trono tiene tres fases que engloban todo el conjunto del reino cósmico. La totalidad de la energía-inteligencia del Señor, también referida como la Fuerza de Luz, tiene su base dentro del Reino Superior del cosmos, conocido con el nombre codificado de Atsilut. La Fuerza de Luz en sí misma tiene un nombre codificado, Jojmá. Cuando la Fuerza de Luz se transforma en el nivel inferior del Reino Cósmico de Briá, la Fuerza de Luz adopta un nuevo nombre: Biná.

La sección superior del Trono contiene seis energías-inteligencias Sefiróticas, indicadas por las cuatro caras del asiento, junto con el asiento en sí mismo y el espacio por encima del asiento. Éstas representan los seis canales cósmicos de los Mundos Inferiores, conocidos como Jésed, Guevurá, Tiféret, Nétsaj, Jod y Yesod. El segundo aspecto del Trono son sus cuatro piernas, que son los Mojín, que constituyen la energía-inteligencia en sí misma, conocida como el cerebro. (Esto puede compararse con la cabeza de un hombre, en la que el cerebro, o la energía, se almacena. El cuerpo de un hombre es el vehículo que permite que el cerebro se manifieste). Esta fuente de todos los canales cósmicos se conoce con los nombres codificados de Kéter, Jojmá, Biná y Daat de los Mundo Inferiores. El tercer aspecto del Trono es Maljut del Reino Celestial Superior inmediato que desciende al siguiente mundo más abajo, estableciendo conexión y continuidad.

Cuando la *Caf* cósmica descendió del Trono de Gloria, la conexión entre el Reino Celestial de *Briá* y el Reino Celestial de *Atsilut* se rompió. En el proceso, *Caf* sufrió la pérdida de su energía-inteligencia, y "ella también tembló". Cuando la *Caf* cósmica experimentó su pérdida en la estación de batalla del Señor conocida como *Atsilut*, todos los canales conectores posteriores de *Caf* sufrieron esta misma privación.

A continuación de esta crisis traumática, todas las doscientas mil galaxias estaban necesitadas de la energía-inteligencia que derivaba de *Atsilut*. Estaban temblando y a punto de caerse en ruinas. Los mundos de *Briá*, *Yetsirá* y *Asiyá* estuvieron al borde de la aniquilación en manos de Satán porque no contenían la Fuerza de Luz suficiente para resistir el ataque del Señor de la Oscuridad, que se estaba preparando para su matanza final.

Consecuentemente, el descenso de la *Caf* cósmica coincidió con la respuesta del Señor: "Vuelve al Trono. Si dejaras el Trono permanentemente, kilyá (exterminación) sería el destino de los Mundos. Por esta razón, eres la primera letra y la iniciadora de la fuerza cósmica de la destrucción.[299] Tu obligación de sobrevivir te la debes no sólo a ti misma, sino también al cosmos del cual la humanidad finalmente surgirá".

El canal de la *Caf* cósmica era demasiado importante para mantener la armonía y la interconexión del vasto universo. De este modo, después del diálogo entre el Señor y la *Caf* cósmica, *Caf* partió hacia su significativa posición en el Trono de Gloria del Señor.

CAPÍTULO 16

LA LETRA
YUD

Libro de la Formación;
La materia y el poder de Álef Bet;
Antimateria;
Pasado, presente y futuro;
Las galaxias;
Midat HaDín y Midat HaRajamim;
Pan de la Vergüenza;
Interpretación de Teshuvá;
Am Segulá;
La Vía Láctea;
La Antimateria del Edén;
Armonía atómica;
Era de Acuario;
Dinosaurios que se convierten
en lagartos

NO HAY EXCELENCIA ENTRE
LAS CRIATURAS QUE NO SE
HALLE EN UN GRADO MUCHO
MÁS ELEVADO, Y COMO UN
ARQUETIPO, EN EL CREADOR;
ENTRE LOS SERES CREADOS,
EXISTE SÓLO EN LAS HUELLAS
Y LAS IMÁGENES.

—ALBERTO MAGNO

P arada en el lugar donde el Señor dialogaba con las letras y con una clara visión de la Creación, la *Yud* cósmica especuló sobre lo que estaba por venir. El ruego de cada letra inyectó una cantidad de energía-inteligencia de *Mayin Nukvín*, el Retorno de la Luz, en el cosmos.[300] Estas bolsas pulsantes de energía crearían simetría dentro del universo. Conocida en el léxico de la Kabbalah como la fuerza-energía inteligente de la restricción, la Columna Central —el *Deseo de Recibir con el Propósito de Impartir*— se incorporó dentro de la producción cósmica del Señor.

En un sentido moderno, estas bolsas de energía-inteligencia pueden denominarse antimateria, que es la imagen reflejada, la contraparte perfectamente simétrica de la materia ordinaria. La materia está gobernada por la energía-inteligencia, o el pensamiento-conciencia, del *Deseo de Recibir Sólo Para Uno Mismo*. La actividad positiva del hombre futuro en el reino terrestre activaría la energía-inteligencia de la *Mayin Nukvín* cósmica, y la respuesta a esta actividad sería la energía-inteligencia del Señor, *Mayin Dujrín*, la Fuerza de Luz, manifestándose y revelándose.

Sin embargo, el problema era asegurar en primer lugar la existencia y la expresión de *Mayin Nukvín*. Esto dependía por completo de la actividad de la humanidad y, por lo que parecía, al hombre le iba a resultar muy difícil mantener su cabeza a flote, por no hablar de ocuparse del bienestar del cosmos. Poco podía imaginarse que sus actividades crearían unas condiciones que afectarían a todo el universo.

La *Yud* cósmica y las otras letras estaban temerosas de la ventaja que Satán parecía tener sobre el hombre corpóreo y su universo físico. Cualquier actividad negativa por parte de la humanidad pasaba directamente a manos del Señor de la Oscuridad. El egocentrismo y el egoísmo eran precisamente las energías-inteligencias requeridas para mantener a Satán. El Señor de la Oscuridad jugaba bien sus cartas. El deseo insaciable de la humanidad por el placer momentáneo coartaba cualquier contraofensiva que *Mayin Nukvín* y el ejército del Señor podían haber contemplado. Así que *Mayin Dujrín* se retiró a la estación de batalla del Señor, preguntándose si la humanidad activaría algún día el suficiente *Mayin Nukvín* para repeler a Satán.

La respuesta a la pregunta de *Mayin Dujrín* yace en el pasado más remoto del cosmos; un pasado tan antiguo que no sería adecuado decir que el cosmos actual sea el mismo comos que el que se creó originalmente. El científico no puede arrojar luz sobre estos asuntos desde una época tan inimaginablemente distante de la nuestra, pero para el kabbalista es una simple cuestión de explorar atrás en el tiempo, utilizando *El Libro de la Formación* y el Zóhar. El científico no tiene ni la más mínima idea de si un cosmos infinitamente más antiguo precedió al universo que observamos en la actualidad. Tampoco sabe cuánta antimateria hay en el universo, ni siquiera cómo lo opuesto de la materia llegó a existir. No obstante, el kabbalista está convencido de que en algún momento la materia y la antimateria existieron como una sola. El Zóhar[301] y el *Midrash*[302] postulan, con una asombrosa claridad, un escenario en el que tenemos un cosmos de dos fases. Es decir, durante un tiempo infinito, el universo se comportó de una manera, y luego, abruptamente, pasó a comportarse de una forma distinta.

Antes de abordar la pregunta central de si el universo ha alterado las leyes que lo gobiernan, es importante evaluar lo que el Zóhar tiene que decir sobre el tema de las épocas primigenias:

> *En el principio, antes de que las energías-inteligencias fueran creadas (mucho antes de la formación de los universos físicos), el Señor pensó primeramente en crear las energías inteligentes con Midat HaDín (Juicio Estricto). Sin embargo, una interpenetración más profunda de estas energías-inteligencias trajo consigo la comprensión de que no tenían posibilidades de sobrevivir una vez que el hombre corpóreo hiciera su aparición. Por consiguiente, el Señor combinó Midat HaRajamim (Compasión) interconectada con Midat HaDín.*

Rav Áshlag explora en más detalle los misterios internos de la Creación, cuando pregunta:

> *¿Debemos asumir que el proceso de pensamiento del Señor es similar al nuestro? Nosotros los mortales tendemos a cambiar de opinión a medida que los acontecimientos se desarrollan y a medida que obtenemos más entendimiento. Sin embargo, el proceso de pensamiento del Señor no está limitado dentro del tiempo secuencial y lineal. Para el hombre corpóreo, existe la tentación de asumir que en realidad sólo existe el presente, pero lo cierto es*

*que pasado, presente y futuro están todos
contenidos dentro de la Fuente.[303]*

Rav Áshlag continúa:

*Sin embargo, cuando se discute sobre la
relación entre causa y efecto como
perteneciente a los seres emanados, la causa se
expresa como "previa" y el efecto como
"posterior". Esto es lo que los sabios del Zóhar y
el Midrash indican cuando se refieren a "previo"
y "posterior". La primera causa o primera clase
de galaxias, conocidas como primer universo,
fue establecida y emanada con la energía-
inteligencia de Midat HaDín, Juicio Estricto de
actividad positiva o negativa. Entonces el Señor
dio origen a la existencia de la segunda fase del
universo. Él añadió a las energías-inteligencias
ya existentes de negativo y positivo una tercera
dimensión energía-inteligencia fuerza de
"compasión", conocida como la Fuerza de la
Tercera Columna del universo. No hubo ningún
cambio en el proceso de pensamiento del Señor.
La segunda serie de galaxias conocida como el
segundo universo evolucionó a través de la ley
natural de causa y efecto.[304]*

Antes de explorar estos conceptos sublimes de la Creación,
investiguemos los sistemas de energía-inteligencia que
controlan a los dos cosmos. ¿Cuál es el significado de *Midat
HaDín* y *Midat HaRajamim*?

Sólo podemos responder esta pregunta cuando nos damos cuenta de que el universo ha sido programado para evolucionar hacia un objetivo final. El hecho de que nuestro universo haya sido diseñado para cumplir un propósito final está demostrado por la asombrosa conformidad de las entidades materiales con las leyes naturales. El Señor, el Diseñador Cósmico, organizó el mundo con el propósito de eliminar el Pan de la Vergüenza[305], lo cual significa que la humanidad juega un papel crucial en la estructura del universo. Sin embargo, hoy en día el hombre parece no jugar ningún otro papel que el de una conciencia robótica. Más que nunca antes, el hombre moderno se ve a sí mismo como nada más que otro componente de una gran computadora.

En la primera encarnación del universo, Cosmos I, el Señor se enfrentó a una dificultad grave y fundamental para cumplir el propósito de la Creación. Esta primera versión del universo estaba basada en *Midat HaDín* (Juicio Estricto). En tal universo, la actividad negativa iba seguida de una infusión consiguiente de energía negativa; la actividad positiva activaba una infusión de energía positiva. El juicio estricto era la ley que gobernaba este cosmos, y que aparentemente no dejaba lugar al hombre para que rediseñara el orden cósmico.

Aún así, el funcionamiento del Pan de la Vergüenza significaba que la humanidad podía y alteraría el orden cósmico, ¿pero cómo? Dentro de Cosmos I, la reacción automática a cada acción era inevitable. Los resultados eran siempre los mismos. Imagina que un individuo en Cosmos I cometía un acto de violencia contra su vecino. Las leyes y los principios naturales de Cosmos I, basados en el Juicio Estricto (*Midat HaDín*), dictaban que el individuo sería automáticamente castigado por el crimen de la violencia. Si, en caso contrario, una persona elegía actividades de naturaleza positiva, el Juicio Estricto de Cosmos I dictaba una reacción positiva. Todos los sucesos o reacciones posteriores en Cosmos I estaban determinados por decisiones y acciones previas, lo cual significaba que los acontecimientos futuros estaban fuera del control de nadie. El Señor vio esta situación y entendió que era necesario un cosmos que permitiera a la mente actuar sobre la materia, haciendo que la mente se comportara en aparente violación de las leyes y los principios naturales del universo.

Por lo tanto, el Señor hizo que Cosmos I evolucionara de forma natural a Cosmos II. Cosmos I consistía en dos energías-inteligencias fundamentales: el *Deseo de Impartir* y el *Deseo de Recibir,* positivo y negativo, protón y electrón. Cosmos II añadió una tercera dimensión: la energía-inteligencia de la Restricción, la capacidad de anular y forzar temporalmente a la energía-inteligencia negativa a moverse en violación aparente de las leyes del Cosmos I. Cosmos II permitió a la humanidad controlar sus actividades, ofreciéndole la capacidad de influenciar sobre la estructura de los acontecimientos futuros por primera vez. La cualidad que permitió que emergiera esta nueva situación fue *Midat HaRajamim*, la energía-inteligencia de la Compasión.

Midat HaRajamim cambió el tiempo de una dimensión absoluta a una dimensión elástica. Una forma de entender el tiempo es verlo meramente como un marco para la acción de la causa y el efecto. En Comos I, el tiempo era absoluto, y la causa y el efecto eran estrictos. Cada acción iba seguida inmediatamente de una reacción. Entre la acción y la reacción no había oportunidad o posibilidad de cambio. Sin embargo,

Cosmos II permitía que el tiempo se expandiera o se contrajera según el contexto. El tiempo ya no era absoluto, sino que pasó a ser relativo, sujeto a la energía inteligente de *Midat HaRajamim* (Compasión). Así nació la posibilidad de retardar la reacción, una especie de suspensión en el tiempo y causalidad que permite a un individuo ir atrás en el tiempo en el sentido de anular decisiones y acciones previas.

Esta, en esencia, es la interpretación pragmática de *teshuvá,* palabra traducida a la ligera como "arrepentimiento". Con todo, esta traducción es una corrupción del código cósmico, pues la traducción literal de la palabra hebrea *teshuvá*[306] es "regreso". La palabra "arrepentimiento" se hizo camino hasta el léxico de todas las religiones, lo cual perpetuó esta corrupción. En cualquier caso, desde un punto de vista kabbalístico, un "regreso" en el tiempo al pasado es un prerrequisito para la anulación de la actividad negativa.

De hecho, el tiempo es una secuencia de sucesos, un número concreto de fases conectadas que derivan unas de las otras en su orden de causa y efecto.[307] Nuestra sensación del tiempo, de alguna forma, es más una experiencia espiritual que una experiencia física, corporal. Distintas personas sienten el paso del tiempo de forma diferente dependiendo de su situación. Dos personas que trabajan juntas en una oficina pueden experimentar el paso de una jornada de ocho horas de una forma completamente distinta. Para una persona que ama su trabajo, el día puede volar, mientras que para alguien que odia su trabajo, el día puede parecer interminable. Esta mutabilidad del tiempo es el misterio detrás de la energía-inteligencia de *Midat HaRajamim.*

Exploremos ahora otro aspecto de Cosmos II preguntándonos por qué los kabbalistas eligen la palabra hebrea *rajamim* (compasión) para describir a Cosmos II, que está representado por el poder del neutrón de mantener el equilibrio y la estabilidad entre el protón y el electrón.

¿Qué es esa misteriosa fuerza metafísica interna del neutrón? ¡Tiempo! ¡Compasión! ¡La demanda de paciencia! La energía-inteligencia que pide tiempo y paciencia en lugar de juicio estricto. En Cosmos I, la actividad negativa resultaba en una reacción negativa inmediata, pero en Cosmos II, la paciencia nos concede un momento, un tiempo de aplazamiento, la oportunidad de dejar de lado por un minuto las leyes y los principios del juicio estricto y de mostrar un poco de compasión. ¡Tiempo!

Por desgracia, raramente mostramos la virtud de la compasión. Cuando nuestro prójimo nos hiere o nos ofende, nuestra reacción inmediata es de juicio estricto. Arreglar las cuentas o saldar las deudas es lo que más nos preocupa en nuestra mente. Raramente mostramos la compasión que nosotros mismos demandamos de los demás. Solemos juzgar sin pararnos a considerar todo lo que ha tenido lugar. Nos negamos a permitir que el "momento", Cosmos II, sea parte de nuestro orden cósmico. Exigimos Cosmos II para nosotros mismos cuando es necesario, pero consideramos a Cosmos I apropiado y adecuado para los demás. La compasión es algo que requerimos, pero no sentimos que se requiera de nosotros.

Sin embargo, la energía-inteligencia de Cosmos I y Cosmos II no tiene doble moral. La invocación de Cosmos I o Cosmos II depende enteramente de la actividad de la humanidad porque la humanidad es el punto focal de toda la actividad cósmica. La demostración de compasión por parte del hombre hacia su prójimo atrae el orden cósmico de Cosmos II hacia el universo. De forma similar, la demanda de juicio estricto por parte del hombre —el rechazo del hombre a un momento de paciencia o compasión— infunde en el cosmos la ley de Cosmos I, que no tiene compasión por los demás ni por uno mismo. Consecuentemente, no tenemos a nadie a quien culpar excepto a nosotros mismos por la condición caótica de nuestro universo. Estamos siendo testigos de la falta de tiempo en la actividad humana.

Cosmos I y Cosmos II son ambos partes esenciales de este gran escenario universal. En el presente, la actividad humana es inestable. Oscila una y otra vez entre Cosmos I y Cosmos II. Debido a la iluminación de la Era de Acuario[308], la ciencia ha avanzado hasta el punto que ahora somos conscientes de la actividad subatómica que parece crear la incertidumbre. La humanidad es el componente más incierto y menos estable de toda la Creación, y nuestras acciones ejemplifican esta inestabilidad. Por lo tanto, la investigación científica de la humanidad puede volverse desconcertante en lugar de iluminada. Pero los logros científicos también pueden contribuir a nuestra iluminación, al menos en la medida en que nuestras observaciones del reino subatómico nos lleven a preguntarnos quién o cuál es la causa de la inestabilidad y la incertidumbre de la naturaleza.

El kabbalista afirma que la humanidad está detrás de toda esta inestabilidad y que además se nos ha proporcionado el antídoto para esta calamidad cósmica. ¡Tiempo! ¡Compasión! Es cierto, este antídoto puede ser un poco difícil de conseguir, pero no obstante es alcanzable, y una infusión enorme de un tiempo para la compasión dentro del cosmos asegurará el nacimiento de la Nueva Era.

Esta, entonces, era la preocupación de la *Yud* cósmica: asegurar que la actividad humana inundara de compasión el reino cósmico del Señor, pues esta era la energía-inteligencia que se impondría sobre la amenaza del Señor de la Oscuridad de una vez por todas. ¿Había una falla cósmica inherente dentro de la Creación? La comunidad científica afirma que estas extinciones masivas (más concretamente aquella en la que los dinosaurios desaparecieron) han salpicado repetidamente la historia de la vida en este planeta. Estos cataclismos parecen ocurrir con regularidad y precisión, un hecho que ha dado origen a una teoría nueva y espectacular: podría existir en algún lugar del espacio exterior un compañero de nuestro sol, una estrella que ha recibido el siniestro nombre de "Némesis". Impulsados por esta propuesta tan radical, los astrofísicos han estado buscando por el firmamento.

Desde el punto de vista kabbalístico, el cosmos fue creado en perfecta armonía. El relato de la Creación tal como se describe en el Génesis no permitía ninguna falla cósmica. Sin embargo, las teorías de la extinción parecen apuntar a un mundo que no aparenta estar hecho del mismo molde que el Jardín del Edén. Incluso el Diluvio de Noé no podía considerarse una causa justa de la desaparición de los dinosaurios de la faz de la Tierra. Sin embargo, a pesar de toda la información que apunta a una historia de sucesos catastróficos y extinciones masivas, todavía no tenemos la más mínima idea de qué o quién está detrás de todo esto.

Dijo el Señor: "Haya un firmamento por en medio de las aguas." Esta es una alusión a la separación de lo Superior y lo Inferior (lo inmaterial de lo material) a través del aspecto negativo de la existencia conocido por los kabbalistas como la Columna Izquierda. Hasta ahora, el Día Uno, el texto del Génesis ha hecho referencia sólo a la Columna Derecha positiva, pero aquí hace alusión a la Izquierda, lo cual indica un aumento de la discordancia entre Izquierda y Derecha.[310] Es la naturaleza de la Derecha armonizar con el todo, y por lo tanto el todo está escrito con la Derecha, puesto que es la fuente de la armonía. Pero cuando la Columna Izquierda despertó, la discordia fue despertada, y a través de esa discordancia se reforzó el fuego iracundo y de él surgió el Guehenom (infierno), que se originó de la Columna Izquierda y continuó allí.

Moisés, en su sabiduría, reflexionó sobre esto y extrajo una lección de la obra de la Creación. En la obra de la Creación, había un antagonismo de la Izquierda contra la Derecha, y la división entre ellas permitió al Señor de la Oscuridad emerger y atarse a la Izquierda. Afortunadamente, la Columna Central, el principio mediador, intervino en el Tercer Día y aplacó la discordia entre los dos bandos, de forma que Guehenom y el Señor de la Oscuridad descendieron abajo. Por lo tanto, la Izquierda fue absorbida por la Derecha y la paz fue restaurada".[311]

Lo que parece desprenderse del Zóhar es el establecimiento del Señor de la Oscuridad. Sin embargo, para mantener la armonía y la estabilidad dentro del cosmos, el Tercer Día —o Columna Central— se convirtió en una energía-inteligencia esencial en el universo, permitiendo que la realidad que todo lo abarca encontrara su expresión como un todo unificado.

Dice el Zóhar: "Por consiguiente, en el relato del Tercer Día, encontramos escrito dos veces que 'era bueno'".[312] Este día se convirtió en el intermediario entre los dos lados opuestos y eliminó la discordancia. Le dijo a este lado 'bueno', y al otro lado 'bueno', y reconcilió a ambos. Conectado con este día está el secreto del nombre de las cuatro letras [Tetragrámaton] grabado e inscrito".[313]

Por lo tanto, el estado primordial del cosmos parece no tener fallas. El universo emergió en un estado de orden, coherente y organizado. Nuestro universo, desde un punto de vista kabbalístico, fue creado cuidadosamente y es extraordinariamente uniforme. Nuestra existencia, junto con la del cosmos, no resultó de un accidente cósmico colosal y carente de significado. El cosmos muestra coherencia en todas sus partes. *Rajamim* gobernaba como la Fuerza de Luz celestial del Imperio del Señor, con la antimateria como su energía-inteligencia.

Sin embargo, en la visión científica del mundo, el cosmos parece haber desarrollado una preferencia por la materia (la energía-inteligencia del *Deseo de Recibir Sólo Para Uno Mismo).* El caos parece dominar nuestro reino terrenal. La energía-inteligencia de Satán parece haber conquistado el universo, de principio a fin. Todo lo que uno tiene que hacer es observar el conflicto y la confusión perpetuos que nos rodean para ver que el mundo está hecho un desastre.

Si hay un diseño y un orden cósmico, un conjunto de principios que juegan un papel en la física y que tienen la misma *gematria* (valor numerológico) en cualquier lugar del universo, ¿dónde está la evidencia de ello? ¿Dónde está la antimateria que probaría la simetría de la naturaleza? ¿Dónde está el *Mayin Nukvín* que el rey Salomón nos aseguró que existe en el universo? "El Señor hizo tanto uno como lo otro", declara el Eclesiastés.[314] Nuestras exploraciones del mundo subatómico han revelado la naturaleza dinámica de la energía y la materia, permitiéndonos observar la interacción de la creación y la destrucción de partículas dentro de la red cósmica. Sin embargo, ¿cómo es que nosotros, y las cosas que nos rodean, parecemos estar hechos sólo de protones, electrones y neutrones, sin una traza de antimateria?

La *Yud* cósmica planteó otra serie de preguntas con el propósito de entender y asimilar las condiciones caóticas a las cuales la humanidad se acabaría enfrentando: "¿Dónde está localizado el Señor de la Oscuridad? ¿Por qué no podemos observarlo? ¿Cuál es su actividad? ¿Cómo podemos detectar su energía-inteligencia?".

Satán se esconde detrás de las explosiones cósmicas, cerca de estrellas que colapsan y colisionan, y dentro del resto del caos cósmico que sacude al Reino Celestial. Es el insidioso Satán el que hace que la magnetosfera entre en convulsiones repentinas que sueltan millones de amperios de corriente en la región polar, dando origen a la aurora boreal.

"Observa", dice el Zóhar, "que cuando los días de un hombre están firmemente establecidos en las categorías celestiales y extraterrestres, entonces el hombre tiene un lugar permanente en el mundo. Sin embargo, si el hombre no ha ocupado el lugar que le pertenece en el cosmos de la conexión con el espacio exterior[315], sus días descienden hasta que alcanzan el nivel cósmico donde reside el Señor de la Oscuridad. El Ángel de la Muerte recibe entonces la autoridad para quitarle el alma al hombre y contaminar su cuerpo, que queda permanentemente en el lado oscuro. Felices son los justos que no se han contaminado a sí mismos y en quienes no ha permanecido la contaminación".[316]

"El Señor de la Oscuridad", continua el Zóhar, "tiene su base dentro de la Vía Láctea". Esta es ciertamente una revelación espectacular. Para la mayoría de observadores de los cielos, la Vía Láctea es un continente celestial inexplorado lleno de belleza exótica y de serenas entidades estelares. Sin embargo, dentro de esta vista impresionante del paraíso de un astrónomo está tejido el peor enemigo de la humanidad. El Zóhar deja muy claro que nuestra existencia y nuestro carácter están determinados por la conexión profunda entre el hombre y el cosmos.

El Zóhar continua: "Ven y ve: En el centro de la galaxia hay un Señor de la Oscuridad celestial conocido como la Vía Láctea. Todas las entidades celestiales, una colección infinita e inacabable de éstas, giran alrededor de ella y se encargan de velar por las acciones secretas de los seres humanos. De la misma forma, una multitud de emisarios parten del Señor de la Oscuridad primigenio, el mismo Señor de la Oscuridad por el cual fue seducido Adán. El Señor de la Oscuridad sale para espiar las acciones secretas de la humanidad".[317]

Por lo tanto, vemos que las preocupaciones humanas están inextricablemente conectadas con el cosmos. Y no sólo las preocupaciones humanas; las extinciones masivas de la historia también tienen una causa cósmica. No es importante si estas calamidades devastadoras tuvieron lugar en la manera precisa en la que establecen los científicos. La pregunta es: ¿por qué sucedieron?

La mayoría de científicos son partidarios de que fueron causas extraterrestres las que causaron estas extinciones masivas, a pesar de la falta de evidencia de que tales eventos ocurrieran regularmente. La visión kabbalística cita a la Vía Láctea como el villano. "Las *klipot* del Señor de la Oscuridad dependen, sin duda, de las acciones del hombre", afirma el Zóhar. La abarrotada Vía Láctea es una isla flotante que comprende más de cien mil millones de estrellas, bellas desde lejos, pero también una fuerza terrorífica de desastres potenciales. Las fuerzas Oscuras son obviamente capaces de hacer llover la destrucción sobre cualquier objetivo que elijan.

¿Y quién es el Señor de la Oscuridad?

De nuevo, acudimos al Zóhar, que dice lo siguiente:

> Rav Jiyá disertaba sobre el verso: "Me rodeas por detrás y por delante y tienes puesta tu mano sobre mí".[318] Él dijo: "¡Cuánto les incumbe a los hijos del hombre glorificar al Señor! Pues cuando Él creó el mundo, Él miró al hombre y lo diseñó para que gobernara sobre todas las cosas terrenales. Él tenía una forma dual, justa y oscura, y se parecía tanto a las cosas celestiales

como a las terrenales. El Señor lo envió abajo en Esplendor, para que cuando las criaturas inferiores observaran la gloria de su estado, se arrodillaran sobrecogidas ante él, tal como dice: 'El temor y el miedo de vosotros estarán sobre todo animal de la tierra, y sobre toda ave de los cielos'".[319]

Rav Jiyá continuó: "El Señor lo trajo al Jardín de su plantación propia, para que pudiera guardarlo y tuviera una dicha y un gozo infinitos. Luego el Señor le dio el precepto concerniente al árbol.[320] *Y, lamentablemente, el Hombre falló en su obediencia. Si Adán hubiera sido obediente, habría habitado así para siempre, teniendo vida eterna y dicha perpetua en la gloria del Jardín".*[321]

Si Adán no hubiera pecado nunca, el Señor de la Oscuridad nunca podría haber asomado su fea cabeza. La galaxia y la Tierra habrían sido lugares preciosos. La caída de Adán lo cambió todo. Su desviación del camino de la virtud dejó al cosmos entero en un estado de confusión y reducción. La Tierra, las galaxias y el universo más allá pasaron de una escena de serenidad y tranquilidad a una de caos y catástrofe. El universo se convirtió en todo excepto un Jardín del Edén. El Reino Celestial espiritual sufrió esta degradación en el mismo grado que el universo físico y terrenal. El Zóhar lo explica así: "Según la tradición, la parte carnal del talón de Adán eclipsaba la órbita del Sol. Rav Elazar dice: 'Después de que Adán pecara, su belleza disminuyó y su altura disminuyó a cien codos. Sin embargo, antes de la Caída, la altura de Adán llegaba hasta el primer firmamento'".[322]

A pesar de toda la evidencia científica que indica lo contrario, el Zóhar nos dice que los dinosaurios y otras formas primigenias de vida no se extinguieron. Éstas siguen existiendo ahora como existían antes. ¿Pero cómo puede ser? Los escritos antiguos nos dicen que después de la Caída de Adán, el universo iba a experimentar de vez en cuando un resurgimiento de la serenidad y la perfección del Jardín del Edén. El Zóhar nos dice: "Está escrito: 'El rey Salomón le hizo un palanquín *apiryón* de los árboles del Líbano'".[323] En esta cita del Zóhar, "apiryón" simboliza el Palacio de Abajo, que está formado a imagen y semejanza del Palacio de Arriba, que el Señor llamaba el Jardín del Edén.

Además, el Zóhar nos dice que durante el periodo del Templo, el universo regresó a su posición cósmica anterior.[324] La Tierra experimentó una era de paz y un grado de tranquilidad superado sólo por el que Adán conoció en el Jardín del Edén. La actividad humana estaba impactada con *Mayin Nukvín*, la antimateria del Edén. Por tanto, podemos establecer que el cosmos, aun cuando sufre cambios aparentes, mantiene un universo paralelo original que nunca cambia. La alteración del cosmos, tal como los mortales lo percibimos, sucede sólo en un nivel físico, material. Intrínsecamente, en el nivel metafísico, nada cambia.

Tal como iba Adán, iba el universo. Cuando la estructura corporal de Adán disminuyó en medida y en gloria después de la Caída (pecado de Adán), también lo hicieron otras especies de plantas y vida animal. El universo físico con todas sus galaxias infinitas sufrió el mismo tipo de contracción. El dinosaurio se redujo a la medida de un lagarto, y el pterodáctilo se convirtió en un pájaro. Las plantas y los insectos se convirtieron en pequeños primos de sus formas anteriores mucho más grandes. Sin embargo, el universo real —el universo metafísico— no sufrió ningún tipo de extinción, mutación ni cambio.

No obstante, en el nivel temporal ocurren cambios, incluidas las extinciones masivas periódicas de las cuales habla la ciencia. Pero si el reino humano está vinculado inextricablemente al cosmos, ¿entonces cuál es el agente cósmico que inicia estos bombardeos celestiales aparentemente regulares que aniquilan la vida en la Tierra? El Zóhar implica claramente al hombre como el mecanismo que se halla detrás de toda la actividad cósmica. Por tanto, el Señor de la Oscuridad de la Vía Láctea hace llover muerte y destrucción en respuesta al comportamiento humano negativo. La energía-inteligencia del comportamiento humano negativo consiste principalmente en el *Deseo de Recibir Sólo Para Uno Mismo,* tal como ejemplifica el pecado de Adán. Cuando los humanos se comportan negativamente y se entregan al *Deseo de Recibir Sólo Para Sí Mismos,* la infusión resultante de energía negativa en el cosmos alimenta a Satán.

Materialmente, el cosmos es asimétrico; metafísicamente, el universo es simétrico en todos los sentidos. El universo metafísico es la imagen absoluta de la perfección. Predecible y muy ordenado, es el Jardín del Edén que pronto volverá a su esplendor original y perfecto. Paradójicamente, la Nueva Era es también responsable del éxito de la alta tecnología en la búsqueda del hombre de infinitas mejoras y refinamientos de los procesos materiales, como el desarrollo de fibras ópticas y la división del átomo. Al mismo tiempo, allí donde miramos —desde las galaxias más remotas a las entrañas más profundas del átomo— descubrimos una uniformidad y una estructura organizacional elaborada.

De lo cual se deduce, por lo tanto, que nuestro universo concuerda con la belleza y la elegancia de la armonía atómica. Sin embargo, allí donde miramos, vemos evidencia de un universo irregular y caótico que se manifiesta cósmicamente a través del bombardeo celestial a nivel terrestre por la inhumanidad del hombre hacia su prójimo. ¿Cómo pueden estas dos fuerzas aparentemente opuestas —orden y caos— armonizarse?

El cosmos, conectado con la Era celestial de Acuario, revela la maravilla de la belleza y el orden intrínsecos de la naturaleza. El hombre espiritual experimenta frecuentemente su conexión cósmica con la realidad unificada que todo lo abarca. Los individuos materialistas, egocéntricos y con mentalidad egoísta son los verdaderos culpables. Ellos se niegan a dejar ir la ilusión que da preferencia a la desunión del cosmos. *Mayin Nukvín*, la compasión, no está en su léxico espiritual. Y por lo tanto continúan, sin saber que es su actividad negativa la que alimenta la maquinaria del Señor de la Oscuridad, ¡igual que puede culparse a Adán por la transformación de los dinosaurios en lagartos!

Aún así, de alguna forma, el universo físico mantiene su simetría esencial. De otra forma, las órbitas de los planetas alrededor del Sol irían cambiando a medida que el Sistema Solar rota alrededor de la Vía Láctea. ¿Cómo puede ser esto posible?

"Pero los justos son el cimiento del mundo", declara el Libro de los Proverbios.[325] La Tierra y las galaxias están hechas de materia ordinaria, pero desde el punto de vista Zohárico, es *Mayin Nukvín*, la fuerza-energía antimateria de la compasión, la que mantiene la estabilidad dentro del cosmos.

Dice el Zóhar: "Rav Isaac pidió una vez a Rav Shimón que explicara por qué algunos dicen que el mundo está fundado sobre siete pilares y otros dicen que sobre solo un pilar, a saber: el *tzadik*, el justo. Rav Shimón contestó: "Todo es lo mismo. Hay siete, pero entre éstos hay uno llamado *tzadik* sobre el cual se soportan los demás. Así, está escrito: 'El Justo, *Tzadik*, es el cimiento del mundo".[326]

Los kabbalistas sabían que el cosmos se originó con energía tanto positiva como negativa, la primera de ellas siendo una causa y la segunda su efecto. Esta unión de opuestos era el reino de Cosmos I. Sin embargo, cuando Cosmos II empezó a existir —una vez que se estableció el principio mediador o Columna Central— la humanidad dejó de ser un mero participante dentro del cosmos; se convirtió en un determinante. Por lo tanto, también se volvió necesario para la continuación de la existencia de nuestro universo, que cada generación tuviera un equipo permanente de *Tzakidim* (Justos) para evitar la aniquilación del cosmos en manos del Señor de la Oscuridad. Estos Justos mantenían una reserva suficiente de *Mayin Nukvín* para asegurar un universo espacialmente simétrico. El resto fue dejado en manos de la humanidad: cumplir con el propósito de la Creación y por tanto evaporar las *klipot*, o sucumbir a la energía-inteligencia del *Deseo de Recibir Sólo Para Sí Mismos* y permitir que el imperio del Señor de la Oscuridad gobernara sobre todo el cosmos.

La dificultad de vencer al Señor de la Oscuridad seguía existiendo. La humanidad necesitaba un apoyo especial cósmico que proporcionara a los habitantes de la Tierra una oportunidad de luchar. La *Yud* cósmica creía que ella tenía la energía-inteligencia específica capaz de librar una guerra victoriosa contra las *klipot* del Señor de la Oscuridad. El Tetragrámaton[327] el nombre codificado de cuatro letras del Señor, era su arma secreta. El Tetragrámaton contiene la forma de energía más elevada, más pura y más concentrada imaginable. Ciertamente, fue a través de este canal cósmico que Moisés dio muerte al egipcio.[328]

Rav Shimón continúa: "Tenemos una tradición que dice que cuando el Señor creó el mundo, grabó las letras *Yud*, *Hei*, *Vav* y *Hei* en medio de las luces más misteriosas, inefables y gloriosas. Éstas son en sí mismas la síntesis de todos los mundos de Arriba y de Abajo. El Mundo Superior fue completado por la influencia cósmica de la energía-inteligencia de la letra *Yud*, personificando el punto celestial primordial que partía del Infinito perfectamente oculto y desconocido: *Ein Sof*".

Como nos dice el Zóhar: "Desde de la Infinidad imperceptible fluyó un fino hilo de Luz, que era en sí misma oculta e invisible, pero que contenía todas las demás Luces. La Luz que salió de la delgada Luz es poderosa y aterradora".[329]

El Zóhar añade un fuerte sabor holístico a los aspectos cuánticos de la naturaleza de la energía con la afirmación de que todo está hecho de todo lo demás. Sin embargo, sigue habiendo una jerarquía dentro de la estructura cósmica. Es dentro de la unidad que todo lo abarca de la *Yud* cósmica donde los constituyentes de la energía y la materia se convirtieron en la fuerza unificada primordial. Por lo tanto, la *Yud* cósmica sostenía que su dimensión de Luz, combinada con su energía-inteligencia de la gran unificación en el proceso creativo del mundo, daría lugar con seguridad a la Corrección Final del mundo.

La energía emitida por la súplica de *Yud*, como ya hemos dicho, estableció la energía-inteligencia de *Mayin Nuvkin*. Esta era la oportunidad que el Señor de la Oscuridad había estado esperando pero que nunca pensó que se haría realidad: la posibilidad de establecer contacto con la energía inteligente de *Yud*.

La respuesta del Señor a la súplica de *Yud* no tardó en llegar: "¡Detente justo donde estás!".

Si se expandía más allá de la protección del escudo cósmico, *Yud* proporcionaría al Señor de la Oscuridad una ventaja que le permitiría a éste gobernar el espacio cósmico, el mundo del bien y del mal, y el universo de la corrupción. Es más, el mero contacto con el Señor de la Oscuridad evitaría que la *Yud* cósmica recuperara su lugar en el Tetragrámaton. El Mundo de la Acción, el universo cósmico de la Tierra, está gobernado por el cambio: desde la corrección antes del pecado de Adán a la corrupción y una vez más de vuelta a la corrección.

Por este motivo, el Tetragrámaton se pronuncia "Adonai"[330], y no según su pronunciación original. Cuando la actividad humana positiva eleve al universo a su verdadera conexión con el espacio exterior y por lo tanto a su finalización, el Tetragrámaton volverá a pronunciarse de nuevo tal como se escribe. Este fenómeno cósmico sólo tendrá lugar cuando se finalice el proceso de *tikún* (corrección).

Por lo tanto, a la *Yud* cósmica se le pidió que mantuviera su lugar. Si se utilizara en la creación del mundo, estaría en riesgo de corromperse. Esto tendría el efecto de desenraizar a *Yud* del Nombre Sagrado y, en el Nombre Sagrado, la corrupción jamás tiene lugar. Este proceso cósmico está revelado en las palabras del profeta Malaji: "Pues Yo, El Señor, no cambio".[331]

Los cambios en las entidades celestiales, la interacción dinámica de las fuerzas cósmicas, las supernovas sin precedentes, los dinosaurios que se convierten en lagartos; todos estos son fenómenos que existen en la dimensión cósmica irreal e ilusoria del Mundo de la Acción, un universo del cual el hombre es una parte integral. En la medida en que el hombre en sí mismo está fragmentado, los defectos, el bombardeo extraterrestre y la corrupción son aspectos de la existencia normal de este mundo. Los avances tecnológicos nos ayudan a descubrir muchas características cósmicas "nuevas", sin embargo el descubrimiento de cada fenómeno nuevo está relacionado con el cosmos del cambio, con lo irreal más que con la realidad unificada que todo lo abarca. Efectivamente, el Mundo de la Acción, el universo cósmico de la Tierra, está tan gobernado por el cambio —desde la corrección antes del pecado de Adán a la corrupción y una vez más de vuelta a la corrección— que no había lugar para la *Yud* cósmica. Por consiguiente, el Señor le dijo: "Estás inscrita en Mí, grabada dentro de Mí, y Mi Deseo y Mi energía-inteligencia están en ti. Así pues, tú no eres el canal cósmico adecuado para la Creación".[332]

LAS LETRAS
TET Y *JET*

ט ח

BEN AZZAI DIJO,
"LA RECOMPENSA DE UNA
BUENA ACCIÓN ES OTRA
BUENA ACCIÓN, Y LA
RECOMPENSA DE UNA
TRANSGRESIÓN ES OTRA
TRANSGRESIÓN".

—*PIRKEI AVOT* (ÉTICA DE LOS PADRES)

Tanto la faz de la Tierra, como la faz de nuestro sistema solar, como la vista de nuestra galaxia y del universo infinito que está más allá, han sufrido numerosos cambios causados por la actividad humana. Todos se han visto afectados por la incertidumbre física que caracteriza al reino de las ilusiones cambiantes. Pero con los planetas en sus órbitas permanentes, los satélites rotando con una precisión exacta, y las estaciones que aparecen ininterrumpidamente en su orden, la humanidad ha tenido pocas razones para creer que pudiera tener ningún poder en el vasto escenario cósmico de galaxias que colisionan, bombardeos celestiales y choques de cometas. Durante la mayor parte de la existencia humana, el Señor proporcionó la protección necesaria contra casi cualquier causa cósmica de alerta. La radiación destructiva estaba restringida por la ionosfera. La Tierra parecía tener asegurada las medidas correctas de calor y luz, el agua suficiente y la atmósfera correcta para preservar la vida.

En los dos últimos siglos, esto ha cambiado debido a la creciente oleada de humanos y a nuestra dependencia de la ciencia para que solucionara todos nuestros problemas. Pero a pesar de los juegos verdaderamente peligrosos que ha estado jugando el hombre al dividir átomos y genes, la amenaza real sobre la existencia de la humanidad es Satán, quien continúa sin disminuir su empeño por dominar el universo. Para evitar que tenga lugar esta dominación, la *Tet* cósmica se aproximó al Señor para pedirle que fuera ella el canal celestial para la creación del mundo. La *Yud* cósmica, por toda su energía-inteligencia positiva, era necesaria en el *Gemar HaTikún*, la Corrección Final. Su posición dentro del Tetragrámaton no podía ser puesta en peligro bajo ninguna circunstancia.

"Señor del Universo", dijo la *Tet* cósmica, "te ruego que crees el mundo conmigo, puesto que a través de mí Tú eres llamado *Tov* (Bueno) e Íntegro. La letra inicial de la palabra *tov* es *Tet*, lo cual indica que mi energía-inteligencia interna es buena, adecuada y positiva".[333]

La energía-inteligencia particular de la *Tet* cósmica era precisamente la panacea necesaria para aliviar cualquier peligro y ataque que proviniera de Satán. En el entorno óptimo proporcionado por *Tet*, la humanidad tenía muchas probabilidades de lograr su objetivo: la eliminación de la energía negativa. Provista y alimentada con el flujo suficiente de energía positiva, la humanidad estaría preparada para empezar la gran batalla para restaurar la armonía en el cosmos. El regreso al orden cósmico del Jardín del Edén, los días precedentes a la caída de la juventud de Adán, parecía estar asegurado si la *Tet* cósmica proporcionaba el anteproyecto para una nueva era.

Según el Zóhar: "Y vio el Señor que la luz era buena'.[334] Cada sueño que contiene el término *tov* presagia la paz Arriba y Abajo, siempre que las letras sean vistas en el orden adecuado. Estas letras: *Tet* ט, *Vav* ו, y *Bet* ב fueron luego combinadas para representar al Justo (*Tzadik*) del mundo. Tal como está escrito: 'Decid al justo queél es bueno', porque el resplandor Celestial está contenido en él".[335]

En los capítulos anteriores, hemos descubierto en las enseñanzas kabbalísticas algunas ideas radicales sobre la Creación, las influencias astrales, el espacio y el tiempo, el orden y el caos, un universo significativo y un entendimiento de la humanidad y su entorno cósmico. Gran parte de lo que se ha presentado indudablcmente dejará perplejas a muchas personas y suscitará su ración de críticas. Muchos de los lectores de este libro sin duda rechazarán rotundamente algunas de las ideas presentadas por los kabbalistas. Sin embargo, esta respuesta es esperada cuando se producen nuevos avances en el entendimiento de la Creación, el universo y el papel del hombre en éste. No obstante, la visión kabbalística del universo presenta ideas que no pueden ser ignoradas, especialmente a la luz de los avances más recientes en la física cuántica.

La teoría cuántica permite la posibilidad de que los acontecimientos en el reino subatómico puedan ocurrir sin una causa. Las partículas parecen surgir de la nada y sin motivo aparente. Discutiendo este escenario, el físico Alan Guth comentó: "A menudo se dice que nada es gratis en este mundo. El universo, sin embargo, es gratis".[336] Personalmente considero que la física cuántica valida directamente la comprensión kabbalística de la existencia, puesto que la teoría cuántica rompe el punto muerto que ha existido durante siglos entre la religión y la ciencia. En el reino subatómico, las leyes de la física newtoniana son simplemente inválidas y son relevadas por otros principios nuevos, principios que permiten que tengan lugar el tipo de sucesos que se describen en la Biblia y en el Zóhar. La visión del mundo moderna sostiene que la religión es un mito, en cambio la teoría cuántica enseña que la ciencia también es un mito.

La posibilidad de que el espacio-tiempo pueda surgir sin una causa a partir de la nada parece contradecir todo lo que sabemos, a pesar de que la teoría cuántica apunta a tal descubrimiento. Utilizando el dictamen kabbalístico que dice que hay un significado en todo lo que tiene sentido, podemos alcanzar una perspectiva diferente y más realista sobre estos asuntos; una perspectiva que quizás probará ser más válida que la de los mismos científicos. Si una entidad aparentemente surge de donde antes no existía nada, no debemos asumir que ha aparecido sin una causa específica. Cuando consideramos estos fenómenos, debemos eliminar a nuestro ego y dejar la ignorancia a un lado, donde debe estar. Un enfoque excesivamente racional sobre estas cuestiones sólo refleja el hecho de que nuestra conciencia cotidiana, que consiste mayormente en lo que percibimos a través de nuestros cinco sentidos, es totalmente incapaz de percibir la base metafísica de la realidad.[337] Desde un punto de vista kabbalístico, el origen del universo y las leyes de la naturaleza derivan y giran alrededor de una causa básica: la eliminación del Pan de la Vergüenza.

La Era de Acuario es ciertamente una era de iluminación. La teoría cuántica nos obliga a hacernos preguntas sobre la causalidad que en sí mismas plantean una multitud de cuestiones, las mismas cuestiones que la Kabbalah ha estado tratando durante siglos: ¿Podemos ser responsables de nuestros actos en un mundo en el que los acontecimientos ocurren sin una causa? ¿Son reales el bien y el mal? ¿Cuáles son las causas subyacentes de nuestra existencia? Si hay un Creador, ¿por qué está más allá de nuestra percepción? Aquellos que una vez adoraron el altar de los grandes dioses de la Ciencia y la Tecnología ya no pueden seguir eludiendo estas preguntas y descartándolas por carecer de sentido. A medida que nuestro entendimiento científico avanza, la ciencia, sin darse cuenta, proporciona en marco conceptual necesario para mejorar nuestra comprensión de la Kabbalah y del código cósmico contenido en la Biblia.

Desde la llegada de la física newtoniana clásica, ha existido una dicotomía entre la ciencia y la religión. Para el kabbalista, sin embargo, nunca ha existido este conflicto. Igual que la ciencia, la religión es un mito. Sólo el Creador es real. La Biblia no es un documento religioso de doctrina. Enterrado bajo el significado literal de la Biblia está la respuesta del secreto del origen de la vida, cuya verdadera naturaleza se propuso descifrar la Kabbalah. Central a la verdad está la idea de un cosmos hermoso de armonía y simetría, con la humanidad ejerciendo el papel de su determinador. Todo el universo físico es el medio para la expresión del deseo de la humanidad.

¿Qué quiere decir realmente la Biblia cuando menciona que el Señor causó el origen de la Creación? ¿Cómo se ve afectada la Creación por el papel del hombre como determinador? La palabra "creación" acarrea una variedad de significados. Desde un punto de vista kabbalístico, la creación del universo significa la creación de las energías-inteligencias que proporcionan el libre albedrío, tal como ejemplifica el *Deseo de Recibir* con la oportunidad de eliminar el Pan de la Vergüenza.[338] La creación del mundo físico observable, incluidos el espacio y el tiempo, permitieron a la humanidad expresar corpóreamente el *Deseo de Recibir,* haciendo posible que la especie humana alcanzara este objetivo.

La retirada y la restricción del Creador (*Tzimtzum*) eran, por consiguiente, prerrequisitos necesarios para la Creación. El Señor era entonces y sigue siendo ahora el verdadero Compositor de toda la Creación. Sin embargo, para cualquiera que estuviera en Su presencia era imposible experimentar el *Deseo de Recibir,* pues Su Fuerza de Luz fluía resplandecientemente sobre aquellos que estaban cerca de Él.

Así, el Creador se restringió a sí mismo para brindar a Sus Creaciones —las almas del hombre— la oportunidad de eliminar el Pan de la Vergüenza. Dicho de otra forma, Él cambió Su rol de compositor a arreglista. A partir de entonces, después de la Creación, la música del universo dependería del comportamiento de la humanidad.

El código bíblico contiene las leyes y los principios naturales para un universo ordenado. La característica esencial en todas estas leyes es la eliminación del Pan de la Vergüenza. A través de sus propias acciones, el hombre puede abrir las puertas de su propio ser, revelando un universo de belleza infinita y armonía perfecta. La vieja idea del propósito del hombre en el universo, en la cual su única función era "servir al Señor", ha sido apartada por el concepto de la capacidad del hombre para la autodeterminación.

Armados con esta información, podemos ahora embarcarnos en una explicación simplificada de la diferencia entre el bien y el mal. Las actividades buenas son aquellas que tienen en cuenta el propósito de la Creación, es decir, el Pan de la Vergüenza. El mal, por otra parte, hace caso omiso del propósito de la Creación y no busca eliminar el Pan de la Vergüenza.

Sin embargo, no todas las energías-inteligencias negativas son necesariamente malas. El *Deseo de Recibir con el Propósito de Impartir*, aunque es negativo en cuanto a las polaridades cósmicas, sigue ajustándose a las leyes del universo. La inclinación negativa es un factor necesario en la existencia continuada del mundo[339], pues sin ella, nadie podría construir una casa, casarse, crear una familia o involucrarse en el comercio. No obstante, entra dentro de las capacidades del hombre el controlar las energías-inteligencias negativas, contra cuyo poder el código cósmico de la Biblia es el antídoto.[340] Este control permite a la humanidad hacer manifiesto un universo expresado físicamente en armonía con la realidad unificada del Señor que todo lo abarca.

Quizás la explicación más ampliamente aceptada del sufrimiento es que las personas están recibiendo un castigo por sus pecados. Si se unen a los justos, entonces pueden gozar de su plena recompensa en el Mundo por Venir. El término "Mundo por Venir" plantea una serie de preguntas teológicas importantes que los sabios han intentado resolver de diferentes maneras. Primero, está la cuestión de dónde puede estar este mundo. Otra cuestión desconcertante es por qué debemos esperar a después de la muerte para ser merecedores de nuestra entrada al Mundo por Venir. Algunos estudiosos han afirmado que este asunto está más allá del alcance del intelecto del hombre. El verso "Las cosas secretas pertenecen al Señor"[341] se cita a menudo para respaldar esta postura. Sin embargo, desde un punto de vista kabbalístico, el Mundo por Venir existe ahora mismo para aquellos que pueden acceder a él; es el lugar en el que la conciencia cósmica se inicia, y donde las limitaciones de tiempo, espacio y movimiento no tienen dominio.

El Señor vio el comos mientras nacía, y dijo: "Es bueno". Antes del pecado de Adán, la energía-inteligencia negativa no existía, y no había violación de la doctrina del Pan de la Vergüenza. Cuando el hombre se adhiere a las leyes y los principios del mundo de la realidad, deja de esperar que todo sea gratis en la vida. La actividad humana que se aparta del concepto de "todo es gratis" asegura que uno sea un *Ben Olam Habá*, un Hijo del Mundo por Venir. El individuo para el cual el concepto del Pan de la Vergüenza no significa nada está embarcándose en un viaje a ninguna parte en un transporte proporcionado por el mundo físico de la ilusión.

"El *Tzadik* será recompensado con prosperidad material, y su mérito durará por siempre".[342] Así es como el Zóhar describe a los justos, como individuos cuyo comportamiento forjó una conexión cósmica a la energía-inteligencia de *Zeir Anpín*, o la conciencia *Sefirótica* de *Yesod* (Fundamento).[343] Entrar en este reino puede compararse con lo que sucede cuando una nave espacial se escapa del campo gravitacional de la Tierra: al entrar en el espacio exterior, pasa a ser gobernada por un nuevo conjunto de leyes y principios relativos al tiempo, el espacio y el movimiento.[344]

Una vez más acudimos al Zóhar, donde vemos a José negándose a sucumbir a la tentación del "todo es gratis": "Y ocurrió después de estas cosas que José se resistió a la esposa de su amo…".[345]

Rav Jiyá comentó el texto: "¡Bendigan al Señor, todos Sus ángeles, ustedes que son poderosos en fuerza, que cumplen Su palabra, apenas oyen la Voz de Su palabra!".[346] Rav Jiyá interpretó que el significado de este verso era el siguiente: le corresponde enormemente al hombre guardarse del pecado y seguir el sendero de la rectitud, de forma que el Señor de la Oscuridad, su agresor diario, no pueda llevarlo por el mal camino. Y puesto que él agrede al hombre perpetuamente, le corresponde al hombre reunir todas sus fuerzas contra él para afianzarse en el lugar de la fortaleza; pues aunque el Señor de la Oscuridad es poderoso, le corresponde al hombre ser aún más poderoso. José fue un hombre con tal poder, fue llamado justo y guardó en la pureza el signo del Arca de la Alianza que estaba grabado en él.

Rav Elazar dijo: "La palabra 'después', *ahar*[347], hace alusión aquí al Señor de la Oscuridad, siendo éste el nombre del otro lado. José se expuso a sí mismo a este ataque por prestar una gran atención a su apariencia personal. Eso le dio una abertura al Señor de la Oscuridad para decir: '¡Miradle! ¡El padre de José, Jacobo, guarda luto por él (José) y se ha ataviado y ha rizado su pelo!' [En aquel momento, José no sentía compasión por la angustia de su padre, causada por su desaparición y la suposición de su muerte]. Por lo tanto, el oso fue soltado, por así decirlo, y él recibió su ataque.[348]

El relato bíblico de José y sus hermanos ha sido, para la mayoría de los lectores de la Biblia, una hermosa y trágica historia de conflictos y dificultades familiares. El Zóhar, sin embargo, interpreta la narrativa como parte del código cósmico revelado en la Biblia. Astronomía, astrología, sociología y cosmología son sólo algunos de los dominios que toca la historia de Jacobo y José. De todas las narrativas del Génesis, las que hablan de José son las más largas y las más detalladas. El relato de José contiene una riqueza de antecedentes sin precedentes que podemos utilizar para descodificar el código cósmico, y que nos ayuda en nuestra búsqueda de la Teoría de la Gran Unificación.

La Columna Central, el pegamento cósmico para la Teoría de la Gran Unificación de la cosmología moderna, está claramente representada en la historia de José. El foco de atención de la narrativa del Génesis es la nobleza del carácter de José y la salvación que vino a través de su compasión. El *Midrash* también suaviza el duro trato que José impone sobre sus hermanos, señalando que "él se había comportado como un hermano para ellos cuando estuvieron bajo su poder, mientras que ellos no le habían tratado como un hermano cuando él estuvo bajo el poder de ellos".[349] Su hermano, Simón, que había lanzado a José al pozo[350], fue encadenado por José, pero tan pronto como los otros hermanos partieron, "él le dio de comer y beber, le bañó y le ungió".[351]

José estuvo presente en la muerte de su padre. En ese punto, sus hermanos temían aparentemente que se vengara de ellos por el cruel trato que le habían dado en su juventud.[352] Sin embargo, él disipó sus miedos, demostrando una vez más su energía-inteligencia cósmica de *Yesod* (Fundamento) y mostrando compasión. José tenía todos los motivos para ignorar este atributo de compasión por la forma en que le habían tratado sus hermanos, pero en su lugar actuó para manifestar energía positiva. José era la personificación de la energía-inteligencia de la gran unificación, *Rajamim* (Compasión), conocida como el efecto *Sefirótico* cósmico de *Yesod*, el cual se refiere a la función de esta energía-inteligencia dentro del cosmos. El sustantivo bíblico *rajamim* רַחֲמִים y el verbo *rajam* רִחַם o *rijam*, רִיחַם que son frecuentemente utilizados para indicar este comportamiento, derivan de la misma raíz que el sustantivo *rejem* רֶחֶם (vientre), lo cual lleva a algunos estudiosos de la Biblia a sugerir que el significado original de *rajamim* era "hermandad", puesto que todos los que nacen del mismo vientre son hermanos o hermanas entre ellos.

Para el rey David, *rajamim* indicaba una relación esencial entre el Señor (la Fuerza de Luz) y aquellos a quienes la Biblia se refiere como los Israelitas. Las almas que se originaron a partir de la energía-inteligencia positiva de Abel son conocidas como Israelitas, un término que indica la característica fundamental de la bondad. Los otros pueblos de la Tierra, cuyas almas están enraizadas en la energía-inteligencia negativa de Abel, se conocen como *Erev Rav*, la nación de Multitudes Mezcladas. Éstos son descritos como individuos desalmados y misantrópicos.[353] Hablaremos sobre estas dos caras de la energía-inteligencia de Abel más adelante en este capítulo.

"Él, el Señor, al estar lleno de compasión, perdona la injusticia y no destruye", declara el rey David.[354] "Aprended a hacer el bien, buscad la justicia, aliviad al oprimido, juzgad al huérfano, abogad por la viuda", declara el profeta Isaías.[355] Se entiende que estos versos encapsulan la gran unificación de la energía-inteligencia del Señor, el atributo de la compasión. Están creados para establecer la norma para la conducta humana.

"Como el Señor es compasivo y misericordioso, tú también debes serlo. Debes practicar la beneficencia como Él.[356] Por lo tanto, deberás observar los mandamientos del Señor, tu Dios; sigue sus caminos y témele".[357]

El *Talmud* expandió y profundizó en el concepto bíblico de la compasión reconociendo la fuerza-energía de la compasión como una característica vital del Israelita, en contraposición con el *Erev Rav*.[358] Maimónides declaró que las personas arrogantes, crueles, hirientes debía sospecharse que no fueran Israelitas.[359] En esta conexión, debemos dirigir nuestra atención a los significados de "judío" y "no judío" propuestos por Rav Isaac Luria (el Arí). Su aproximación a un antiguo malentendido representa en realidad uno de los elementos constituyentes más importantes de la Kabbalah. En todas las numerosas referencias a este tema en el *Talmud* y el *Midrash*, no hay ninguna tan asombrosa y reveladora como la interpretación Luriánica de este tema tan delicado.

Pero antes de que exploremos la explicación que hace el Arí sobre el origen y la naturaleza de los judíos y los no judíos, debemos considerar el impacto de la religión —y las instituciones religiosas— en la sociedad. La influencia de la religión en la sociedad ha sido una bendición parcial. No puede negarse que se han registrado muchos casos de devoción desinteresada por parte de la comunidad religiosa a lo largo de la historia. Sin embargo, muchos religiosos empezaron a institucionalizarse hace mucho tiempo y a preocuparse más por el poder y la política que por el bien y el mal. En nuestro propio tiempo, el odio y la hostilidad religiosa proliferan en todo el mundo. Mientras que la mayoría de religiones exaltan las virtudes de "ama a tu prójimo", a menudo suele ser el odio, la arrogancia y la guerra lo que caracteriza la historia de las grandes instituciones religiosas del mundo.

Pocos negarían que, en general, la religión ha sido un ejemplo de división en la sociedad, más que esforzarse por ser una fuerza positiva y atraer a todas las personas hacia la terminación de la rectificación del mundo. La triste historia de intolerancia fue inevitable una vez que las organizaciones religiosas estuvieron institucionalizadas. Como resultado, hoy vemos en el mundo occidental una insatisfacción tremenda con los sistemas religiosos, y muchas personas se han desviado hacia otros lugares en su búsqueda de la iluminación y la plenitud espiritual.

La Kabbalah, a través del esfuerzo y los escritos de Rav Áshlag, revela más sobre el significado profundo de la existencia y del bien y el mal, de lo que podemos hallar en las instituciones religiosas más tradicionales. Gracias a los esfuerzos de Rav Áshlag, entendemos ahora la magnitud de la injusticia cometida por aquellas naciones y religiones que amargan a las minorías y las despojan de su dignidad y su libertad. Históricamente, la caída de las naciones se producía sólo como resultado de la opresión de las minorías y los individuos que finalmente vencían y destruían a sus opresores. Ahora está claro para todo el mundo que no podemos establecer la paz sin considerar la libertad del individuo.

Hasta ahora hemos definido al individuo en términos de cómo le nutre la sociedad. Sin embargo, debemos preguntarnos: ¿Dónde está el individuo en sí mismo? Sin duda, un individuo es más de lo que la sociedad le da y de lo que hereda de sus ancestros. ¿Dónde está la entidad separada que podemos definir como "yo"? El yo es central a toda la Creación. No depende de la religión, la cultura, ni la política. Los antagonismos entre la gente basados en el ego y las crecientes tensiones internacionales, no desaparecerán como resultado de ninguna estratagema política, cultural o religiosa.

En esta profecía de paz, el profeta Isaías dijo: "Morará el lobo con el cordero, y el leopardo con el niño se acostará.[360] Pues la tierra estará llena del conocimiento del Señor, como las aguas cubren el mar".[361] El profeta atribuye la paz mundial a estar lleno del conocimiento del Señor,[362] y ahí está la clave: conocimiento de la Fuerza de Luz del Señor. "Toda la humanidad se unirá en un solo cuerpo con una sola mente, llena del conocimiento del Señor"[363], declara Rav Áshlag.

Detengámonos ahora en la nueva interpretación que Rav Isaac Luria (el Arí) hace de la idea de los Israelitas y de las otras naciones. Moisés le dijo al Señor: "Y si así lo haces Tú conmigo, yo Te ruego que me des muerte, si he hallado gracia en Tus ojos; y que yo no vea mi mal".[364]

Explorando esta inusual súplica de Moisés, el Arí pregunta por qué este verso parece referirse a la maldad de Moisés, cuando, en realidad, era el pueblo quien parecía estar en falta. En verso, según la visión del Arí, debía haber dicho "su mal" y no "mi mal".

El Zóhar afirma que los líderes de los *Erev Rav* (las Multitudes Mezcladas), eran los hijos de Bilaam: Yunus y Yumbrus.[365] El alma de Moisés y el alma de Bilaam partían de Abel. Aunque ambas habían surgido de la misma fuente, Moisés creció a partir de la energía-inteligencia de la bondad dentro de Abel. Pero cuando la serpiente introdujo el veneno (la inteligencia del mal) en Eva, el bien y el mal se mezclaron en su descendiente Abel, y a partir de esta energía inteligente del mal dentro de Abel surgió la maldad, Bilaam. Puesto que tanto Moisés como Bilaam descendían de Abel, Moisés se ocupó de convertir a las Multitudes Mezcladas de su inclinación al mal, que partía del mal dentro de Abel. Los *Erev Rav* fueron responsables de la creación del Becerro de Oro;[366] por lo tanto, ellos eran la manifestación malvada de Israel, un mal que existe hasta el día de hoy. Los *Erev Rav* surgieron de la misma fuente que Moisés.[367] Moisés y los *Erev Rav* estaban por tanto interrelacionados.

Este fue, entonces, el consejo que el Señor le dio a Moisés: "Anda, desciende, porque tu pueblo [y no el pueblo del Señor] que sacaste de la tierra de Egipto se han corrompido a sí mismos".[368] Entonces Moisés rogó en nombre de los *Erev Rav*, ese segmento de la nación de Israel que representaba el mal de Israel —el aspecto maligno de Abel, la otra mitad de Moisés— diciendo: "¿Por qué habrían de hablar los egipcios, diciendo: Por maldad los sacó, para matarlos en las montañas, y para raerlos de sobre la faz de la tierra? Vuélvete del ardor de Tu ira, y arrepiéntete de este mal hecho por el pueblo".[369] Los *Erev Rav* eran el pueblo de Moisés. Él les llevó a la nación de Israel y rogó en su nombre con el propósito de limpiar y elevar su energía-inteligencia maligna para hacer que hiciera sólo el bien.

"Con este entendimiento", continúa Rav Luria, "se llegará a comprender el verso codificado 'Y nunca más se levantó profeta en Israel como Moisés, a quien haya conocido el Señor cara a cara'[370], así como la interpretación del *Midrash* que dice 'dentro de Israel nunca surgirá uno como Moisés, pero entre las demás naciones del mundo, aparecerá un profeta como Moisés'".[371] Otras naciones recibirán profetas como Moisés porque Bilaam y Moisés partieron de la misma fuente. También podemos entender el dicho de los sabios: "Las bendiciones sobre la nación de Israel tuvieron que acordarse a través de Moisés". En su lugar, éstas fueron presentadas por la autoridad líder en magia negra, Bilaam[372], con el propósito de transmutar la energía-inteligencia del mal, que representaba Bilaam —el aspecto maligno de Israel— y así causar una transformación del mal al bien.

Dos de las letras hebreas que forman la palabra *Bilaam* בלעם, *Bet* ב y *Lámed* ל, eran, por diseño, las mismas dos letras incluidas en el nombre de Abel הבל. La *Hei* incluida en el nombre de Moisés משה era también la primera letra del nombre de Abel. La Biblia indica la esencia de Moisés y su origen en la energía-inteligencia del bien afirmando en forma codificada: "Concibió la mujer y dio a luz un hijo [Moisés]; y viendo que era hermoso lo tuvo escondido durante tres meses".[373] Pues Moisés se originó a partir del aspecto del bien de Abel.[374]

Esta es una interpretación muy reveladora en lo concerniente a la nación de Israel: que consistía tanto del bien como del mal. Más tarde, Moisés incorporó este mal dentro de Israel en la forma de los *Erev Rav*, con el propósito de facilitar el *Gemar HaTikún*, la Corrección Final. Las leyes originales de Nóaj[375] eran insuficientes para lograr la Corrección Final. La energía-inteligencia del mal, que implantó la serpiente en Eva, era demasiado fuerte para ser vencida por los siete canales restrictivos de las Leyes de Nóaj. La tarea de lograr la Corrección Final era monumental. Nada menos que la Revelación del Monte Sinaí —la entrega de la Biblia y de los preceptos— podía asegurar el dominio sobre el Señor de la Oscuridad y la potestad del bien sobre la energía-inteligencia del mal. Este es el significado de la afirmación de los sabios que dice: "los mandamientos fueron entregados con el propósito de unir a los seres humanos".[376]

Ahora podemos entender las palabras de Hillel al converso. Hillel le dijo al converso que el principio central de la Biblia es: "Ama a tu prójimo como a ti mismo". El resto de los 612 preceptos que el Señor le dio al hombre son una mera preparación y un fundamento de este único precepto. Rav Avika declaró: "Este es un principio importante de la Biblia".[377] La energía inteligente del bien se expresa físicamente cuando los hombres dan amorosamente a los demás.

La humanidad, tal como hemos mostrado, está principalmente dividida en dos categorías básicas: los Israelitas y los *Erev Rav*. La historia sangrienta de conflicto religioso es una lucha entre estas dos cualidades de la sociedad: el bien y el mal. Todas las religiones consisten en aquellas que ven el "ama a su prójimo" como el fundamento de su religión o aquellas que tienen un entendimiento de los *Erev Rav*, los abastecedores de Satán, con su energía-inteligencia del mal. Por consiguiente, cuando la religión propia de cada uno puede ser descrita fielmente como intolerante, prejuiciosa y viciosa, esto es una manifestación de la cara antisocial del Señor de la Oscuridad, los *Erev Rav*. Cuando las organizaciones religiosas consiente la tortura, la opresión y el genocidio, la energía-inteligencia interna del mal se expresa físicamente dentro del cosmos. La religión se convierte entonces en una influencia pervertidora, una nube oscura y maligna en el horizonte de la humanidad.

Lamentablemente, ha habido un gran malentendido con respecto a la relación entre los Israelitas y el resto del mundo. Una de estas fuentes de confusión es un rezo contenido en el *Sidur*, el libro de rezos hebreo: "Bendito eres Tú, Señor, Rey del Universo, Que no me ha hecho un *goi* [Gentil]". A primera vista, parece sugerirse de forma obvia que ser un *goi* es algo degradante y vergonzoso. Sin embargo, si examinamos este delicado asunto más detenidamente, parece emerger evidencia de lo contrario, especialmente cuando hacemos uso de la Kabbalah Luriánica. Las interpretaciones radicales de Rav Isaac Luria nos permiten comprender algunos de los misterios más ocultos de la naturaleza. En la base de su enfoque hay un entendimiento de las cuestiones básicas de la existencia.

"Y Dios habló a Israel en una visión nocturna, y dijo: 'Jacobo, Jacobo'. Y él respondió: 'Heme aquí'. Y Él dijo: 'Yo soy Dios, el Dios de tu padre; no temas descender a Egipto, porque allí te haré una gran goi [nación]'".[378] Inmediatamente después del pecado de Israel en su creación del Becerro de Oro, el Señor estaba decidido a poner fin a la nación de Israel y empezar de nuevo: "Y el Señor dijo a Moisés: 'He visto a este pueblo, y ciertamente es un pueblo terco. Déjame ahora que se encienda mi ira contra ellos y los devore; de ti, en cambio, haré un gran *goi* [nación]'".[379]

La contradicción aparente en estos versos es flagrante, a la luz de las connotaciones desdeñosas que suelen atribuirse a la palabra *goi*. Y sin embargo, la intención del Señor era formar un *goi* (nación) a través de Moisés. Y al mismo tiempo, la redacción del rezo parece ser de nuevo otra contradicción de las implicaciones filosóficas profundas de este verso del Éxodo. Sin embargo, antes de proceder a reconciliar estas dos concepciones aparentemente contradictorias, permíteme explorar otra faceta de la doctrina tradicional: el tema de la reencarnación.

En *Las ruedas de un alma*, investigué algunos de los conceptos básicos de la reencarnación, explorando sus implicaciones para la sociedad y el cosmos. Para entender la reencarnación, debemos primero entender que Adán contenía todas las almas de la humanidad.[380] Su alma se difuminó entre todo el género en innumerables codificaciones y variaciones individuales. Todas las transmigraciones de almas son, al final, migraciones cruzadas del alma única de Adán.

En su mayor parte, la visión kabbalística del mundo trasciende las ideas establecidas de la psiquiatría y la psicología en lugar de meramente rechazarlas. Al observar el universo desde otro ángulo, el kabbalista ha proporcionado nuevos entendimientos y perspectivas sobre la centralidad del hombre y su lugar en el cosmos.

En referencia a este tema, a propósito de nuestra discusión del *goi*, recuerdo una sección poco conocida de *La Puerta de la Reencarnación*, del Arí, que describe sucesos más allá del conocimiento de la ciencia. El Arí escribe: "Labán[381] se encarnó en Bilaam, seguido por su encarnación en Nabal, el Carmelita.[382] Bilaam, el malvado, obtuvo su poder de la serpiente y fue invitado por Balak para que utilizara su poder de la lengua (como la serpiente) para maldecir a los Israelitas. Cuando Bilaam fue asesinado, encarnó dentro de una piedra, la inteligencia cósmica de lo inanimado, para que su lengua fuera silenciada. Cuando finalmente se encarnó en Nabal, el Carmelita, el proceso de *tikún* comenzó, pues él (Labán) había alcanzado su destino final, su encarnación en un Israelita. Cuando tuvo lugar el incidente de la lengua maligna de Nabal hacia David, y Nabal estaba intentando maldecir a David[383], recordó su encarnación anterior dentro de una piedra con el propósito de corregir la energía-inteligencia del mal, y se arrepintió".

En este relato, vemos que el proceso de la reencarnación es más complejo de lo que podemos pensar. Para entender claramente lo que ocurre cuando se encarna un alma humana, debemos revisar algunas de las conclusiones que Rav Isaac Luria presenta sobre el tema: "La encarnación final, que fue la tercera de Labán, traspasó dentro del marco de Israel. Por lo tanto, se convirtió en el alma encarnada de Nabal, el Carmelita".[384] El Arí lo explica en detalle de forma bastante clara: "Un no Israelita puede encarnarse dentro del marco de referencia de la Ley Mosaica. En cambio, un Israelita puede encarnar dentro del marco de referencia de las Leyes de Nóaj. Ninguno de los marcos asegura que tenga lugar el proceso de *tikún*. Un alma en el marco de la Ley Mosaica se encontrará con un proceso de *tikún* más exigente y por lo tanto más difícil; de ahí que deba obedecer 613 preceptos y no siete". Por consiguiente, para el Arí, el proceso de *tikún* consiste en que el individuo elimine su porción de *Erev Rav* del cosmos, sea o no un Israelita. El alcance del proceso de *tikún* que uno debe atravesar para completar esta tarea depende de la energía-inteligencia interna de su marco de referencia.

Volvamos ahora donde empezamos. Dentro del cosmos, existe la dualidad de dos energías-inteligencias básicas que se originaron en Abel: el bien y el mal; los otros pueblos de nuestro universo y los *Erev Rav*, dos naciones que no están determinadas por ninguna religión ni nacionalidad. Estas dos energías-inteligencias se vuelven manifiestas entre todas las naciones, religiones e instituciones, y por tanto, el término *goi* (la nación) puede representar cualquiera de estas dos características. Sólo cuando el bien y el mal están completamente separados podrá venir el Mesías.

Rav Isaac Luria puso la regeneración del yo interno —que sólo se produciría como resultado de obedecer el precepto de "Ama a tu prójimo"— por encima de la renovación de cualquier organización religiosa o nación como entidad política. La mejora moral causaría, en su opinión, la liberación de todos los pueblos del exilio, tal como dice el verso: "Y el Señor será Rey sobre toda la Tierra. En aquel día el Señor será Uno, y Uno Su Nombre. Y morarán en ella los hombres, y no habrá nunca más destrucción total".[385] La doctrina del Arí de la migración cruzada de almas impuso la tarea del *tikún* sobre todos los pueblos del mundo.

Independientemente de su nacionalidad, hay aquellos cuyas almas se originan dentro de la energía-inteligencia maligna de Abel. El único efecto que la religión tiene sobre estos individuos es restringir el alcance de la severidad del mal inherente en sus almas. Si sus almas parten de los *Erev Rav* cósmicos, su crueldad no tiene límites. Si la conciencia de los *Erev Rav* encarna en un Israelita, el mal potencial y su efecto sobre el cosmos podrían ser desastrosos, pues la conciencia religiosa del Israelita está aumentada debido a la magnitud de su *Deseo de Recibir*. Los variados códigos genéticos de la humanidad dependen de la energía-inteligencia de su aspecto único y particular del *Deseo de Recibir*. Como en el Mundo Sin Fin, las almas son infinitas tal como su grado de *Deseo de Recibir* es ilimitado.[386]

En el Monte Sinaí en el momento de la Revelación, la nación entera de Israel sufrió una transformación completa, y la doctrina de *Guilgul Neshamot* (Reencarnación de Almas) se asoció íntimamente con el papel de los Israelitas en el universo. Fue en el Monte Sinaí donde los Israelitas se encarnaron con almas de máxima intensidad de *Deseo de Recibir*. Esto se hizo para permitir que el Señor infundiera el cosmos con Su Luz y Su beneficencia infinitas. El grado en el cual el Señor podría llegar a infundir Su poder en el universo dependía de la capacidad, o el deseo, de la Vasija que iba a recibir este poder. Para evitar una sobrecarga catastrófica en el circuito del cosmos, la Revelación de la Ley Mosaica (los 613 Preceptos) era necesaria para asegurar que la humanidad pudiera demostrar y lograr la restricción, la energía-inteligencia cósmica de la Columna Central. Sin esta restricción, la cualidad única del *Deseo de Recibir* de los Israelitas simplemente obtendría el asombroso poder del Señor sin canalizarlo ni controlarlo de forma alguna. En efecto, los Israelitas pueden convertirse involuntariamente en responsables de la violencia y la destrucción en todo el cosmos.

La solución a este problema estaba contenida dentro de la Revelación: "Ama a tu prójimo". Las Leyes de *Nóaj* eran insuficientes para constreñir el *Deseo de Recibir* de los Israelitas. Sólo el sistema Mosaico de restricción podía permitir al hombre completar su tarea en este mundo si su alma se encarnaba como Israelita. En la época del Éxodo, las almas de los *Erev Rav* mostraban una arrogancia e insensibilidad que les hacía fracasar en el cumplimiento de su tarea en este mundo. También existen personas así en nuestra era: personas que carecen de compasión y sensibilidad, que corrompen el cosmos entero con energía-inteligencia negativa y crean un universo roto por la violencia y la destrucción; lo cual no es distinto del caos que se experimentó en el momento del Éxodo.

Antes de proseguir, me gustaría explicar lo que intento expresar cuando utilizo este término tan abusado: *goi*. Cuando digo *goi*, quiero expresar lo que significaba generalmente este término antes de que se convirtiera en una etiqueta para los no judíos. *Goi* significa insensibilidad o falta de compasión y dignidad humana, que es la abominación de nuestro universo. En esta conexión, debemos prestar mucha atención al hecho de que en todas las numerosas referencias a *goi* hechas en la Biblia, el

Talmud y el *Midrash*, no hay ni una pista que indique que el término *goi* representa a los no judíos.

La Biblia dice: "Entonces la comunidad en pleno prorrumpió en fuertes gritos, y el pueblo lloró toda aquella noche. Los israelitas protestaban contra Moisés y Aarón, y toda la comunidad les decía: ¡Ojalá hubiéramos muerto en Egipto! ¡Ojalá muriéramos en este desierto! ¿No nos sería mejor volvernos a Egipto?'. Y el Señor dijo: 'Los voy a castigar con una peste y los voy a desheredar. De ti [Moisés], en cambio, haré un gran *goi* y mucho más fuerte que ellos'". [387]

Obviamente nos encontramos ante una situación única para aquellas personas en aquel momento. No es sorprendente que el Señor no quisiera seguir soportando su arrogancia. A estas personas se les había concedido la libertad, los milagros de las Diez Plagas, la división del Mar Rojo, el milagro del maná, y todo lo que podían decir al Señor era: "¿Qué has hecho tú por nosotros últimamente?". Esta actitud tan atroz llevó al Señor a declarar un final para estas personas arrogantes e insensibles. Moisés se convertiría entonces en la gloria suprema de un nuevo *goi* (nación).

La ingratitud de los Israelitas era otra prueba más de que la energía-inteligencia del mal de Abel habitaba en su interior, que eran incapaces de completar su *tikún* en sus cuerpos físicos de entonces. Así, el Señor decretó: "En este desierto caerán los cadáveres de ustedes; todo el número de los que fueron contados de entre ustedes, de veinte años para arriba, los cuales han murmurado contra mí. Ustedes sin duda no entrarán en la tierra, por la cual alcé mi mano y juré que les haría habitar en ella".[388]

"La generación de *Dor Deá* (la Generación del Conocimiento) se alzará una vez más en almas reencarnadas durante la Era de Acuario", declara el Arí.[389] La mancha de la arrogancia y la insensibilidad será eliminada del pueblo, y la doctrina de Hillel, "Ama a tu prójimo", se alcanzará algún día. Este es el significado de *tikún*.

Todo lo que hace el individuo o la comunidad en el reino terrenal se refleja en el Reino Celestial. El impulso que se origina de las buenas acciones o de la energía-inteligencia de Moisés, el aspecto bueno de Abel, infunde en la totalidad del cosmos un flujo de bendiciones que brotan de la Fuente, el *Mayin Dujrín* del Señor. Por lo tanto, en un esfuerzo por restaurar la completitud original y eliminar el diabólico mundo de las tinieblas del mal, el Señor envió a Moisés, el aspecto del Bien, para ser el *Goi Gadol*, la Gran Nación y Fuerza, para permitir que la semilla cósmica realice su función.

La preocupación de la *Tet* cósmica iba dirigida hacia esas almas de los *Erev Rav* en cualquier religión o encarnación en la que existieran. Ella percibía las energías-inteligencias positivas y negativas que en última instancia estaban destinadas a convertirse en expresiones físicas. La *Tet* cósmica creía que la energía positiva del *Goi Gadol*, representada por la declaración del Señor a Moisés, iba a prevalecer con seguridad si ella era escogida como canal para la Creación. Ella se consideraba a sí misma el vehículo adecuado para ayudar a aquellas almas de los *Erev Rav* que cayeran en un plano espiritual inferior porque estaban encarnadas con la energía negativa del mal del *goi*. Pues *Tet* es la primera letra y la la energía-inteligencia inicial de la palabra hebrea *tov*, que significa "bueno".

Un principio de la doctrina kabbalística es que el Señor es Uno, lo cual significa que toda la vida y sus emanaciones son básicamente buenas. Cuando el Señor vio el cosmos tal como surgía de la nada y la oscuridad, dijo: "Es bueno".[390] Sin embargo, aquí es donde se nos plantea uno de los problemas básicos de la visión del mundo monoteísta: ¿cómo explicamos la existencia del mal en sus diversas formas? Las catástrofes naturales extraordinarias y la angustia de la vida humana cotidiana no son más que dos expresiones del mal. Para poder darle sentido a nuestra visión del mundo, debemos explicar cómo estos hechos encajan dentro del diseño de la Creación.

Para el kabbalista, la ignorancia humana deliberada del concepto del Pan de la Vergüenza[391] es el origen y la raíz del mal y de la corrupción. El mal no se originó dentro del plan del Señor, sino que partió del ser creado. La eliminación de la Luz por parte del alma creada causó el vacío que permitió el establecimiento de la oscuridad y el mal.

"El Señor vio la Luz y era buena". Esta frase es paralela a la percepción común de la energía-inteligencia de la luz del sol, que generalmente se caracteriza como una que da y comparte. La estructura del Señor es el compartir y la compasión. Esto se contradice con la energía-inteligencia del mal, que está dirigida por el *Deseo de Recibir Sólo Para Uno Mismo*.

El valor numérico de la *Tet* cósmica contribuyó a su súplica por ser el canal cósmico de la Creación. Para entender este asunto, debemos acudir a la *gematria*, o numerología, uno de los métodos kabbalísticos para interpretar la Biblia y revelar su código cósmico.

Utilicemos por lo tanto la gematria para descifrar la energía-inteligencia interna de la *Tet* cósmica. La letra *Tet* ט personifica la novena letra de la *Biná* cósmica —*Yesod* de *Biná*— o el número nueve. Consecuentemente, la *Tsadi* צ, cósmica, que representa la novena letra decimal del *Zeir Anpín* cósmico —el número noventa relativo a la *Tet* cósmica— es la externalización de la *Tet*. La *Tet* cósmica representa la fuerza interna y oculta de la *Tsadi* cósmica, que es *Yesod* de *Zeir Anpín*, el cuerpo y el alma. La palabra hebrea *goi* גוי engloba la energía-inteligencia de la mayor parte de la humanidad. El número nueve indica la afinidad de esas palabras con la *Tet* cósmica. Consecuentemente, la energía-inteligencia interna de la *Tet* cósmica determina las características de prácticamente toda la humanidad.

Esto es lo que la *Tet* cósmica tenía en mente cuando hizo su súplica al Señor. "El interés de todo el universo se serviría mejor si yo sirviera como canal cósmico de la Creación", dijo la *Tet* cósmica a su favor. "El Señor de la Oscuridad nunca emprendería ningún intento de tomar la Fuerza de Luz del Señor, pues nunca podría sobrevivir a un ataque de mi energía-inteligencia interna.

La *Tsadi* cósmica, la estación de la *Tet* cósmica, se llama "Justa", pues ésta conecta con *Maljut*, el Mundo de la Acción, y aumenta sus fuerzas. La *Tsadi* cósmica, con la energía-inteligencia de *Tet* a bordo, era mucho más fuerte que el mal, la arrogancia y la insensibilidad que formaba el armamento de Satán. Con las fuerzas combinadas de la *Tet* cósmica y la *Tsadi* cósmica como protección, la humanidad no podía fracasar en la batalla con el Señor de la Oscuridad. Cualquier intento por parte de Satán de restaurar su dominio sobre el cosmos estaba destinado a fracasar. A través del poder de *Tet*, todo el cosmos se convertiría en el paraíso de manera inmediata.

Tet, la *Yesod* cósmica de *Biná*, constituye la energía-inteligencia de *Tsadi*, *Yesod* de *Zeir Anpín*, y contiene el atributo de *tov* (bueno), indicado por su portal abierto en lo más alto de la nave espacial. La *Tet* cósmica, de hecho, es la única letra del *Álef Bet* con una conexión directa desde su estructura superior hasta el Señor.

El profeta Isaías apunta a la existencia de esta misteriosa nave espacial cuando exclama: "Decidle a los justos que les irá bien".[392] Es más, el misterio del asombroso poder de la *Tet* cósmica —su Luz oculta— es la Luz del Señor creada en el Día Uno de la Creación. Los sabios del *Talmud*, aludiendo al poder cósmico de *Tet*, declararon que "esta Luz le permitió a Adán ver desde un extremo del mundo hasta el otro".[393] Esta llama brillante de poder proyectaría finalmente una luz de verdad nueva por todas las galaxias.

"Y vio el Señor que la Luz era buena".[394] Bendito es aquel que ve la letra *Tet* en un sueño. ¿Por qué es así? La Biblia utiliza la letra *Tet* en las palabras: "que era buena". Por lo tanto, se entiende que *Tet* posee la Luz que irradiaba por todo el universo desde un extremo al otro.[395] Por este motivo la *Tet* cósmica creía ser la Vasija adecuada para la Creación del mundo.

Sin embargo, el Señor existe más allá de la cortina del tiempo y prevé el futuro. Tras ver las generaciones malvadas del Diluvio y la Torre de Babel, el Señor tenía dudas con respecto al poder de la Luz intrínseco de la *Tet* cósmica. Así, el Señor decidió ocultar su Luz en el futuro. La Luz se revelaría para los *tzakidim* (los justos), que aparecerán cuando se consume la Redención Final. Este acontecimiento se revela en las palabras: "Y vio el Señor que la Luz era buena".[396]

La *Tet* cósmica poseía la energía que permitió a Adán ver desde el principio hasta el final; un poder verdaderamente asombroso de inteligencia. Ella era inmune a la fuerza del mal del Señor de la Oscuridad. Sin embargo, los *Erev Rav*, los *rashaim* (malvados), podían romper su escudo de seguridad a través de sus acciones corruptas, colocando así las *klipot* malignas en una posición desde la cual pudieran acceder a la Fuerza de Luz.

Mientras que la *Tet* cósmica siguiera siendo propiedad de los justos, ellos estaban en una posición en la que podían hacer uso pleno de su poder, tal como Adán hizo antes que ellos. Y, ciertamente, si ella era elegida para ser el canal de la Creación, los justos podían contar con la *Tet* cósmica como parte de su arsenal. No obstante, en un universo de libre albedrío, los *Erev Rav* podían corromper las acciones de los justos, y ciertamente la Biblia está llena de relatos de los actos horribles de los *Erev Rav*. Por lo tanto, los *Erev Rav* proporcionarían inadvertidamente a las *klipot* la oportunidad de aprovechar el poder de la *Tet* cósmica. El potencial de una brecha en su escudo de seguridad hizo que el Señor rechazara a *Tet* como un canal adecuado para la Creación. En su lugar, su mera presencia dentro del cosmos se ha convertido en un símbolo de lamento y tristeza.

La letra *Tet*, que representa el número nueve, se ha convertido en un símbolo de la crisis mundial. El *Talmud* decreta *Tishá*

BeAv (Noveno día de *Av*) como el día principal de lamentación, pues las calamidades han ocurrido en este día una y otra vez a lo largo de la historia.[397] Lamentablemente, la violencia y la perturbación que afectaron a las personas han traído dolor y sufrimiento a todas las naciones del mundo. En el Nueve de *Av* se decretó que los hijos de Israel, los que fueron liberados de Egipto, nunca entrarían a la tierra de Israel.[398] El Primer Templo, construido por el rey Salomón, fue destruido por el rey Babilónico Nabucodonosor en el noveno día de *Av*. "Y toda la congregación alzó su voz y lloró. Y la gente lloró aquella noche.[399] Cuando el sonido de su llanto llegó a los Cielos, el Señor dijo: 'No lloran sin causa. Llegará el momento en que en este día tengan una buena causa por la que llorar'. Entonces se decretó que el [Segundo] Templo se destruyera ese mismo día, y así se convirtió para siempre en un día de lágrimas".[400]

El Segundo Templo fue destruido por los romanos unos 670 años más tarde. Bethar, la última fortaleza de los líderes de la guerra de Bar Kojbá, fue capturada en esta fecha. La expulsión de los judíos de España en 1492 también se dice que ocurrió en el noveno día de *Av*. Los Israelitas, en el noveno día de *Av*, se negaron incluso a entrar en la tierra de Israel porque temían a las naciones poderosas que controlaban Israel, un miedo que les comunicaban los espías que enviaban para explorar el territorio.

El libro bíblico que los rabinos designaron como la conexión cósmica con este día único, *Tishá BeAv*, es *Eijá* אֵיכָה , o el Libro de las Lamentaciones. La palabra *Eijá* es similar a la palabra *ayeka* אַיֶּכָּה (dónde estás), que el Señor le gritó a Adán con dolor y enojo después del pecado en el Jardín del Edén. Ambas palabras están compuestas por las mismas consonantes; sólo las vocales son distintas. Estas palabras son aspectos del código cósmico bíblico, como todas las palabras de la Biblia. Ambas palabras están conectadas con el exilio, y representan el desastre y la destrucción. De la misma forma que el pecado de Adán culminó en su eliminación del centro de energía e inmortalidad cuando fue expulsado del Jardín del Edén, Jerusalén también fue destruido por los pecados de Israel, y los Israelitas desaparecieron de la tierra de Israel y fueron vendidos en cautiverio y esclavitud.

Por muy extraño que parezca, este día también veremos el nacimiento del Mesías: el principio de la Redención Final. En esta conexión, debemos buscar el significado más profundo de estos acontecimientos catastróficos que han hecho tambalear a nuestro universo. ¿Por qué sucedieron estos acontecimientos en el noveno día de *Av* y no en otro día? ¿Cuál es la fuerza cósmica detrás de este periodo de tiempo aparentemente difícil? ¿Por qué hemos sido incapaces de tratar de forma efectiva con este problema?

La conexión entre la *Tet* cósmica y este peculiar noveno día es bastante obvia. Hay una Ley Universal que dice que por cada fuerza existe siempre otra fuerza igual y contraria. Si fuera de otra forma, no habría libre albedrío en el universo. Si la súplica de la *Tet* cósmica al Señor estaba basada en su energía-inteligencia de bondad, entonces también existía una fuerza equivalente de negatividad. El rey Salomón, preocupado por las Leyes Universales que guían nuestras vidas, define claramente para nosotros la verdad esencial que rodea a la esencia de la Creación: "En el día de *tov* [bueno], conéctate con *tov*. Y en el día de ra [el mal], considera que el Señor ha colocado a una en oposición a la otra".[401]

En su interpretación del orden cósmico, el rey Salomón proporcionó el código cósmico fundamental relativo a la *Tet*. Rav Shimón bar Yojái completó el descifre en el Zóhar (Libro del Esplendor). El interés de Rav Shimón por la astronomía apunta a esta conciencia fundamental de la dimensión celestial de la humanidad. En relación a una de las secciones más complejas y difíciles de la Biblia, Rav Shimón reveló la conciencia esencial y la energía-inteligencia del noveno día de *Av*: "Y Jacobo fue dejado solo; y allí luchó con él un hombre hasta el amanecer. Pero viendo que no le podía vencer, le tocó en la articulación femoral, y se dislocó el fémur de Jacob mientras luchaba con aquél. Por eso los hijos de Israel no comen, hasta la fecha, el nervio ciático, que está sobre la articulación del muslo, por haber sido tocado Jacobo en la articulación femoral, en el nervio ciático".[402]

El nervio ciático, junto con otras arterias y tendones, debe extraerse del animal sacrificado antes de que esa porción del animal pueda prepararse ritualmente para su consumo. Este es un recordatorio constante de la Divina providencia que se brindó a Jacobo. Aunque no hay duda sobre el contenido de este precepto, me gustaría preguntar si se supone que debemos entenderlo simplemente como un fenómeno histórico, o si debemos considerar la experiencia de Jacobo como un mensaje codificado relevante para nuestra propia existencia. El kabbalista considera que la Biblia contiene información codificada esperando ser descifrada. La Biblia comprende mucho más que una simple traducción literal.

La Kabbalah revela una riqueza de hechos históricos concretos, así como un entendimiento del significado más profundo de la Biblia. Está conectada con un cierto grado de conciencia religiosa, y es inseparable de éste. En la raíz de cualquier historia y precepto bíblicos, yace una interpretación kabbalística.

Podemos obtener un buen punto de partida para nuestra investigación explorando el Zóhar, que coloca el énfasis en una conciencia directa e íntima del reino celestial o metafísico. Esto es religión en su estado más agudo, intenso y experimental.

"Y Rebeca, su mujer, concibió. Los hijos luchaban dentro de su vientre; y ella dijo 'Si esto va a ser así, ¿para qué seguir viviendo?'. Entonces fue a consultar al Señor, y Él le contestó: 'En tu vientre hay dos goyim, y dos pueblos se dividirán desde tus entrañas. Un pueblo será más fuerte que el otro, y el mayor servirá al menor'".[403]

¿Cómo podemos interpretar este diálogo? Este es el gran enigma que los kabbalistas y los comentaristas de la Biblia han intentado resolver. Pues debe decirse que esta relación directa entre Rebeca y el Señor —entre el finito y el infinito— es muy paradójica. ¿Cómo pueden expresar las palabras una experiencia para la cual no hay un paralelo adecuado en este mundo finito del hombre?

Sería superficial e incorrecto concluir que un enigma implica un absurdo. Sería más sabio asumir, como hace la visión kabbalística, que el mundo religioso de lo místico puede expresarse en términos afines al conocimiento racional. Por lo tanto, debemos prestar atención a la perspectiva Zohárica, a través de la cual reconocemos las inteligencias cósmicas básicas, el bien y el mal, que impregnan el universo, y que vemos en el Zóhar de la siguiente manera:

"Y los hijos luchaban en su vientre, pues en su vientre Esaú ya había declarado la guerra contra Jacobo. Observa que aquel era del lado que monta la serpiente, mientras que el otro era del lado del Señor".[404] Estos dos *goyim* representaban una batalla incesante entre el bien y el mal: la paz y la tranquilidad en oposición a la confusión y la destrucción. El siniestro mundo demoníaco del mal se alimenta y se acelera a través del pecado del hombre. El mal es inteligencia haciendo avances ilegítimos en el Reino Celestial de la Luz.

Este drama de la historia nos lleva de vuelta al problema del nervio ciático y su relación con el Noveno día de *Av*, el día más complejo y confuso del año. ¿Cuál es la base para este precepto? ¿Cómo puede considerarse este precepto dentro del marco del código cósmico bíblico? Para entender este concepto con mayor profundidad, regresemos al Zóhar.

¿Por qué este nervio en cuestión se llama *guid hanashé* (nervio ciático)? El nervio ciático contiene el poder y la inteligencia para hacer virar bruscamente al hombre del Señor. En ese nervio reside la energía inteligente del mal. Y debido a que la inteligencia extraterrestre que luchó contra Jacobo no pudo encontrar ningún otro punto débil en el cuerpo de Jacobo, conectó con su puesto principal de batalla dentro del hombre: el nervio ciático. Consecuentemente, la Biblia prohibió comer este nervio. El cuerpo del hombre conecta con el reino metafísico. Si una parte del cuerpo es buena, atrae la energía-inteligencia del bien, pero una parte del cuerpo negativa atrae la energía-inteligencia del mal.

De forma similar, cuando un hombre come la carne de un animal, la energía inteligente de la parte del cuerpo del animal conecta con la parte correspondiente del cuerpo del hombre y está metafísicamente integrada con ella. Por esta razón Israel no come el nervio ciático, para que la energía-inteligencia interna del nervio no se inyecte en el nervio correspondiente del hombre. Esta es una forma de evitar que la energía-inteligencia del mal llegue a expresarse físicamente dentro del cosmos.

Hay muchas conexiones entre el cuerpo del hombre y los principios metafísicos que gobiernan el cosmos. Por ejemplo, hay 248 preceptos positivos en la Biblia, que se corresponden con los 248 huesos del cuerpo humano. Este número de preceptos fue deliberadamente diseñado para que cada precepto conectara directamente con el cuerpo del hombre, proporcionando así al individuo una conexión con la energía-inteligencia del Señor. De forma similar, hay 365 preceptos prohibitivos en la Biblia, que se corresponden con los 365 nervios (incluido el nervio ciático) y los 365 días del año. *Tishá BeAv* (el noveno día de *Av*) es el día que se corresponde con la energía-inteligencia del mal, que a su vez está relacionada con la energía particular del nervio ciático.

Está escrito: "Los hijos de Israel no comen el nervio ciático". En el verso de la Biblia que declara este precepto, está insertada una palabra aparentemente innecesaria: et[405] אֵת . Las dos letras que componen esta palabra, *Álef* y *Tav*, revelan la razón por la cual se ayuna en este día en particular. Igual que el precepto de no comer el nervio ciático evita que la energía-inteligencia del mal llegue a expresarse físicamente, también es necesario ayunar en el noveno día de *Av*, puesto que la energía-inteligencia del mal invade el universo en este día en particular.

La Biblia, el código cósmico del Señor, revela estos principios a través del relato del patriarca Jacobo y su lucha contra el ángel, quien representa la energía-inteligencia del mal. "Y allí luchó contra él un hombre"[406] se refiere a la lucha perenne de la humanidad contra el mal. El ángel no pudo encontrar otro lugar para conectar con Jacobo excepto su nervio ciático (el de la humanidad). Este es el significado del verso: "Pero viendo que no le podía vencer, le tocó en la articulación femoral, y se dislocó el fémur de Jacob".[407] En ese momento, Jacobo se volvió débil. De forma similar, la inteligencia del mal descubrió que el noveno día de *Av* era un día en el cual podía prevalecer. El resultado fue la destrucción de los Templos Sagrados por causa de las acciones corruptas y la debilidad del hombre. La destrucción de los Templos también causó un transtorno de la paz y la tranquilidad mundial.

Aquellos que comen durante *Tishá* B'*Av* pueden compararse a aquellos que comen el nervio ciático. Rav Jiyá dijo en el Zóhar: "Si la fuerza de Jacobo no le hubiera fallado en aquel lugar (el nervio ciático), habría vencido al ángel tan completamente que el poder de Esaú se hubiera roto, tanto en el reino terrestre como en el extraterrestre".[408] La explicación que hace el Zóhar de la Biblia es crucial para lograr un entendimiento más profundo del cosmos. La Biblia puede concebirse como un vasto *corpus symbolicum* del mundo entero. A partir de este código cósmico puede descifrarse el misterio inexpresable del Reino Celestial. Los rituales y los preceptos dogmáticos ordenados por la Biblia son, para el kabbalista, símbolos de una realidad más profunda y oculta. El infinito se revela a través de lo finito. El alma irradia a través del cuerpo, infundiendo vida en el cuerpo. Sin la Fuerza de Luz, la realidad deja de existir.

Este breve resumen nos proporciona una idea de la diferencia fundamental entre interpretar la Biblia superficialmente y entenderla como un código cósmico. Si todo el universo se considera una máquina enorme y compleja, entonces la humanidad es el técnico que hace que las ruedas sigan girando proporcionando combustible a través de la energía-inteligencia de sus acciones. La presencia de la humanidad tiene por lo tanto una importancia esencial. Cada precepto de convierte en un acontecimiento de importancia cósmica. La energía-inteligencia de cada precepto tiene relación con la interacción dinámica del universo. Cuando cada precepto se interpreta como un acontecimiento cósmico, un precepto aparentemente insignificante como la prohibición de comer el nervio ciático adquiere una importancia mucho mayor.

Desde esta perspectiva, no hay nada más instructivo que nuestra comprensión de la *Tet* cósmica. Para empezar, *Tet* personifica el poder que permitió a Adán ver desde el principio hasta el final. *Tet* engloba un amplio espectro de comportamientos humanos, incluidos todos los *goyim*. Su valor numérico de nueve se expresa en el efecto cósmico de *Tishá BeAv*, un día de destrucción y lamento. La profundidad de su penetración en los mundos ocultos del cosmos puede encontrarse en cada nivel. Por lo tanto, quizá no había ninguna otra letra más apropiada que la *Tet* cósmica para ser el canal de la Creación, pues ella representa el *tov* (lo bueno) que existe en el cosmos.

Sin embargo, el Señor tenía otro destino en mente para *Tet* cuando respondió: "No crearé a través de ti, *Tet*, porque la bondad que representas está oculta dentro de ti". El salmista revela esta verdad cuando declara: "Cuán grande es Tu bondad, que has guardado para los que Te temen".[409] Y el

Señor continuó: "Esta bondad oculta no tiene lugar en el mundo que voy a Crear, sino sólo en el Mundo por Venir".[410]

La paradoja es y ha sido siempre una característica distintiva de la Kabbalah, y el entendimiento de la *Tet* cósmica no es una excepción. La *Tet* se caracteriza por dos características contradictorias que aun así están interrelacionadas. La primera de éstas es su poder inmenso y su energía-inteligencia de *tov* (bueno). Sin embargo, su rasgo distintivo de bondad requiere un mecanismo extremo de defensa correspondiente. Por lo tanto, había la necesidad de ocultarla de los malvados, que es el segundo de sus rasgos contradictorios: *Tet* es inmensamente poderosa y está profundamente oculta.

"Tu bondad está oculta dentro de ti", dijo el Señor, "y esa es la razón por la cual tu bondad no está destinada para este mundo, sino para el Mundo por Venir".[411] Sólo la energía-inteligencia externa aparentemente disminuida —y no la intensa energía-inteligencia de su naturaleza esencial intrínseca— estaba predestinada a ser incluida en el proceso cósmico. La limitación de la *Tet* cósmica refleja las limitaciones impuestas sobre la humanidad. El bien inicial de la Creación era desellar el alma y desatar los nudos que la limitan. Todas las fuerzas internas y las almas-energías ocultas en la humanidad están todavía distribuidas y diferenciadas en la energía-inteligencia corpórea de nuestros cuerpos, pero un día, la dualidad y la multiplicidad desaparecerán en la Fuerza de Luz unificada del Señor que todo lo abarca. Entonces, el *Gemar HaTikún* será la liberación final de las almas.

Sin embargo, por ahora, existen ciertas barreras que separan la característica de poder esencial de la *Tet* cósmica del flujo de la vida cósmica, un escudo de seguridad que mantiene encerrada a *Tet* dentro de las fronteras normales del puesto de batalla del Señor y la protege contra el flujo de negatividad liberado por los *Erev Rav*, los malvados. El Señor ha estampado "sellos" sobre la *Tet* cósmica que la protegen de cualquier energía-inteligencia negativa y garantizan su funcionamiento normal. En esta conexión, resulta de especial interés la doctrina del pecado de Adán y su posterior destierro del Jardín del Edén y la inmortalidad.[412] ¿Qué representan estos hechos cuando se interpretan kabbalísticamente? ¿Cuál es el mensaje codificado contenido dentro de la frase: "la caída de Adán"? ¿Por qué fueron de repente Adán y Eva conscientes de su desnudez, y por qué cosieron hojas de higuera?[413]

En su estado original paradisíaco, Adán tuvo una relación directa con el Señor dentro de la conciencia de *Zeir Anpín*. Adán tenía lo que hemos estado describiendo como una conexión con el espacio exterior. La creación del hombre implicó una síntesis de todas las fuerzas espirituales que participaron en la creación del universo. La conciencia interna de la omnipotencia del Señor está reflejada en el organismo de Adán. Originalmente, Adán era una energía-inteligencia puramente espiritual. Su forma etérea estaba diseñada según la energía-inteligencia pura, cruda y desnuda del Pensamiento del Señor. El estado de conciencia de Adán existía dentro del reino cósmico de *Zeir Anpín*. En este nivel de conciencia, Adán era inmortal.

Antes de la caída de Adán, el Cielo y la Tierra eran de un solo pensamiento y estaban en perfecta armonía. Las fuentes y los canales a través de los cuales las energías de las Regiones Celestiales Superiores fluían a los Reinos Inferiores todavía estaban completamente intactas. La Vasija (Adán) y la Fuerza de Luz todavía estaban en perfecta afinidad la una con la otra.

Pero cuando Adán pecó, descendió al reino de la existencia corpórea. Nació en medio de la contaminación de toda la materia física, y la conexión de la humanidad con el espacio exterior se cortó. El orden de las cosas se convirtió en caos porque la Fuerza de Luz era demasiado intensa para ser manejada por un ser físico. Una energía pura y desnuda de tal intensidad no estaba pensada para nuestro Mundo de Acción. El proceso de Pensamiento existe más allá de los límites del tiempo y el espacio. El reino corpóreo, con todos sus factores limitantes, fue incapaz de canalizar la comunicación Celestial. Consecuentemente, el código bíblico continúa: "Cosieron hojas de higuera y se hicieron *hagorot* [prendas protectoras]", lo cual les permitiría soportar la energía-inteligencia fundamental de la Fuerza de Luz, de la misma forma que los astronautas necesitan trajes espaciales para protegerse de los peligros del espacio exterior.

Aquí es donde descubrimos por qué la *Tet* cósmica no era apropiada como canal para la Creación. La energía cósmica de su estructura interna era tan intensa que un proceso contaminado y mundano era incompatible con su energía inteligente orientada hacia el espacio exterior. La fragilidad del reino terrestre requería que el lugar más interno de *Tet* permaneciera oculto para evitar que el caos se desatara sobre el universo.

El concepto de desnudez se alinea ahora estrechamente con el concepto de la conexión con el espacio exterior. El alma individual retiene su propia existencia particular sólo hasta el grado en que puede sostener la energía-inteligencia de la

Fuerza de Luz. Cuando Adán y Eva fueron cósmicamente desconectados del proceso de Pensamiento de *Zeir Anpín* cósmico, dejaron de estar en sintonía con el lugar que habían ocupado originalmente; dejaron de formar parte de la interacción dinámica del todo. Su incapacidad de manejar la intensidad de la Fuerza de Luz les dejó desnudos. Su destierro al exilio de una nueva y extraña forma de existencia corpórea era un castigo particularmente detestable, tanto espiritualmente como físicamente. Las hojas de higuera, que proporcionaban aislamiento de la energía adulterada de la Luz, eran su única protección.

Las propiedades medicinales de las hierbas han sido reconocidas y apreciadas desde tiempos inmemoriales. Recientemente, las soluciones químicas de actuación rápida proporcionadas por la ciencia han desviado nuestra atención de las plantas medicinales y de la naturaleza de la verdadera curación, pero el uso de las hierbas sigue existiendo entre ciertas culturas y comunidades. El uso de las hierbas es la ciencia médica más antigua.

Las hierbas se mencionan en la Biblia desde el principio de la Creación. "Espinos y cardos te producirá, y comerás de las plantas del campo", dice la Biblia.[414] Cuando Adán y Eva fueron desterrados del Jardín del Edén y dejaron de tener acceso al Árbol de la Vida, se volvieron vulnerables al reino terrestre contaminado de la corporalidad. Por lo tanto, el Señor añadió hierbas a la dieta de los humanos, para ayudarles a protegerse contra las aflicciones terrestres. Tal como declaró el profeta Ezequiel: "Su fruto será para comer, y su hoja para medicina".[415] Estos son los remedios del Señor, necesarios para la existencia mundana.

Originalmente, todas las cosas en el universo se expresaban como un todo de energía unificada e inteligente.[416] El universo era una entidad indivisible y dinámica cuyas partes intrínsecamente interconectadas podían comprenderse sólo como un patrón de Pensamiento en el gran proceso cósmico. Pero el pecado creó una separación de la omnipresencia del Señor, causando la pérdida del todo original unificado y llevando hacia una existencia aislada y fragmentada. En el reino de la conexión con el espacio exterior, uno nunca define las entidades o conceptos como "cosas". Uno trata siempre con la interconexión del proceso de Pensamiento. Dentro de *Zeir Anpín* cósmico, la naturaleza aparece como una red complicada de pensamiento-relaciones entre las distintas partes del todo unificado que todo lo abarca. Pero para la intervención del mal, el universo nunca habría adquirido una forma fragmentada y material.

La amenaza de una Guerra nuclear es el mayor peligro al que se enfrenta la humanidad hoy en día. Este asombroso poder se obtiene rompiendo núcleos de uranio en fragmentos. El hombre ha aprendido a fragmentar los fundamentos mismos de la unidad dentro de nuestro universo. ¿Cuáles son los componentes de un átomo, sino pensamiento? La creación de un átomo fragmentado ha llevado a un profundo desequilibrio medioambiental, generando numerosos síntomas de mala salud y mala voluntad. La división del átomo es precisamente el tipo de escenario devastador creado por el pecado de Adán. Él también creó una división entre el reino de *Zeir Anpín* cósmico y la energía-inteligencia de este mundo, *Maljut*.

Si la energía-inteligencia interna de la *Tet* cósmica fuera aprovechada por los malvados, el resultado sería un holocausto mucho más desastroso que el de cualquier guerra nuclear. Por lo tanto, la *Tet* cósmica no iba a convertirse en el canal para la Creación. El tiempo para el surgimiento de su energía-inteligencia estaba destinado a ser el *Gemar HaTikún*, la Corrección Final. La dimensión de la *Tet* cósmica en su estado oculto era insuficiente para corregir este mundo, *Zeir Anpín* cósmico, y *Nukvá* (*Maljut*). Como resultado de esta inadecuación, la *Tet* cósmica sería un blanco fácil para un ataque de Satán.[417]

El Señor continuó hablando de *Tet*. "Además, tu ocultación es la razón por la cual las Puertas del Templo Sagrado desaparecieron bajo la tierra".[418] Las puertas desaparecieron bajo la tierra para que no pudieran ser aprovechadas por los romanos (la expresión física del ejército del Señor de la Oscuridad).[419]

Aquí es donde la *Jet* 🜂 cósmica entró en escena como contrapeso de la *Tet* 🜃 cósmica. ¿Por qué y cómo jugó *Jet* este papel? Tal como *Resh* y *Kof* hicieron antes que ella, *Jet* sirvió un doble propósito dentro del cosmos. *Jet* representa la energía-inteligencia de la *Jod* cósmica, que se corresponde con el Canal Izquierdo entregado al cosmos por *Yesod*. La *Tet* cósmica sirve como Canal Derecho, un embrión cósmico a través del cual nacen las almas. El Canal Izquierdo —la *Jet* cósmica— excreta desechos a las *klipot*. La *Jet* cósmica se identifica con la *Kof* cósmica porque esta última reside, igual que *Jet*, dentro de *Yesod*. *Yesod* es el canal celestial que proporciona al cosmos entero las diversas energías inteligentes necesarias para su existencia. Tal como hemos mencionado previamente, la porción de energía que llega a las fuerzas Oscuras está facilitada por la *Kof*. Por lo tanto, *Jet*, igual que

Kof, aparece algunas veces como una entidad de las veintidós energías-inteligencias del Señor, mientras que otras veces está al servicio del Señor de la Oscuridad. Esta naturaleza dual de *Jet* adquiere la forma del bien y el mal.[420] Mientras que la *Jet* cósmica sirvió al proceso cósmico en la Creación[421], ella también se encargó de "excretar los deshechos a las fuerzas de la Oscuridad". Estos dos canales, *Jet* y *Tet*, están sólo separados por una fina pared, similar a la acartonada piel que envuelve al ajo.

De forma similar, el órgano sexual masculino consiste de estas dos energías-fuerzas inteligentes: la fuerza de vida inteligente del esperma y la excreción de la orina. La *Tet* cósmica es el canal de energía inteligente que proporciona un puente para que las almas viajen de vidas anteriores al presente. Ya hemos visto la capacidad única de *Tet* para unir el pasado y el futuro proporcionando a Adán una visión penetrante del universo desde el principio hasta el final. Transpermia, el término acuñado por Francis Crick, el famoso descubridor del ADN, es en realidad la fuerza-energía inteligente de la *Tet* cósmica, que proporciona la expresión física de un alma encarnada junto con su ADN. *Tet* une el pasado con el futuro.

La *Jet* cósmica sirve a Satán y a las *klipot*. Por lo tanto, no es una coincidencia que cuando uno pronuncia la letra *Jet*, la letra *Tet* combina con *Jet* en su pronunciación. Además, la palabra *jet* אטח significa "pecado", que consiste en las dos letras *Jet* y *Tet*.

En ocasiones el Canal Izquierdo es capaz de obtener el dominio sobre el Canal Derecho. Por esta misma razón el órgano masculino también ha sido utilizado para propósitos malignos, como la violación. Las dos letras combinadas como una sola unidad en la palabra *jet* (pecado) son el resultado de este dominio. Además, el valor numérico de la palabra *jet* (la *Jet* cósmica más la *Tet* cósmica) es diecisiete, que es el mismo valor que el de la palabra *tov* (bueno), lo cual implica que el bien y el mal están uno frente al otro. El rey Salomón se refirió a este fenómeno cuando declaró: "El Señor hizo tanto el uno como el otro".[422] Así pues, cuando el Canal Derecho, donde está alojada la *Tet* cósmica, obtiene el dominio sobre la *Jet*, la balanza se inclina a favor de *tov* (bueno). Por otro lado, cuando el Canal Izquierdo de la *Jet* cósmica domina a la *Tet*, la energía-inteligencia de *tov* es atenuada por la *jet* (pecado).

Fue también por este motivo que el Señor rechazó la petición de la *Tet* cósmica para servir como canal para el proceso creativo. Su presencia daría a las *klipot* del Señor de la Oscuridad el poder y la oportunidad de aprovechar la Fuerza de Luz del Señor para ellas mismas. Por lo tanto, si el hombre corrompía su camino, el poder de la *Tet* cósmica pasaría a estar bajo el dominio del Señor de la Oscuridad para toda la eternidad.

En esta conexión, examinemos dos de las palabras codificadas bajo consideración: *tov* y *jet*. Una vez descifradas, incorporan el diálogo entero entre el Señor y los dos canales cósmicos respectivos, *Tet* y *Jet*, relativos al proceso cósmico de la Creación. La palabra *tov* consiste en tres letras: *Tet*, *Vav* y *Bet* טוב . Numéricamente, suman diecisiete. Si consideramos que *Tet* es la cabeza de este canal de letra-energía, ésta se encuentra en una posición de poder dominante y primario. Las letras secundarias y terciarias del canal de energía de *tov* son *Vav* y *Bet*, que tienen el valor numérico de ocho (el mismo que *jet*, pecado). Consecuentemente, cuando la *Tet* cósmica (con el valor numérico de nueve) obtiene el dominio sobre la *Jet* (con el valor numérico de ocho), el resultado es *tov*, bueno, puesto que nueve es mayor que ocho.

Por el contrario, la *Jet* cósmica, en su posición codificada dentro de la palabra *jet*, indica su posición dominante sobre la *Tet* cósmica. La consecuencia de la derrota de *Tet* es el pecado. Debido a que *Jet* es la primera letra de esta palabra-canal de energía, la posición de *Jet* en esta palabra es dominante. La letra secundaria de *jet* (pecado) es la letra *Tet*. El ocho precede al nueve, lo cual significa que en *jet* precede la bondad. El resultado global es *jet* o pecado, que es contrario a *tov* o bueno.

Si hay odio, violencia y desorden entre los seres humanos, se debe a que estos elementos existen dentro del cuerpo fragmentado de la humanidad. Otorgamos al Señor de la Oscuridad el derecho de entrar a través de nuestro egoísta *Deseo de Recibir Sólo Para Uno Mismo*. ¿Por qué nos ocurren cosas malas? Porque nos hemos alineado con la *Jet* cósmica y nuestras acciones son contraproducentes para *Tet* o *tov*. Nuestro *Deseo de Recibir Sólo Para Uno Mismo* nos convierte en nuestros peores adversarios.

La mayoría de nosotros estamos atrapados en nuestro huevo cósmico egocéntrico, el cual limita severamente nuestro potencial humano. Es difícil aceptar la idea de que cuando queremos recibir, debemos compartir.[423] Para recibir *tov*, uno debe compartir y dar a los demás. Esta paradoja da forma a nuestras percepciones de todo lo que nos rodea. Cuando el pecado o *jet* es el proceso primario para nuestra energía-inteligencia, entonces excluimos a *Tet* o *tov* de nuestro sistema cósmico. Nos ocurren cosas malas porque nosotros hacemos que ocurran. Percibir a *jet* (pecado) como una realidad en vez de una ilusión es vivir en una contradicción.

Por este motivo, dice el Zóhar, las letras *Jet* y *Tet* no se encuentran en los nombres de los doce hijos de Jacobo.[424] Mediante esta omisión, el código bíblico indicaba que las tribus derivan de un nivel de conciencia más elevado y más oculto, el cual les separa de la *Jet* cósmica, que es una fuente primaria de negatividad. Por este motivo los sabios del *Talmud* dicen: "El lecho del patriarca Jacobo es perfecto"[425], lo cual significa que la energía-inteligencia de naturaleza negativa nunca fluyó de Jacobo al Señor de la Oscuridad. Ese no fue el caso de los otros dos patriarcas, Avraham e Isaac.

La *Tet* cósmica, tras oír la respuesta del Señor, entendió cuál era su deber, por muy doloroso que fuera para ella. Se dio cuenta de la oportunidad que tendría el Señor de la Oscuridad si la humanidad corrompiera sus canales en el proceso cósmico de la Creación. Al no tener otra opción, partió.

La *Jet* cósmica no hizo ningún intento para convencer al Señor de su capacidad única para actuar como canal para el proceso creativo. La respuesta del Señor a la *Tet* cósmica estipulaba con claridad el peligro de la presencia de *Jet* en el cosmos. Su energía inteligente estaba disponible cuando y si el Señor de la Oscuridad creía necesario hacer una conexión cósmica, como también sucedió con la *Resh* cósmica y la *Kof* antes que ella. Así pues, la participación de la *Jet* cósmica en la Creación fue también descartada.

CAPÍTULO 18

LA LETRA
ZAIN

Gemar HaTikún;
Zain el Shabat;
Fuerza de la tranquilidad;
Maná;
Siete *Sefirot*;
Reacción y negatividad;
Estrés

DEJA QUE EL HOMBRE SE CONSIDERE SIEMPRE A SÍ MISMO COMO SI FUERA MITAD JUSTO Y MITAD MALVADO.

—*TALMUD, KIDUSHÍN*

L a *Zain* cósmica consideró sus opciones. *Tet*, a pesar de su poder, había sido rechazada. Si el Señor hubiera aprovechado el poder de *Tet* a causa de la avaricia del hombre, la humanidad se habría quedado sin probabilidades de lograr el *Gemar HaTikún*. El Señor no podía permitirse jugar a las apuestas con el libre albedrío de la humanidad. El momento de gloria de *Tet* tendría que esperar hasta la Corrección Final.

Las circunstancias parecían desfavorables para los aspectos positivos de la existencia futura. El Señor de la Oscuridad conocía muy bien los impulsos que iban a inducir la avaricia y la corrupción del hombre. Mientras el *Deseo de Recibir* permaneciera insatisfecho, la avaricia continuaría siendo una característica inherente de la humanidad. En realidad, el *Deseo de Recibir* debía ser, necesariamente, una parte integrante y permanente del Mundo por Venir porque si el desafío de la humanidad de liberarse de esa inclinación al mal desapareciera, también desaparecería el propósito de la Creación, que era darle a la humanidad el libre albedrío suficiente para eliminar el Pan de la Vergüenza.

La *Zain* cósmica previó la loca carrera del hombre por la adquisición y era consciente de la tenacidad con la que enfocaría el problema del logro corpóreo. Ella vio el mal que él intentaría justificar en nombre de la supervivencia. Ella entendió que la vasta mayoría de los habitantes de la Tierra en el Mundo por Venir intentaría satisfacer el *Deseo de Recibir Sólo Para Sí Mismos* con la riqueza y las comodidades materiales. Ella percibió que la humanidad carecería del poder para liberarse de esta inclinación al mal. Ella vio todo esto, y la perturbó profundamente. ¿Pero qué pasaría si pudiera encontrarse una energía inteligente cósmica que redujera o incluso neutralizara la fuerza-energía del *Deseo de Recibir Sólo Para Uno Mismo?*

Con esta visión de un cosmos futuro, la *Zain* cósmica se aproximó al Señor para suplicarle ser el canal celestial para la Creación. Una energía-inteligencia que más tarde se manifestaría cuando la Santidad de *Shabat* acompañó a *Zain*, pues más tarde ella se convertiría en el canal a través del cual se crearía el *Shabat*.

El universo tembló, y una luz se arremolinó alrededor del Trono. La *Zain* cósmica se inclinó humildemente ante el Creador y dijo: "Si es Tu deseo, Oh Señor, crea el mundo a través de mí. Es mi energía-inteligencia a través de la cual se manifestará el *Shabat*. ¿Y no será escrito: 'Recuerda el día del sábado para santificarlo'?[426] Elígeme, Oh Señor, pues entonces el universo tendrá aseguradas la paz y la tranquilidad".[427]

Desde la perspectiva kabbalística, cada uno de nosotros es una parte integral del gran diseño cósmico. Siempre que nos experimentamos a nosotros mismos como si estuviéramos separados del resto del cosmos, estamos cayendo víctimas de una peligrosa ilusión, un mito adictivo que puede hacer que persigamos la ganancia personal a expensas de los demás y anhelemos más y más intensamente para satisfacer el *Recibir Sólo Para Uno Mismo*. Este error puede causar que estrechemos nuestro enfoque e incluyamos en ellas sólo nuestras insignificantes preocupaciones personales. Vivir de esta forma puede alienar a aquellos que están más cerca de nosotros y distorsionar nuestras percepciones, no sólo la nuestra propia y la de los demás, sino también la del tiempo y el espacio.

El kabbalista busca trascender esta inclinación adictiva extendiendo su conciencia y expandiendo el alcance de su visión para incluir en ella a los demás. Sólo entonces es posible experimentarnos a nosotros mismos como parte del diseño infinito. Al engrandecer nuestro círculo de compartir para incluir en él a todas las vidas —lo cual, según el kabbalista, incluye a todo en el universo, tanto lo animado como lo inanimado— empezamos a elevarnos por encima de la ilusión física y a experimentar la belleza ilimitada de la unidad cósmica.

Kabbalísticamente hablando, el "deseo" no es un rasgo totalmente negativo en sí y por sí mismo. La maldición de la humanidad no es el deseo en sí mismo, sino sólo el aspecto negativo del deseo: el *Recibir Sólo Para Uno Mismo*. El deseo en el sentido de esforzarse por lograr un propósito positivo es, de hecho, el cimiento mismo de la liberación espiritual, personal y material, así como la clave para lograr la paz y la tranquilidad interior. Aun los hombres y las mujeres más santos están llenos de deseo, más deseo del que podrían imaginar aquellos cuyos anhelos engloban tan solo la avaricia y la adquisición.

Sin embargo, el deseo se convierte en una virtud sólo cuando está atemperado por una motivación de compartir subyacente. Lamentablemente, cualquier revisión de la historia hace inmediatamente y dolorosamente evidente que la vasta mayoría de la gente no está motivada por un deseo de compartir. Muy pocos son capaces de escapar del aspecto negativo del deseo, porque para hacerlo, uno debe poseer una conciencia de compartir, un atributo que es excluido o contradicho por el *Deseo de Recibir Sólo Para Uno Mismo* inherente a la humanidad. Mientras que unos pocos llevan a cabo la tarea monumental de elevar la conciencia humana, otros muchos trabajan para disminuirla, lo cual hace que cada paso hacia delante en la gran balanza de la evolución humana vaya acompañado de dos pasos hacia atrás. Aun cuando es cierto que la ciencia, las artes, la religión, la filosofía, el capitalismo, el socialismo, el comunismo, el humanismo ético y una multitud de otros "ismos" pueden haber contribuido a elevar la conciencia de ciertos individuos, y aunque estas ideologías puedan haber mejorado las condiciones de vida de ciertos segmentos de la población general, la humanidad como un todo no parece estar hoy en día más cerca de alcanzar lo que son, o deberían ser, nuestros verdaderos objetivos: armonía, liberación de la carencia y el hambre, y la paz mundial.

En su enfrentamiento contra el Señor de la Oscuridad, a la humanidad no le ha ido bien. A pesar de los esfuerzos concertados del hombre por lograr una coexistencia pacífica, Satán continúa manteniendo la discordia dentro del universo. Ningún plan para lograr la paz parece adecuado para disminuir la tensión entre las naciones del mundo. La guerra, los conflictos y la pestilencia siguen prevaleciendo. La historia de la humanidad es un recordatorio ineludible del fracaso de las buenas ideas para penetrar en el corazón humano. Los preceptos de las religiones más importantes, por ejemplo, han sido artículos de fe durante siglos, sin embargo los beneficios de la religión parecen minúsculos comparados con los horrores de las guerras que se han luchado en su nombre. Los holocaustos continuos de genocidio, guerra global, asesinatos masivos, tortura y terrorismo —para no mencionar las atrocidades cometidas por la humanidad contra la Tierra y sus preciosos recursos— nos avisan un futuro problemático, al mismo tiempo que las fuerzas negativas continúan surgiendo de las profundidades de la psique humana.

La persistencia de tales dificultades constituye una abrumadora acusación en contra de todas nuestras apreciadas creencias e instituciones. Nuevos credos y doctrinas nacen dirigidas a estos temas, pero tan pronto como son expresadas, un segmento de la humanidad de nuevo comete una nueva atrocidad, dejando al resto de nosotros viendo horrorizados como todo el edificio ideológico colapsa como un castillo de naipes. Luego, lentamente, la búsqueda por la redención comienza de nuevo. La terrible ironía de todo esto es que aunque tengamos evidencia clara frente a nuestros ojos, aún insistimos en mantener ilusiones destructivas. Las ideas por sí solas nunca transformarán el comportamiento humano. Sólo la conciencia puede penetrar la esencia de la condición humana.

A la luz de esta percepción de la fragilidad de la humanidad, la *Zain* cósmica previó que ninguna religión ni la inteligencia avanzada de la ciencia llevarían al hombre a su *tikún*, un término que significa la compleción del proceso espiritual de corrección y que por lo tanto tiene un significado específico para el alma encarcelada. La *Zain* cósmica previó el caos y la violencia en la vida de la humanidad en la Tierra, y contempló la insensatez de todo ello. La humanidad podía estar rodeada de leyes, edictos, mandamientos y normas morales, sin embargo éstas perderían su significado a menos que se evitara que el aspecto negativo del deseo gobernara la psique humana. A menos que ese problema aparentemente intratable pudiera superarse, las emociones que impulsarán a la humanidad siempre dirigirán el cosmos de formas totalmente negativas.

La *Zain* cósmica reconoció que la violencia y el desorden eran los objetivos del Señor de la Oscuridad y que él era ciertamente un adversario formidable. La solución, según ella, era impregnar el cosmos de una energía-inteligencia positiva suficiente para reducir el anhelo ilimitado del aspecto egoísta del *Deseo de Recibir*. No había un objetivo más importante que el de establecer un sistema universal de compartir que llevara a la humanidad a contemplar su responsabilidad individual hacia y dentro de la unidad cósmica.

Cuando la fuerza de *menujá* (tranquilidad) pueda empezar a expresarse como una influencia positiva en el mundo, será en gran parte a través de la energía inteligente de la *Zain* cósmica. Ella sola simboliza el canal a través del cual Israel, en observancia del *Shabat*, impregna el universo de *menujá*. La energía inteligente de la *Zain* cósmica, que representa el concepto de tranquilidad, está codificada en el verso: "*Zajor* [recuerda] el día del sábado para santificarlo".[428] La primera letra de la primera palabra de este precepto, *Zajor*, es *Zain*, lo cual indica la capacidad de *Zain* de proporcionar al universo una necesitada muestra de su energía-inteligencia cósmica.

Para entender totalmente la importancia de *Zain* en el esquema cósmico, debemos examinar la comprensión kabbalística del *Shabat*. El origen del *Shabat* aparece en el Génesis[429], aunque allí no aparece el nombre del día. El Señor, cuando creó el mundo, trabajó seis días y en el séptimo día Él cesó Su trabajo. Bendijo el séptimo día y lo declaró sagrado. El estatus especial y el nombre del séptimo día fueron revelados a Israel en el incidente del maná. El Señor proveyó maná por cinco días. El Señor no quería que los Israelitas trabajaran recolectando comida en el séptimo día, por lo que en su lugar envió una doble ración en el sexto día, para que les durara hasta el séptimo. El Señor les dijo a los Israelitas que el séptimo día era "un Sábado [*Shabat*] del Señor", que ellos observarían interrumpiendo su tarea diaria de recolección de comida.[430] El cuarto enunciado del Decálogo (los Diez Enunciados), generaliza el precepto del *Shabat* y la prohibición de trabajar ese día. La asociación del *Shabat* con la Creación indica la razón fundamental del *Shabat*. La santidad del día está basada en el cese del trabajo del Señor.

La primera pregunta que surge de forma natural es: ¿cómo podemos comprender el concepto del "trabajo del Señor"? ¿Es el trabajo del Señor parecido al nuestro en algún sentido? ¿Por qué, después de todo, debemos descansar en *Shabat*? Ningún ser humano ha trabajado tan duro como se hubiera requerido para crear el cosmos. ¿Podría este requerimiento de descanso por parte del Señor estar basado en el hecho de que Él trabajó muy duro en la Creación?

Muchas religiones incorporaron la experiencia religiosa de los Israelitas cuando adoptaron la tradición de los días de descanso periódicos. Cuando esto se entiende adecuadamente, la observancia de los festivales como *Shabat* puede proporcionar una conciencia espiritual más elevada a toda la humanidad. El propósito de los preceptos y mandamientos bíblicos no es regular el comportamiento de forma tiránica, sino añadir significado a la vida revelando y despertando la belleza y el poder de la Creación a través del código bíblico del universo.

La religión, puesto que está convencionalmente mal entendida, parece hacer aparentemente poco por aliviar los problemas de la vida cotidiana. Si acaso, lo que aparenta es representar un sistema de comportamiento restrictivo y sofocante. Por lo tanto, es evidente que la religión se percibe generalmente como un impedimento para el enriquecimiento de la vida personal. Este es el motivo por el cual la gran mayoría de la humanidad deriva escasos beneficios de los preceptos bíblicos. Y tampoco debe sorprendernos que el *Shabat*, tal como se percibe y se practica, contribuya poco o nada a la eliminación de la inhumanidad del hombre hacia el hombre.

La visión kabbalística del mundo busca interpretar el significado de las festividades y hacer que su significado sea relevante y experiencial. De forma similar, la historia de la Pascua sobre la Redención de Egipto es una ocasión para meditar sobre la relación de la humanidad con el cosmos.[431] La festividad de la Pascua dirige nuestra atención hacia la necesidad de suplirnos de la energía-inteligencia de la Fuerza de Luz del Señor.

Los sabios eran elocuentes cuando hablaban del valor de observar el *Shabat*: "Si Israel observa dos *Shabats* como deben hacerse, el Mesías vendrá". Dicen que el *Shabat* es equivalente a todos los demás preceptos de la Biblia.[432] El Señor dijo a Moisés: "Moisés, tengo un regalo precioso en Mi tesoro cuyo nombre es *Shabat*, y quiero entregárselo a Israel".[433]

Incluido en la descripción bíblica de los seis días de la Creación está el pasaje: "Y atardeció y amaneció".[434] Este verso se omite en el Séptimo Día, el *Shabat*, donde dice la Biblia: "Y dio por concluida Dios en el séptimo día la labor que Él había hecho". Por lo tanto, las Escrituras reconocen que el Señor trabajó en el séptimo día, pero la Biblia no dice qué creó el

Señor. Lo que parece desprenderse de estas consideraciones es que el *Shabat* no tiene conexión directa con el concepto de descansar.

La Kabbalah enseña que los siete días de la semana son reflejos de los siete días originales de la Creación bíblica. Cada día representa una de las siete energías-inteligencias *Sefiróticas* que gobiernan el cosmos. La conciencia cósmica de *Shabat* no participa del *Deseo de recibir sólo para uno mismo*. El hombre, cuando se le otorga la oportunidad de elegir libremente, puede fusionarse con la conciencia de *Shabat* y desconectarse de la energía-inteligencia del deseo negativo.

Esto es precisamente lo que quiso decir el Señor cuando llamó a *Shabat* un "precioso regalo". Un regalo indica algo que recibimos sin esfuerzo. *Shabat* es un regalo, puesto que representa un flujo incesante de energía. En *Shabat*, el universo experimenta un flujo incesante de energía, y los deseos se cumplen sin la restricción necesaria. Por el contrario, los otros seis días están llenos de duras batallas entre fuerzas opuestas, con la humanidad actuando como factor equilibrador.

Realísticamente hablando, la mayoría de las personas no están de acuerdo con *Shabat*, ni lo experimentan como un precioso regalo. Para muchos, la observancia del *Shabat* no les proporciona la elevación espiritual que un regalo así debería proveer. En la Kabbalah, la observancia del *Shabat*, con la ayuda de meditación metódica, estimula el movimiento armonioso del pensamiento-inteligencia puro, resultando en una sensación prolongada similar a la de escuchar la armonía musical más exquisita.

La lista de trabajos prohibidos en *Shabat* por el judaísmo tradicional engloba sólo aquellas actividades que estimulan la energía negativa. Por lo tanto, la labor de un camarero —cuyo trabajo, por su propia naturaleza, consiste en servir a los demás— no está proscrita, pero si el aire acondicionado se apagara accidentalmente en un día de *Shabat* caluroso y pegajoso en pleno agosto, encenderlo de nuevo violaría el *Shabat*, aunque dicha tarea requiera poco "trabajo".

El Zóhar trata el *Shabat* en profundidad porque el *Shabat* es un tiempo en el que se altera la disposición del orden cósmico. Los términos "anochecer" y "día" simbolizan las energías inteligentes básicas de lo positivo y lo negativo. Los seis días de la Creación consisten en una lucha constante entre la energía de la Columna Derecha (positiva) e Izquierda (negativa). La asombrosa tarea de crear armonía entre las dos se deja en manos de la humanidad. Para la mayoría, el trabajo es agotador. La unificación entre estas fuerzas cósmicas resulta de nuestros esfuerzos por restringir nuestro *Deseo de Recibir Sólo Para Uno Mismo.* Si fallamos en aprovechar la Columna Izquierda, se nos corta del flujo de energía. Los seis días de la semana nos dan un sentimiento de agotamiento. Sin embargo, en *Shabat* la estructura del cosmos sufre un cambio dramático. La energía-inteligencia de la Columna Izquierda, el *Deseo de Recibir,* es puesto en un estado inmóvil de inactividad.

Durante el periodo de seis días, la energía-inteligencia interna de la Columna Izquierda proporciona un vínculo necesario al circuito de energía. Tal como sucede con la bombilla eléctrica, el polo negativo se une con su contraparte positiva a través del filamento que proporciona la energía-inteligencia necesaria para formar un circuito de energía. Si el filamento falla en su función, el circuito se rompe y la energía deja de fluir. De forma similar, la humanidad debe mantener una actividad de restricción, una conciencia de Columna Central para mantener el circuito abierto. De otra forma, el flujo de energía se detiene y la humanidad se consume.

Sin embargo, en *Shabat* estamos libres de esta responsabilidad. El cosmos fue creado con un proceso restrictivo inherente e incesante que mantiene abierto el circuito de energía sin la intervención ni la participación humana. Esto es sin duda un regalo. La doctrina del Pan de la Vergüenza se considera inexistente en *Shabat*, y el *Deseo de Recibir Sólo Para Uno Mismo* no ejerce un efecto limitante dentro del cosmos. En *Shabat*, uno puede recibir ilimitadamente sin miedo de causar un cortocircuito. En otras palabras, podemos decir que en *Shabat*, el filamento nunca se quema.[435]

Sin embargo, hay una condición que puede perturbar la función del *Shabat* en el cosmos. Aunque la Conciencia Cósmica de *Shabat* existe más allá de la naturaleza del *Deseo de Recibir Sólo Para Uno Mismo,* el hombre —dada su oportunidad de libre elección— puede elegir ausentarse del marco del *Shabat* actuando con el fin de gratificar el *Deseo de Recibir Sólo Para Sí Mismo.* El electrón, cuya energía-inteligencia interna es la del *Deseo de Recibir Sólo Para Uno Mismo,* está cósmicamente inactivo en *Shabat*. Por sí solo, el hombre tiene el poder de alterar este estado de conciencia. Puede reactivar la energía-inteligencia negativa, incrementando la necesidad de energía de la Columna Central. Entonces el flujo automático de energía deja de estar asegurado, las necesidades del hombre dejan de estar satisfechas, y la loca carrera vuelve a empezar. Los humanos insatisfechos, con un ansia de lograr las cosas que creen que les traerán una vida de paz y tranquilidad, inundan el universo. Todo el mundo parece tener lo que los demás necesitan. Nadie tiene suficiente. Parece que no haya suficiente energía para todos.

La descodificación que hace el Zóhar de la narrativa de la Creación bíblica introduce una reinterpretación total del *Shabat* que no implica ninguna conexión entre el *Shabat* y el descanso físico. El trabajo, tal como lo entiende el Zóhar[436], gira alrededor de la actividad frenética de la energía-inteligencia negativa: el *Deseo de Recibir Sólo Para Uno Mismo*. El significado verdadero del descanso es el *Deseo de Recibir* cuando se encuentra en un estado de realización, libre de estrés. El Zóhar enfatiza la importancia de evitar cualquier contacto con el *Deseo de Recibir Sólo Para Uno Mismo* durante el *Shabat*. El *Shabat* nos permite desactivar el papel central del *Deseo de Recibir,* y nos permite dejar a un lado, durante un tiempo, la ilusión de la fragmentación que oculta la verdadera naturaleza de la existencia: la unidad.

El estrés es un aspecto esencial de la vida. La interacción permanente entre un organismo y el entorno implica a menudo una pérdida temporal de flexibilidad. Pero estas fases de trauma y el desequilibrio son transitorias y existen sólo cuando ha tenido lugar una interrupción de energía. Un flujo menos directo de energía restaura el equilibrio y puede incluso trascender el tiempo y el espacio. El reconocimiento de la *Zain* cósmica del papel del estrés en el proceso creativo la llevó a rogar por su idoneidad como canal para la Creación. La energía-inteligencia que ella manifiesta se considera sagrada porque representa un flujo menos directo y constante de energía.[437] Bajo su dominio, el universo se aseguraría la obtención de *menujá* (tranquilidad), lo cual causaría que la energía-inteligencia negativa de las *klipot* (el *Deseo de Recibir Sólo Para Uno Mismo*) fuera dejado en reposo, y la dificultad para mantener la restricción, la manifestación de la Columna Central, sería resuelta.

Cuando el *Deseo de Recibir* es neutralizado por la *Zain* cósmica, ésta se convierte en una "corona sobre la cabeza de *Zeir Anpín*", y se logra la conexión con el espacio exterior.[438] Por lo tanto, el universo regresa una vez más al estado tranquilo de la conciencia de Adán que prevaleció antes del pecado original. Este es el poder del *Shabat*. Sin embargo, este estado alterado es sólo temporal porque el Mundo de la Acción, el nivel terrestre, tiene que atravesar todavía la elevación de la conciencia que todo lo abarca y que tendrá lugar en el momento del *Gemar HaTikún* (Corrección Final).

Cada energía-inteligencia del *Deseo de Recibir* puede lograr su corrección y conexión con *Zeir Anpín* sólo cuando su Columna Central se vuelve manifiesta. Mientras todas sus partes retengan un elemento de separación, la guerra de los seis días, que se inició en el momento de la Creación original, persistirá. Sólo cuando todas y cada una de las energías-inteligencias hayan abandonado toda pretensión de aislamiento, el Mundo de la Acción, con su conciencia inherente del *Deseo de Recibir Sólo Para Uno Mismo*, renunciará a su poder y nos permitirá trascender libremente las *klipot* del mal.

Los sabios nos dicen que sabremos cuando todas las almas hayan alcanzado su *tikún*, su conexión con *Zeir Anpín*. Se dice que esto ocurrirá "cuando el sol y la luna brillen con igual intensidad".[439] Lo positivo y lo negativo dejarán de retener sus energías-inteligencias individuales. En su lugar, se reunirán como partes interrelacionadas del todo unificado, y la batalla de los seis días entre el día y la noche finalizará. Entonces, la paz entre el Cielo y la Tierra será al fin restaurada. Hasta ese día, continuará habiendo un ciclo de seis días de actividad seguido por un *Shabat* de descanso. Esta condición durará hasta la Corrección Final del universo, momento en el que la tranquilidad eterna de *Shabat* será revelada.

"Tu energía-inteligencia, que busca liberar al universo de la avaricia y la corrupción a través del descanso total, está todavía incompleta", le dijo el Señor a la *Zain* cósmica. Su reciclaje semanal requería que el hombre librara la guerra con el Señor de la Oscuridad durante seis días antes de llegar al *Shabat*, la energía-inteligencia del descanso. La *Zain* cósmica era una energía-inteligencia integrante de la estación de batalla del Señor, pero la paradoja seguía existiendo. Ella no sólo incorporaba la energía-inteligencia del descanso y la tranquilidad; al mismo tiempo, también era el canal para la energía que había reducido la Tierra a un estado de penuria y desesperación.

La naturaleza paradójica de *Zain* no es la única en el cosmos. Los científicos se enfrentan con paradojas a diario. La visión kabbalística del mundo explica las razones —y la necesidad— de la paradoja. Si la humanidad representa e inicia el ritmo cósmico del universo, entonces la paradoja parte de la naturaleza dual del hombre. La actividad positiva de la humanidad infunde descanso y tranquilidad en el cosmos. La energía-inteligencia negativa del *Deseo de Recibir Sólo Para*

Uno Mismo crea un cosmos de fragmentación y caos. La *Zain* cósmica es el canal para la expresión física de ambas tendencias. El determinante de la expresión de estas tendencias es la humanidad.

Si la *Zain* cósmica puede verse como una espada de doble filo, la imagen de la espada de doble filo es también un símbolo adecuado para *Maljut*.[440] Durante los seis días de la semana, *Maljut* reside con *Nétsaj* (Victoria) del *Zeir Anpín* cósmico, la conexión con el espacio exterior. Esto implica que durante la semana, *Maljut* se convierte en una "espada afilada" que protege del ataque de las *klipot*. *Rumhé dekrové* (lanza de batalla) es un atributo utilizado para agujerear las *klipot* del Señor de la Oscuridad.

El Señor concluyó Su respuesta a *Zain* diciendo: "En *Shabat*, eres una corona sobre la cabeza de *Zeir Anpín*, pero el dominio de ese estado de conciencia es sólo temporal. Por consiguiente, tu canal puede servir también como una energía-inteligencia de guerra y desastre. El universo requiere un canal para ayudar a la humanidad a obtener mejores resultados de su esfuerzo para lograr el *Gemar HaTikún*". Por lo tanto, el Señor rechazó la súplica de la *Zain* cósmica, pues ella representaba la doctrina de la paradoja. La traducción hebrea de la letra *Zain* pronunciada es "guerra", algo muy lejano a la paz y tranquilidad que también encapsula.

Con su cabeza inclinada, la *Zain* cósmica partió del escenario del proceso creativo.

CAPÍTULO 19

LAS LETRAS
VAV Y *HEI*

ה ו

DIOS UTILIZÓ LAS BELLAS
MATEMÁTICAS PARA CREAR
EL MUNDO.

—PAUL DIRAC

Explorando el futuro de las fronteras de la alta tecnología, las letras-energías contemplaron una espantosa visión del Señor de la Oscuridad. Brillando como un relámpago de luz negra a lo largo del cosmos infinito, el Señor de la Oscuridad dejaba una estela de oscuridad, muerte y desolación a su paso. Esto no desanimó a las letras-energías, ni menguó su pasión por la batalla que estaba por venir. Cada una de ellas se mantuvo en pie dispuesta a contraatacar a Satán con una defensa que creía que eliminaría la negatividad del Señor de la Oscuridad para siempre. Cada una de ellas se sintió digna de la tarea de defender a la humanidad y al universo contra las fuerzas del mal. Sin embargo, por muy elevada que fuera su confianza y por muy firmes que fueran sus convicciones, la pregunta esencial seguía siendo la misma: ¿qué letra del *Álef Bet* sería la elegida como canal para la Creación del Señor, y por qué?

El momento en que la *Vav* cósmica presentara su petición se acercaba. Examinando los ruegos de las letras-energías anteriores y las razones de su rechazo, la *Vav* se encontró presionada para expresar una razón convincente por la cual debía ser escogida como canal para la Creación. El miedo no le hizo dudar. Como una de las letras-energías del Tetragrámaton ，el símbolo de cuatro letras del inefable nombre del Señor, *Vav* poseía un poder igual o mayor al de cualquiera de las otras letras del *Álef Bet*. En una lucha justa con el Señor de la Oscuridad, *Vav* sintió la certeza de que se manejaría admirablemente y que al final saldría ganando. Sin embargo, muchas letras-energías de mérito considerable se habían presentado ya ante el Señor, sólo para ser rechazadas. ¿Por qué, entonces, debía ser ella la escogida? ¿Había algo que las otras no habían comprendido? ¿Cómo debía presentarse ante el Señor? ¿Cuál debía ser la esencia de su ruego?

Como si el universo no tuviera suficientes problemas, ahora parecía claro que la violencia se establecería como una parte integrante de la psique humana. Con el *Deseo de Recibir Sólo Para Sí Mismo* como el impulso motivador de la humanidad, aun los instintos más agresivos de una sola persona podían ser una fuerza peligrosa en la Tierra. Tarde o temprano, la humanidad tendría que descubrir una forma humanitaria de tratar con una tormenta interminable de violencia y destrucción.

Los poderes proféticos de *Vav* le permitían vislumbrar un futuro en el cual la humanidad tendría acceso a armas capaces de la destrucción global. Ella vio un mundo en el cual la animosidad y el odio —consecuencia de los impulsos violentos de la humanidad— palidecerían en comparación con la lluvia nuclear. ¿Por qué, se preguntó *Vav*, daría el Señor al hombre la motivación y los medios para armarse con suficiente poder explosivo para destruir el mundo más de diez mil veces?

El problema, pensó *Vav*, era encontrar una forma de evitar que el comportamiento violento se estableciera dentro del cosmos. Un enfoque sería limitar la cantidad de violencia a la cual se iba a exponer a la humanidad. El canal elegido por la Fuerza de Luz unificada que todo lo abarca estaría en posición de evitar la destrucción del universo sirviendo como fuerza disuasoria para Satán, permitiendo asimismo al hombre el acceso a la Fuerza de Luz infinita del Señor.

A pesar de las convincentes demostraciones del Señor de las vulnerabilidades de las letras anteriores a un ataque del Señor de la Oscuridad, la *Vav* cósmica seguía considerándose una Vasija adecuada para actuar como canal para la Creación. En cuanto al atributo que la calificaría para servir en tal exaltada capacidad, sería su pertenencia a la fuerza élite y más poderosa del cuerpo de energías inteligentes del Señor: el Tetragrámaton. Teniendo esto en cuenta, ella se acercó al Trono del Señor y dijo: "Oh, Señor del universo, te ruego que aceptes mi papel como canal en la Creación del mundo, puesto que soy la única de las cuatro energías-inteligencias cósmicas que forma parte del Tetragrámaton supremo".[441]

La súplica de la *Vav* cósmica dependía mayormente del significado exacto del rechazo del Señor de la *Yud* cósmica como canal para el proceso creativo, puesto que *Yud* también formaba parte del Tetragrámaton. Si la visión del Señor de un paraíso cósmico requería una energía-inteligencia que eliminara permanentemente al Señor de la Oscuridad del escenario de la actividad cósmica, entonces el poder de *Vav* podría ser más que suficiente para lograr este objetivo. Sin embargo, mientras el equilibrio del poder dependiera de la actividad humana, parecía seguro que el Señor garantizaría la supervivencia del Señor de la Oscuridad. En cuanto al futuro, sólo había una cosa segura: que era incierto.

Aun la más poderosa de las energías-inteligencias del *Álef Bet* debía admitir que ninguna fuerza conocida o previsible podía garantizar la destrucción de cualquier energía-inteligencia que fuera lanzada por Satán. Alguna parte de la fuerza de ataque del Señor de la Oscuridad penetraría cualquier escudo de seguridad, causando muerte y devastación más allá de lo imaginable.

Por lo tanto, la perfección no parecía ser el criterio principal del Señor en su elección del canal para la Creación. Tampoco el poder destructivo puro aseguraría ese cargo preeminente para una letra-energía. Lentamente, el resto de las letras empezaron a caer en la cuenta de que quizá lo que tenía en mente el Señor no era una ofensa devastadora sino una fuerte defensa. Quizá era el momento de aceptar la posibilidad de que más que destruir al Señor de la Oscuridad, debían darse por satisfechas con un sistema que anulara suficientemente las *klipot* como para permitir a la humanidad la oportunidad de arrepentirse y sobrevivir. ¿Pero, podía un sistema disuasorio de escala tan limitada ser efectivo?

La *Vav* cósmica no albergaba dudas con respecto a su capacidad para actuar como una alternativa eficiente a la destrucción autoinfligida del hombre. La amenaza reconocida contra el mundo y la estabilidad cósmica hizo que la energía-inteligente interna de la *Vav* cósmica pareciera ser la más prometedora de todas las letras-energías que se habían presentado ante el Señor, pues *Vav* tenía la visión de un mundo unificado por su energía-inteligencia. Ella estaba deseosa de desatar la energía de la Columna Central.

La Biblia dice: "Y sucedió, que cuando Moisés llegó cerca del campamento y vio el becerro y las danzas, ardió en ira, arrojó de su mano las tablas y las hizo añicos al pie del monte".[442] La ruptura de las Tablas precipitó la destrucción del Primer y el Segundo Templos, pues la energía-inteligencia interna del Primer Templo fue extraída de las dos Tablas, la Izquierda y la Derecha, mientras que el Segundo Templo obtuvo energía sólo de la Izquierda.

"¿Por qué", pregunta el Zóhar, "se cayeron y se rompieron las Tablas?". Se rompieron porque la energía interna de la letra *Vav* voló fuera de ellas y se desvaneció. Este poder de *Vav* se intuye en el verso: "Entonces el Señor formó al hombre del polvo de la tierra, y sopló en su nariz aliento de vida, y fue el hombre un ser viviente".[443] La *Vav* de la palabra hebrea *vayitser*, que significa "formado", encapsula el Árbol de la Vida. Cuando Israel corrigió el pecado de Adán, los Israelitas fueron merecedores de la energía-inteligencia de *Vav*, que estaba diseñada para crear libertad a partir de un mundo de inestabilidad. De esta forma, los Israelitas se ganaron la liberación del Señor de la Oscuridad. Sin embargo, el pecado del Becerro de Oro deshizo su corrección, y el Árbol de la Vida fue ocultado. En su lugar apareció el Árbol del Conocimiento del Bien y del Mal. Entonces Israel recibió la energía-inteligencia que faltaba en el Árbol de la Vida de *Vav*, y que consistía en la vida que emanaba de su lado Derecho y la muerte que emanaba de su lado Izquierdo.

Esto es lo que los sabios quieren decir cuando se refieren a las nuevas Tablas que Moisés presentó a los Israelitas después del incidente del Becerro de Oro. "Para aquellos a la Derecha, la Biblia era una poción de vida; para los de la Izquierda, una poción mortífera".[444] Por lo tanto, el sabio Rav Akiva advirtió a sus estudiantes que fueran conscientes de la separación y el desorden que regresaba al cosmos.[445]

Lo que parece desprenderse del Zóhar es la capacidad de la *Vav* cósmica para mantener la estabilidad universal y el orden en el cosmos. La ventaja que Satán parecía mantener sobre el hombre corpóreo y su universo físico podía cambiar radicalmente a medida que la enorme vitalidad liberada por una infusión de la energía-inteligencia de la *Vav* cósmica llevara el universo hacia el orden y la unidad.

Como parte del Tetragrámaton, la *Vav* cósmica tenía el poder y la astucia suficiente para derrotar aun la más engañosa de las medidas que el Señor de la Oscuridad pudiera utilizar contra la humanidad. *Vav* podía proporcionar exactamente el tipo de ayuda cósmica que daría a los habitantes de la Tierra la oportunidad de luchar. El Tetragrámaton representaba el estado más elevado y potente de la energía cósmica en el universo. Esta era el arma secreta de la *Vav* cósmica. Por consiguiente, ella afirmó: "Mi dimensión de Luz y energía-inteligencia es capaz de proporcionar la gran unificación que un día anhelará desesperadamente el universo".

Tal como hemos visto, *Yud* también forma parte del Tetragrámaton, pero su ruego había sido negado porque ella se extendía más allá de la protección del escudo protector de la *Shin* cósmica, lo cual hacía que la *Yud* fuera vulnerable a los ataques de Satán. Esta vulnerabilidad podría haber dado al Señor de la Oscuridad la oportunidad de obtener la soberanía sobre el espacio cósmico y evitar que la *Yud* recuperase su lugar dentro del poderoso Tetragrámaton. Si esto sucediera, se perdería todo.[446] La presentación de la *Yud* cósmica y su rechazo tuvo lugar en una conferencia cósmica convocada por el Señor mismo, con la asistencia de la *Vav* cósmica y todas las demás letras.[447] Pese al entusiasmo del ruego de la *Yud* cósmica en su propio nombre, su petición fue denegada porque, paradójicamente, su posición dentro de la asombrosa estructura de poder del Tetragrámaton era al mismo tiempo su mayor fortaleza y su mayor debilidad. Todos los presentes sintieron la inmensidad de la energía-inteligencia de *Yud* y sabían que ella era capaz de defender los portales del espacio universal contra cualquier imperio Oscuro. Con el nombre de cuatro letras como su arma, parecía seguro que el espacio seguiría siendo un santuario pacífico para toda la humanidad. Pero no iba a ser así.

El Señor le dijo a la *Yud*: "Estás grabada dentro de Mí, marcada en mi interior. Mi Deseo y Mi Energía-inteligencia está en ti. Por consiguiente, no eres el canal cósmico adecuado para la Creación".[448]

Vav era también un componente del Tetragrámaton. Si la presencia de *Yud* dentro del Tetragrámaton era la razón por la cual el Señor la rechazaba como el canal para la Creación, ¿entonces qué le hacía creer a *Vav* que no caería sobre ella un destino similar? La *Vav* cósmica dedujo que *Yud* había sido rechazada porque *Yud* era el cerebro del sistema del Tetragrámaton, y si ella se corrompiera, no habría esperanza de un universo libre de la amenaza de la autodestrucción.[449] Si el Señor de la Oscuridad vencía a la *Yud*, todo el sistema del Tetragrámaton fallaría. Sin embargo, si la *Vav* cósmica era puesta en peligro por el Señor de la Oscuridad, la capacidad correctiva del Tetragrámaton permanecería intacta.

La *Vav* creyó erróneamente que su energía-inteligencia, combinada con la de la *Hei* cósmica, combatiría los peligros crecientes a los que se enfrentaba la humanidad. *Vav* no entendía que ella y *Hei* eran tan importantes para el mantenimiento del Tetragrámaton como la *Yud* cósmica; por lo tanto, su derrota tendría las mismas ramificaciones apocalípticas que la derrota de *Yud*. Si *Vav* fuera utilizada en la Creación del mundo, ella sería igual de vulnerable a la corrupción.

La respuesta del Señor a *Vav* fue: "El sistema del Tetragrámaton en su totalidad requiere la custodia protectora del escudo de seguridad de la *Shin*. Tú, *Vav*, no debes aventurarte más allá del perímetro de *Shin*. Sea cual sea el resultado, el Tetragrámaton debe permanecer alejado de cualquier contacto con las *klipot* del Señor de la Oscuridad".[450]

La incursión de la *Vav* cósmica en la arena cósmica convertiría el espacio exterior en un campo de batalla, añadiendo peligrosas complejidades a la posición ya precaria del hombre en la Tierra. El problema primordial era la necesidad de preservar la incorruptibilidad del sistema del Tetragrámaton. Si el universo se convertía en un campo de batalla, el Tetragrámaton proporcionaría la única esperanza de preservar las galaxias y a los escasos justos.

La continuidad era el pensamiento primario que gravitaba sobre el universo y la especie humana. El Señor había reducido el problema a una simple pregunta: ¿Debía permitirse que el universo, con todos sus habitantes, llegara a su final sin el proceso de *tikún*? La respuesta del Señor silenció cualquier otro pensamiento que la *Vav* cósmica pudo haber tenido. No había duda de que la intención del Señor era proteger y preservar el Tetragrámaton a toda cosa, asegurando así que la humanidad tuviera una oportunidad de completar su *tikún* y lograr la Corrección Final.

Decepcionada, la *Vav* abandonó la arena cósmica de selección.

La *Hei* cósmica dejó de sentir la necesidad de presentar un ruego para servir como canal para el proceso creativo. Ella también ocupaba una posición exaltada dentro del sistema del

Tetragrámaton. La respuesta del Señor a la *Vav* hizo que la *Hei* se diera cuenta de que su energía-inteligencia era también un vínculo vital en la gran unificación del universo. El joven universo no podía darse el lujo jugar a las apuestas con este certero sistema de defensa: el todopoderoso Tetragrámaton. Tanto *Hei* como *Vav* eran necesarias para operar en este importante puesto de batalla y llevar finalmente a la humanidad a aceptar la visión del Señor de un universo estable. El plan del Señor requería que la humanidad hiciera de la armonía y el orden mundial su objetivo central. Para este propósito, el Tetragrámaton proporcionaba la única esperanza.

La *Hei* cósmica, sirviente obediente del Señor, no tuvo otro remedio que partir y permitir que el proceso de selección continuara.

CAPÍTULO 20

LAS LETRAS
DÁLET Y *GUÍMEL*

NINGÚN PUNTO ES MÁS
FUNDAMENTAL QUE ESTE:
QUE EL ESPACIO VACÍO NO
ESTÁ VACÍO. ES DONDE
TIENE LUGAR LA FÍSICA MÁS
VIOLENTA.

—JOHN A. WHEELER

magina que el universo es un juego de mesa y nuestro objetivo en el juego —llamémoslo Conciencia Universal— es asegurar la suficiente antimateria para dar lugar a la gran unificación del universo. La antimateria es valiosa porque preserva el equilibrio y la simetría universal, sirviendo así las necesidades espirituales de la comunidad universal. Pero la antimateria tiene la tendencia de vaporizar la materia; la misma sustancia que la Tecnocracia está intentando acumular desesperadamente. Por consiguiente, a la Tecnocracia y las fuerzas del Materialismo les interesa por su propio bien eliminar la antimateria del universo. La acumulación de materia alimenta la avaricia y la insensibilidad, que son exactamente las actitudes necesarias para embarcarse en la agresiva campaña de la exploración espacial y la innovación tecnológica que acelerará una mayor acumulación de materia, encerrando así a la Tecnocracia en una espiral interminable. Vastas regiones de espacio oculto están totalmente carentes de antimateria como resultado de los esfuerzos de la Tecnocracia, y depende de nosotros, que batallamos valientemente en el nombre de la Conciencia Universal, localizar la antimateria restante, protegerla y dispersarla a aquellas partes del universo donde se necesita.

En los años recientes, ha habido una explosión de interés en la comunidad científica por esa sustancia elusiva, omnipresente llamada antimateria. ¿Puede ser que haya extraterrestres antimateria, e incluso galaxias antimateria, existiendo en otras partes del universo? Los físicos han sugerido la posibilidad de que la antimateria invisible pueda constituir tanto como un noventa por ciento de la materia en el universo. Según afirman los científicos, un mejor entendimiento de la antimateria puede proporcionar una comprensión del pegamento cósmico conocido como la "fuerza potente" que mantiene unido el núcleo del átomo.

Es contradictorio considerar que la vasta preponderancia de la materia en el universo pudiera ser antimateria. Si eso es cierto, ¿por qué encontramos tan poca evidencia de la antimateria en nuestro rincón del universo? Lógicamente, si el noventa por ciento de toda la materia fuera antimateria, es indudable que la evidencia de la antimateria no sería tan difícil de encontrar. Quizá, al intentar resolver el misterio de la materia fantasma ausente, podríamos escrudiñar las posibles razones de la existencia de la antimateria. La asombrosa posibilidad de una conexión cósmica fundamental entre el hombre y el universo es uno de los muchos conceptos asombrosos que el Zóhar avanza audazmente:

> Una noche, cuando Rav Isaac y Rav Yehuda estaban levantados estudiando la Biblia, el último dijo: "La Kabbalah nos enseña que cuando el Señor creó el mundo, creó el Mundo Inferior siguiendo el patrón del Mundo Superior e hizo la contraparte de cada uno de ellos. Su energía-inteligencia, por lo tanto, debe estar tanto Arriba como Abajo".

> Rav Yehuda respondió: "Ciertamente es así, y Él creó al hombre para ser superior a todo. Esto se indica en el verso: 'Yo hice la tierra, y creé sobre ella al hombre'.[451] Los sabios entendieron el verdadero significado de este verso. En su sabiduría, lo tradujeron como: 'Yo hice la Tierra con el propósito de crear el hombre sobre ella'.

Yo digo que la unidad cósmica depende del hombre para completar el todo orgánico".[452]

Para todos excepto algunos científicos, las ideas presentadas por el Zóhar representan una herejía científica. No obstante, la ciencia no proporciona ninguna explicación definitiva del caos y la destrucción que la naturaleza inflige sobre las galaxias. A pesar de la imagen mantenida de la ciencia como una fuente de verdad inmutable, la mayoría de teorías científicas están basadas en interpretaciones falibles de datos. A pesar de toda su pretensión por la verdad incuestionable, pocas conclusiones científicas son inmunes a la incertidumbre. La pregunta sigue en pie: ¿Quién o qué está detrás de toda la actividad cósmica negativa? El Zóhar declara que la culpable es la humanidad.

Los kabbalistas reafirman y defienden la creencia antigua de que el ser humano consiste de una combinación misteriosa de materia física y sustancia espiritual intangible. La singularidad física de la forma humana deriva de un código genético, pero la naturaleza interna del individuo es un resultado de la creación Divina. La cualidad que separa a cada persona de todas la demás es el ser no material que entra en el cuerpo durante el desarrollo embriológico o en el momento del nacimiento, permanece con el cuerpo a lo largo de toda su vida y sobrevive después de la muerte física del cuerpo. Este "fantasma en el cuerpo" es responsable de todo lo que nos hace distintivamente humanos.

La mente humana tiene la capacidad de entender realidades más elevadas que las concebidas por la ciencia convencional. En su incesante necesidad de expresarse, la mente sólo parece cortar arbitrariamente el tejido perfecto de la realidad en multitud de segmentos o retazos. En un estado alterado de conciencia, la mente es capaz de restaurar la tela de la Creación a su estado prístino original.

La *Dálet* cósmica y la *Guímel* cósmica, al haber previsto el drama de la Creación, hicieron su entrada juntas en el escenario cósmico para defender su caso ante el Señor sobre por qué debían ser ellas los canales para la Creación. Ellas sabían que individualmente sus energías-fuerzas inteligentes eran insuficientes para llevar a cabo la gran unificación de las galaxias, pero juntas representaban una energía-inteligencia de poder sustancial. Un solo vistazo a *Dálet* proporciona la evidencia inmediata de por qué el Señor podría rechazar su ruego si hiciera la petición ella sola. La palabra hebrea *dal* דַּל que significa "pobre", lo dice muy claro: la energía interna de la *Dálet* cósmica personifica el empobrecimiento.

> *El Zóhar dice: "Ellos se levantaron para partir, pero Rav Shimón dijo: 'Tengo todavía una cosa más que decirles. Dice así: 'Pues el Señor tu Dios es un fuego consumidor'[453], y en otro lugar: 'Ustedes, en cambio, los que permanecieron fieles al Señor, su Dios, viven todavía'".[454] La contradicción aparente entre estas dos frases ha sido discutida en profundidad entre los eruditos. Estas discusiones han establecido que hay un fuego que consume al fuego y lo destruye, y que una manifestación del fuego es más fuerte que la otra. Continuando con esta idea, podemos decir que aquel que desea penetrar en el misterio de la unidad que todo lo abarca debe examinar la llama que se asciende en una vela encendida.*

Una llama sólo puede ascender desde algo físico. En la llama misma hay dos luces: la superior es blanca, la inferior es azul. La luz blanca, la más elevada de las dos, alcanza las alturas mientras parece descansar sobre la azul como si fuera un trono o un pedestal. Las dos están inseparablemente conectadas, y la blanca descansa y está entronizada sobre la azul. La base azul, a su vez, está unida a la mecha, que está unida a la cera debajo de ella, que alimenta a la llama y la impulsa a sostenerse y a unirse a la luz blanca que está encima. La luz azul a veces se vuelve roja, pero la luz blanca de arriba nunca cambia su color.

La interpretación de los kabbalistas es que esto significa que la energía-inteligencia inferior consume todo lo que está por debajo de ella, pero la inteligencia superior no consume lo que está debajo de ella. Por lo tanto, la energía-inteligencia del azul o el negro (el efecto de la combustión) está asociada con la destrucción y la muerte. Por este motivo dijo Moisés: "Pues el Señor tu Dios es un fuego consumidor", queriendo decir literalmente que Él es capaz de consumir todo aquello que está por debajo de Él. Por eso dijo también Moisés: "Tu señor y no nuestro Señor". Moisés estaba en la región "blanca" de la conciencia, que no consume ni destruye. La energía-inteligencia de la luz blanca simboliza los misterios más elevados de la sabiduría.

Rav Shimón continuo: "La segunda Hei del Tetragrámaton es la luz azul o negra, que está unida a la Yud, Hei, Vav, que son las luces blancas de la energía-inteligencia. A veces, esta luz azul no es la letra Hei pero contiene la energía-inteligencia de la letra Dálet. Es decir, cuando Israel no es fiel o no se conecta a la energía-inteligencia interna de la luz blanca de Abajo para hacer que la luz azul arda y se una a la luz blanca, entonces la energía-inteligencia de la luz azul es una fuente de destrucción. Es la Dálet. Sin embargo, cuando Israel está conectado con la energía-inteligencia interna de la luz blanca [la conciencia de compartir], la luz azul entonces es considerada. Donde lo masculino y lo femenino [la energía-inteligencia negativa del Deseo de Recibir] no están unidos y unificados bajo un solo todo, la letra Hei es eliminada y sólo permanece la letra-energía de la letra Dálet". [455]

El potencial de *Dálet* para asistir en el establecimiento de la gran unificación era obvio. En esencia, sin su energía-inteligencia interna negativa, la Fuerza de Luz no podía manifestarse en el cosmos, una situación comparable a la de una llama que no puede manifestarse sin una vela. No obstante, la *Dálet* cósmica era plenamente consciente de que su propia energía-inteligencia particular estaba "empobrecida". Ella no actuaba como una energía-inteligencia canal para la Fuerza de Luz del Señor. Tampoco la *Guímel* cósmica tenía el poder de actuar sola como canal para la Creación. Por consiguiente, decidieron enfocar el concepto de la Creación desde una nueva perspectiva. Ninguna letra-energía había contemplado todavía la idea de ofrecer un canal dual para el proceso creativo.

La *Dálet* cósmica y la *Guímel* cósmica empezaron con la suposición correcta de que la simetría sería una propiedad esencial del Mundo por Venir porque cualquier cosmología unificada exhibiría una naturaleza dual de fuerzas opuestas. Como manifestaciones de las dos fuerzas fundamentales en el mecanismo creativo, se consideraban a sí mismas capaces de acabar con la fragmentación y la desunión. Unidas, podían ayudar a la humanidad a alcanzar el objetivo final de completar el proceso de *tikún*, el cual ellas creían que anularía automáticamente el poder del Señor de la Oscuridad.

El universo es en realidad mucho más simple de lo que las apariencias externas pueden llevarnos a creer. En realidad, todo lo que existe puede reducirse a una fórmula absurdamente simple: dar y tomar. La filosofía oriental describe este fenómeno en términos del principio masculino, Yang, y el principio femenino, Yin. La ciencia lo llama polaridad positiva y negativa. La Kabbalah lo llama *Deseo de Recibir con el Propósito de Impartir* y *Deseo de Recibir Sólo Para Uno Mismo*. La *Guímel* cósmica y la *Dálet* cósmica simbolizan esta unidad de opuestos: *Guímel* representa el aspecto positivo, de dar, y *Dálet* simboliza la dimensión negativa de recibir.

De hecho, en el gran esquema de las cosas, *Dálet* y *Guímel* no eran entidades en absoluto distintas, sino meramente manifestaciones separadas de la misma interacción subyacente —el todo unificado que todo lo abarca—, motivo por el cual *Dálet* y *Guímel* se percibieron a sí mismas como un dúo perfecto para el proceso creativo, y se sintieron confiadas de que juntas su energía-inteligencia unificada era capaz de iniciar la gran unificación.

Mientras que la *Dálet* 𝓭 *cósmica* —compuesta por las tres letras hebreas *Dálet*, *Lámed* y *Tav* דלת — indica empobrecimiento por sí misma, cuando se une con la *Guímel* cósmica, la vocal "a" de *Dálet* se transforma en la vocal "e", y entonces se considera una *délet* (una puerta, una entrada) a las dos grandes Luces o energías-inteligencias que conforman la gran unificación: la Luz de la Misericordia y la de la Sabiduría.

"La *Dálet* cósmica se considera la *Délet* de la Ciudad Santa de Jerusalén. Cuando la energía-inteligencia de la Misericordia, que es *Guímel*, la hacedora de buenas acciones, se une con *Dálet*, símbolo del empobrecimiento, *Dálet* atraviesa una transformación y se vuelve la puerta y la entrada para las dos energías vitales del proceso de unificación: la Luz de la Misericordia[456] y la Luz de la Sabiduría".[457] Este concepto de *Dálet* actuando como una entrada es afirmado en el verso:[458] "Abre para mi las puertas de la rectitud".[459] El *Talmud* enfatiza esta idea cuando dice: "La forma de la letra *Guímel* 𝓰 en el texto bíblico tiene el pie apuntando hacia adelante".[460] Esto implica que todo el mundo debe dar un paso hacia adelante y ayudar a los pobres. En cambio, *Dálet* 𝓭, tiene su parte superior extendida hacia fuera, lo cual indica la necesidad de que los pobres se permitan a sí mismos estar disponibles para la caridad dispensada por los acomodados. Cada uno complementa al otro, sin ninguna distinción entre ambos. No se puede compartir sin una energía-inteligencia de recibir.[461] Si las energías-inteligencias de las letras-energías cósmicas individuales no pudieron cumplir los requerimientos del Señor, *Dálet* y *Guímel* razonaron que quizá las galaxias estarían mejor si dos de las letras unieran sus fuerzas en un esfuerzo dual para derrotar al Señor de la Oscuridad.

Algunos físicos hacen la predicción siniestra de que el mundo acabará en una implosión, un Gran Crujido, la antítesis del Big Bang. Sin embargo, esta predicción asume que el lugar del hombre en el cosmos no tiene nada de especial. El Zóhar afirma lo contrario[462], y nos dice que la materia invisible, que consiste en energía-inteligencia pura, nos advertirá si el universo está al borde del colapso. La actividad de pensamiento de la humanidad, al final, será lo que determine si sobrevivimos o no. Dependiendo del nivel de conciencia al cual hayamos ascendido (o descendido), la civilización podrá ser destruida en un fiero apocalipsis que hará que cualquier cosa que haya imaginado la ciencia ficción parezca pequeña, o nuestra galaxia quedará a salvo y nunca tendrá que enfrentarse a la profecía del cataclismo.

La *Dálet* cósmica y la *Guímel* cósmica estaban seguras de que juntas podían proporcionar la energía suficiente para evitar el derrocamiento del universo a través de un Gran Crujido o cualquier otro ataque catastrófico del Señor de la Oscuridad. Así que se aproximaron al Señor y dijeron: "Escucha nuestra súplica, Señor, pues estamos muy deseosas de ser elegidas como el canal dual para la Creación. Juntas representamos el poder del equilibrio y la simetría. Por lo tanto, podemos generar la suficiente energía de la Columna Central para coartar cualquier ataque masivo de Satán al cosmos".

Aunque la *Dálet* cósmica estaba localizada muy dentro del escudo de seguridad del Señor, ella todavía poseía una vulnerabilidad que Satán podía explotar para obtener acceso a su fuerza interna. El problema de *Dálet* era similar al de la *Shin* cósmica. La esquina del techo de la *Dálet* cósmica, saliente con la Luz de *Jésed* (Misericordia)[463], dio a Satán la oportunidad de efectuar una ruptura en la conexión de *Dálet* con la *Guímel* cósmica. Si esto sucediera, el vínculo de *Dálet* con la Fuerza de Luz (Luz de la Sabiduría) se rompería, y Satán podría neutralizar su energía-inteligencia interna. Entonces el Señor de la Oscuridad sería capaz de transformar la *Dálet* ⁧ truncada en algo más parecido a la *Resh* ⁧ (pobreza). Por lo tanto, la captura de *Dálet* por parte de Satán daría al Señor de la Oscuridad una nave espacial poderosa y nueva para añadir a su ejército.

Antes de la caída de Adán y la posterior fragmentación de las Vasijas, *Kof* y *Resh* mantenían una unificación perfecta y una simetría de interacciones. Fue sólo después de la primera disrupción dentro de nuestro universo que el Señor de la Oscuridad encontró su oportunidad de manifestar la inteligencia estrictamente negativa. El equilibrio de poder estaba en manos del Señor de la Oscuridad, sin embargo, si el mundo fuera creado por *Dálet*, siempre existiría el peligro de que Satán asumiera el control definitivo. El espacio vacío podría ser reducido a un gran paisaje inhóspito de inteligencia estática negativa, desatando calamidades sin medida por todo el mundo.

Aunque los geólogos comprenden las placas tectónicas mejor que cualquier otro aspecto relativo al fenómeno de los terremotos, el gran misterio es por qué suceden los terremotos en primer lugar. La clave para resolver este misterio es aislar la causa del desequilibrio geológico que hace que la corteza de la Tierra se mueva de lugar. Los sismólogos, sin embargo, no pueden saber de forma precisa cuándo una placa tectónica se separará de otra y hará que la corteza de la Tierra empiece a temblar. Según el Zóhar[464], la respuesta se encuentra en la atmósfera caliente y turbulenta de *Maljut*, el espacio ilusorio en el que la Fuerza de Luz del Señor, apoyada por la actividad humana positiva, libra la guerra contra el Señor de la Oscuridad, ayudado por la actividad humana negativa.

La *Dálet* cósmica se hace disponible a las personas con medios económicos como un conducto para la transferencia de energía de los ricos a los pobres, haciendo así posible el establecimiento de un circuito completo de energía. Sin su función cósmica, la humanidad no podría manifestar la energía-inteligencia interna de la benevolencia, pues sin los empobrecidos, los ricos no podrían compartir genuinamente. Si *Dálet* se volviera más pobre (*Resh*) al ser privada de la Luz de *Jésed* (Misericordia), las oportunidades para el caos y el desorden aumentarían enormemente, representando una amenaza para el equilibrio mismo del universo.

"Mi armada de letras cósmicas no podría permitirse la pérdida de cualquier nave espacial letrada, especialmente una tan valiosa como aliada como tú, *Dálet*. Tú y *Guímel* deben permanecer una al lado de la otra", dijo el Señor, "pues está escrito: 'Porque nunca faltarán pobres en tu tierra'.[465] Permanezcan juntas y unidas, pues ambas necesitan tomar precauciones extraordinarias para evitar una captura por parte del Señor de la Oscurirdad".[466]

Por virtud de sus energías-inteligencias internas, la *Dálet* cósmica y la *Guímel* cósmica proporcionan los sistemas metafísicos que permiten a la terrenal humanidad, a través de las actividades complementarias de recibir y dar, mantener el equilibrio y la armonía en el cosmos. "Tal como es Arriba, es Abajo".[467]

Juntas, la *Dálet* cósmica y la *Guímel* cósmica partieron de la presencia del Señor.

CAPÍTULO 21

LA LETRA
BET

TODAVÍA HAY MOMENTOS EN
LOS QUE UNO SE SIENTE LIBRE
DE LA PROPIA IDENTIFICACIÓN
CON LAS LIMITACIONES Y
LAS DEFICIENCIAS HUMANAS.
EN TALES MOMENTOS, UNO
IMAGINA QUE ESTÁ PARADO
EN ALGÚN LUGAR DE UN
PEQUEÑO PLANETA, MIRANDO
CON ASOMBRO LA FRÍA
PERO PROFUNDAMENTE
CONMOVEDORA BELLEZA DE
LO ETERNO, LO INSONDABLE.

—ALBERT EINSTEIN

"Bendición" es un concepto elusivo. Si alguna vez has intentado describirla, probablemente te habrás topado con palabras como suerte, don del cielo y felicidad, y puede que fácilmente te hayas sentido insatisfecho porque bendiciones son todas y ninguna de ellas. Otra palabra que puede utilizarse para describir la idea de bendición es unidad. No podemos escuchar, probar, tocar ni oler la unidad, y sin embargo podemos ciertamente sentirla cuando está con nosotros y cuando desaparece. El matrimonio describe supuestamente la unificación definitiva entre dos personas, y sin embargo la mitad de los matrimonios acaban en divorcio. A menudo se dice que la forma más segura de acabar con un bello romance es casándose. En tales casos, ¿Cuán rápido se convierte una bendición en una maldición?

La mayoría de personas estaría de acuerdo en que las bendiciones tienen una forma peculiar de acabar en la puerta de otras personas y no en la suya. Según la sabiduría convencional, las bendiciones parecen llover sobre los demás, pero aunque estamos sedientos por su elixir de vida, pocas veces parece caernos a nosotros mucho más que una gota. Las bendiciones dependen de la perspectiva desde la cual se ven, por lo que la bendición de una persona puede ser la maldición de otra. Un cuenco de arroz integral equivale a un tesoro en los ojos de un hombre hambriento, pero puede ser un insulto para una persona cuyo paladar esté acostumbrado a la comida gourmet. Sin embargo, si sirvieras una dieta fija de arroz integral al hombre que estaba hambriento y privaras al rico de comida por completo, no pasaría mucho tiempo antes de que se cambiaran los roles; la estimación del primero por el arroz integral disminuiría radicalmente, mientras que aumentaría significativamente para el segundo. En el espacio de unos pocos días, la dicotomía bendición-maldición se revertiría totalmente.

La actitud y las circunstancias juegan un papel en la forma en que percibimos las bendiciones. Uno de los rasgos fundamentales de la conciencia humana es nuestra capacidad para percibir la presencia continua del tiempo. Cuando vemos dos fotografías de alguien —una como bebé y otra como adulto— no tenemos problema en determinar cuál de ellas se tomó primero. El tiempo se mueve inexorablemente hacia delante. Todo esto parece bastante obvio e incluso trivial, hasta que preguntamos: *¿pero es así realmente?* ¿Por qué no puede el tiempo moverse hacia atrás, o incluso de lado? Si los kabbalistas (y también algunos pocos físicos teóricos valientes) están en lo correcto y el espacio-tiempo es parte de un continuo dimensional, ¿por qué no podemos recordar el mañana tan bien como recordamos ayer?

Normalmente no recordamos el futuro, es cierto, pero eso no significa que recordar el futuro sea imposible. Muchas personas han experimentado la prescencia, la precognición y el *déjà vu*. Científicamente hablando, ver el futuro es ciertamente imposible, así que los científicos tienen avanzadas teorías que intentan explicar el fenómeno precognitivo como nada más que cortocircuitos en el cerebro. ¿Por qué, entonces, debemos creer a los kabbalistas que nos dicen que la conciencia humana tiene acceso al pasado y al futuro?

Los científicos son los primeros en admitir que no saben casi nada sobre el cerebro humano. Tampoco pueden estar de acuerdo con una teoría que explica la marcha del tiempo hacia delante. Según algunas teorías, el tiempo podría hipotéticamente ir al revés si fuera posible viajar más allá de la velocidad de la luz, y esto puede significar que podríamos recordar el año próximo tan claramente como el pasado. Einstein entendió la verdadera naturaleza del tiempo de forma más clara que la mayoría. En una famosa carta que escribió después de la muerte de su amiga, Michele Besso, Einstein escribió a la hermana de Besso y le dijo: "Michele ha dejado este mundo extraño antes que yo. Esto no es importante. La distinción entre pasado, presente y futuro es una ilusión, aunque sea persistente".

Uno de los cosmólogos más relevantes del mundo, Roger Penrose, de la Universidad de Oxford, propone que el tiempo es un acontecimiento puramente psicológico. Si la conciencia hace que el tiempo se mueva hacia delante, presumiblemente la conciencia también puede hacer que el tiempo corra al revés. En cierta forma, una moneda que se lanza en el aire, por ejemplo, existe como cara y como cruz. La incertidumbre existe aun después de que la moneda haya caído y haya sido cubierta con la mano. Psicológicamente hablando, el tiempo se expande para englobar ambas posibilidades hasta el momento en que se descubre la moneda.

Si el tiempo corre hacia delante en una situación expansiva, como por ejemplo el periodo entre el lanzamiento de la moneda y su revelación, ¿va hacia atrás entonces en el momento de la revelación, cuando el tiempo se contrae para abarcar la cara o el sello (pero no ambas)? ¿Va el tiempo hacia atrás en el momento del descubrimiento, y se convierte entonces el potencial en una realidad? En el momento de la muerte, ¿nos convertimos en retropersonas?

Por supuesto, todas estas especulaciones son desesperadamente confusas. Y seguirán siéndolo mientras sigamos ignorando la naturaleza ilusoria de la vida física y las limitaciones extremas del pensamiento llamado "racional". Sólo si se trasciende la conciencia racional podemos esperar desvelar los misterios de nuestro universo y aliviar la confusión que nos asedia en nuestra vida cotidiana.

Debido a las limitaciones del pensamiento racional, tenemos que aceptar el hecho de que, como dijo Werner Heisenberg, "Cada palabra o concepto —por muy claro que parezca— sólo tiene un alcance limitado de aplicabilidad".[468] El universo físico está repleto de paradojas. Este hecho es de gran ayuda para proporcionarnos una explicación de por qué existe tanta confusión en el universo, y en última instancia en nuestras propias vidas.

Steven Weinberg, uno de los físicos teóricos más importantes del mundo y co-arquitecto de la teoría de la unificación de interacciones débiles y electromagnéticas, escribió que cuanto más comprensible parece el universo, más absurdo parece también. Su observación es típica de las muchas hechas por científicos que concluyen de su extensa investigación que el universo parece no tener un propósito discernible, y por lo tanto debe haber surgido como resultado de un gran accidente sin sentido.

¿Cómo puede alguien concluir que vivimos en un cosmos en el que reina el caos? La simple observación debería decirnos que el universo es todo menos aleatorio. Sólo mira a tu alrededor. ¿Ha ocurrido algún fenómeno del cual podamos afirmar inequívocamente que haya surgido sin significado o propósito, o por accidente? Cada avance de la física fundamental descubre otra faceta del orden universal. Sin embargo, por mucho que el científico explore las profundidades del espacio y del reino subatómico, siempre encontrará más y más profundos misterios inextricables. La naturaleza es demasiado sutil y profunda para ser revelada por el método científico.

Pocos científicos, como Erwin Schrodinger, admiten la confusión a la cual les han llevado sus investigaciones. "No sé de dónde vengo, ni adónde voy, ni quién soy", escribió. Curiosamente, uno de los sabios en *La Ética de los Padres* (*Pirkei Avot*, una colección de enseñanzas éticas de los rabinos del periodo Mishnáico), después de haber estudiado esta misma construcción conceptual, llegó a una conclusión bastante diferente que la de Erwin Schrodinger. Akabya ben Mahalalel dijo: "Considera tres cosas y no caerás en el poder del pecado y la ilusión. Has de saber de dónde vienes, adónde vas y ante quién tendrás que rendir cuentas".[469]

Para el estudiante de Kabbalah, los tres principios de Akabya representan las tres fuerzas intrínsecas universales de la energía de la Columna Derecha, Izquierda y Central. Estas tres energías-inteligencias, junto con la cuarta fuerza —la humanidad, cuya inteligencia innata es de carencia o necesidad (*Deseo de Recibir Sólo Para Uno Mismo)—*, se combinan para controlar el universo. Estas cuatro fuerzas son manifestaciones de una única súper energía de la Fuerza de Luz subyacente que al final no sólo rinde cuentas de todas las actividades en el universo, sino que también tiene la capacidad de mantener la estabilidad en todo el cosmos, evitando que el caos y la ilusión se conviertan en las fuerzas dominantes del universo. Esta súper energía de la Fuerza de Luz, que es la

Realidad Infinita, está más allá de la experimentación de la física convencional y el entendimiento finito. Sólo dentro de un marco metafísico la humanidad podrá liberarse del mundo de ilusión y obtener acceso a esta realidad infinita, donde reina la claridad.

Para lograr esta bendición, la *Bet* cósmica entró en la arena donde una letra-energía iba a ser la elegida como canal para la Creación. La *Bet* cósmica era muy consciente de los fallos en el argumento de cada letra que la había precedido. Para cada característica positiva que cada una de ellas poseía, había una fuerza igual y opuesta dentro de su estructura que habría creado las condiciones para un universo de caos y desorden. Si alguna de las letras anteriores hubiera sido elegida para actuar como canal para la Creación, el cosmos habría sido gobernado por el azar ciego y no por la claridad absoluta que gobierna el mundo real de lo infinito.

El Señor de la Oscuridad se habría alegrado mucho si el Señor hubiera elegido crear un universo en el que gobernara el caos. Pero, afortunadamente, esto no era lo que el Señor tenía en mente. Su plan exigía un diseño a través del cual la humanidad fuera capaz de discernir, si así lo eligiera, entre la realidad de lo infinito y la ilusión que presentara la existencia finita. Era esencial para el proceso creativo que se le otorgara a la humanidad un sistema que pudiera utilizar para evitar la incertidumbre de un universo aleatorio. Esta era la naturaleza de la *Bet* cósmica, cuya energía de bendición siempre estaría disponible para ayudar a aquellos de inclinación espiritual en su búsqueda de la conciencia infinita. El libre albedrío y el determinismo existirían necesariamente como partes distintas, aunque interrelacionadas, del paisaje cósmico. De este modo se revelaría el patrón espectacular del diseño universal impecablemente ordenado, pero sólo para aquellos que entendieran y ejercitaran el principio de la resistencia.

De esta forma, el escenario estaba preparado para que la *Bet* cósmica hiciera su petición: "Señor del Universo, Te ruego que establezcas el proceso creativo a través de mí, pues represento la fuerza-energía-inteligencia de *berajot* [bendiciones], ya que soy la primera letra de la palabra para esa fuerza codificada".[470]

La *Bet* cósmica expresó en una palabra su energía-inteligencia única. Sus *berajot* podían bañar el universo entero en la única energía capaz de eliminar la ilusión, inundando el reino terrestre inferior con la realidad intrínseca del Reino Celeste Superior. Sólo la energía-inteligencia de las *berajot* era capaz de eliminar las ilusiones de la existencia corpórea y revelar una realidad cósmica que era, es y será siempre estática, eterna y perfectamente calmada. La *Bet* cósmica, como mensajera de su inteligencia, era la única letra-energía capaz de expresar la unidad de la Fuerza de Luz del Señor que todo lo abarca.

El plan del Señor para el universo requería que las mentes de la humanidad se limpiaran de su estado intrínseco de engaño a través de la resistencia voluntaria del hombre a este estado. La *Bet* cósmica aseguró al Señor que su energía pavimentaría el camino para una nueva realidad en la cual la mentalidad vieja e ilusoria daría paso a la realidad verdadera del cosmos que todo lo abarca.

La *Bet* cósmica era la primera letra que representaba una seria amenaza para el Señor de la Oscuridad. Su energía era la primera con la capacidad de llenar el falso vacío, evitando así que los habitantes del universo físico percibieran erróneamente su entorno corpóreo como un acontecimiento sin causa. Si no fuera por la *Bet* cósmica, la idea de un universo aleatorio y caótico podría haberse tomado en serio. De todas las letras que habían defendido sus méritos ante el Señor, sólo la energía de bendición de la *Bet* cósmica podía permitir al hombre tener una conexión interna con la certeza absoluta en la Fuerza de Luz.

Por consiguiente, la *Bet* cósmica argumentó que su energía era necesaria para disipar el patrón ilusorio que el Señor de la Oscuridad tejería en la tela del universo. De otra forma, si el Señor de la Oscuridad asumiera el poder, el hombre podría abdicar sus deberes como determinante de la actividad cósmica y optar por la ilusión de una salida libre y fácil, sin darse cuenta de que a largo plazo sería más doloroso.

¿Y cuál fue la respuesta a la petición de la *Bet* cósmica? El Señor dijo: "Sin duda, a través de tu canal crearé el mundo. Sí, tu energía-inteligencia estará en el punto de inicio del proceso creativo".[471]

¿Cuál es esta súper energía de la Fuerza de Luz de la *Bet* cósmica que proporciona leyes y principios claros y definibles en lugar de una incertidumbre ilusoria? Para apreciar más plenamente la energía-inteligencia de *Bet*, acudamos al Zóhar, que afirma que sólo a través de la observación puede llegar uno a conclusiones verdaderas. Para muchos, este enfoque puede parecer carente de fe, pero el Zóhar y el kabbalista simplemente no aceptan la energía-inteligencia única de la *Bet* cósmica ni cualquier otra cosa sin antes verificarlo personalmente.

El autor del Zóhar, Rav Shimón bar Yojái, considera detenidamente la cuestión de cómo podemos estar seguros de nuestra interpretación de los atributos metafísicos de la *Bet* cósmica: "Y para aquellas personas que no conocen, pero que tienen un deseo de aprender, reflexionen sobre aquello que está revelado y manifiesto en el nivel terrestre, y conocerán aquello que está oculto, pues todo (tanto Arriba como Abajo) es lo mismo. Porque todo lo que ha creado el Señor en forma corpórea está basado en aquello que está Arriba".[472]

Armados con esta introducción, podemos ahora enfocarnos en lo que probablemente sea el desarrollo más asombroso y profundo en nuestro entendimiento del origen del universo: el surgimiento de la bendición-energía interna de la *Bet* cósmica que proporciona a la gente espiritual acceso a la realidad infinita, mientras que el sector no espiritual de la humanidad, aquellos gobernados por su *Deseo de Recibir Sólo Para Sí Mismos,* ven sólo fragmentación.

Rav Shimón continúa:

> *Todo lo que hay Abajo se corresponde enteramente con aquello que está Arriba. Este es el significado de las palabras: "Y el Señor creó al hombre a Su imagen y semejanza; en la imagen del Señor lo creó".[473] Igual que en el firmamento, que cubre el universo entero, contemplamos formas distintas formadas por la conjunción de estrellas y planetas para hacernos conscientes de las cosas ocultas y los misterios profundos. Así también, sobre la piel, que cubre nuestro cuerpo y que es, por así decirlo, el firmamento*

> *del cuerpo que lo cubre todo, hay formas y*
> *diseños (estrellas y planetas) en las cuales los*
> *sabios de corazón pueden contemplar las cosas*
> *ocultas y los profundos misterios indicados por*
> *estas figuras y expresados en la forma humana.*
> *En referencia a esto, se afirma[474]:"Los*
> *espectadores de los cielos, los que observan las*
> *estrellas...".[475]*

El científico puede que sacuda su cabeza con desesperación ante tal afirmación, pero el Zóhar deja claro que "el cuerpo del hombre está relacionado con nuestra galaxia y nuestro universo enteros". Un análisis profundo del cuerpo, combinado con una comprensión de qué planeta o parte de nuestra galaxia está relacionada con cada componente del hombre, abrirá nuevos panoramas en los cielos. Por lo tanto, no debe sorprendernos que el afamado kabbalista italiano, Shabtai Donolo, fuera también médico. Su famosa obra Libro de Sabiduría, un comentario del *Séfer Yetsirá* (*Libro de la Formación*), explica las relaciones entre los planetas con detalles precisos. (*El Libro de los Remedios* de Shabtai Donolo también contiene gran cantidad de material obtenido a partir de su comprensión de la Kabbalah). ¿Qué distingue a la *Bet* cósmica de todas las otras letras-inteligencias? Un buen punto de partida para nuestra investigación es entender de dónde pueden venir las secuencias de información codificada y observar el diseño único y peculiar de las letras hebreas y la forma en que se han manifestado.

El impulso natural al pensar sobre la inteligencia en el cosmos es empezar con nosotros mismos y luego intentar trabajar ascendentemente hacia lo desconocido. El camino del kabbalista es saltar directamente hacia el concepto de la inteligencia que todo lo abarca y trabajar descendentemente desde ahí. Al hacerlo, dejamos a un lado las inteligencias intermedias que puede estar enmascaradas por las trampas de nuestra existencia terrenal, un concepto que se menciona en el Zóhar, al cual acudiremos a continuación.

> *Rav Jiyá dijo que la Ley Oral y Escrita juntas preservan la humanidad, tal como está escrito: "Hagamos al ser humano a nuestra imagen, de acuerdo a nuestra semejanza"[476], donde la palabra "imagen" se refiere a lo masculino (nombre codificado para el reino metafísico) y "semejanza" a lo femenino (nombre codificado para el reino físico), y por esta razón la Biblia comienza por la letra Bet. Rav Isaac dijo: "La Bet está abierta en un lado y cerrada en el otro para indicar que cuando el hombre desea conectarse con la energía-inteligencia interna de la Biblia, ésta [Bet] está abierta para recibirlo [al hombre] y conectar con él. Y cuando un hombre cierra sus ojos a ésta [Bet] y camina en la otra dirección [no espiritual], entonces ésta gira su lado cerrado hacia él, según el dicho: 'Si me dejas solo un día, yo te dejaré dos días'[477], hasta que él regresa para apegarse a ella y nunca volver a abandonarla".[478]*

El Zóhar establece la *Bet* cósmica como la puerta de entrada y la conexión celestial y metafísica con el importante compendio de energía-inteligencia: el código cósmico, también conocido como la Biblia. Sin embargo, meramente establecer la *Bet* cósmica como la letra de la Creación sólo plantea más preguntas en el intento del Zóhar de proporcionar un entendimiento de nuestro universo y nuestra participación en él. ¿Por qué fue la *Bet* cósmica establecida con su diseño particular en primer lugar? Y puesto que el kabbalista siempre pregunta por qué, no quedará ninguna piedra por levantar hasta que sea hallado el "por qué" final.

> *Rav Yehuda dijo: 'La Bet tiene dos líneas paralelas y una tercera que se une a ellas. ¿Qué significan? Una, hacia el Cielo, representa a Zeir Anpín [la conexión con el espacio exterior], y otra, hacia la Tierra, representa a Maljut [el reino terrestre]. La línea que une a las dos líneas paralelas es el Señor, el nombre codificado para la Sefirá de Yesod, que las une y las recibe". Rav Elazar dijo: "Estas tres energías-inteligencias simbolizan el sistema energético de las Tres Columnas[479], por el que nuestro universo se ha asociado, en el cual todo el código cósmico, la Biblia, está comprendido. La Bet cósmica es la puerta y la abertura al Amén[480] que todo lo abarca, que lleva hacia el sanctasanctórum de la Biblia. Es más, la letra Bet es la primera letra de la palabra bait (casa), y alberga las fuerzas de las tres energías-inteligencias representadas por las tres columnas de la letra Bet ⌐. La Bet cósmica incluye por lo tanto a toda la Biblia, puesto que la Biblia empieza con la Bet. Ella es por consiguiente la sanadora y la estabilizadora del universo".[481]*

Debemos también tratar la idea de las columnas y preguntar acerca de su importancia para el esquema cósmico. ¿Por qué la estructura de la *Bet* cósmica es tan crucial para el poder asombroso de la Fuerza de Luz mencionado en el Zóhar? ¿Dónde se originó el poder asombroso del sistema de Tres Columnas? Antes de la división milagrosa del Mar Rojo, uno de los fenómenos más impresionantes en la larga historia de la humanidad, Moisés obtuvo la energía cósmica positiva que todo lo incluye conectándose con la fuente de esta energía desde el Árbol de la Vida. ¿Cómo se conectó Moisés con este poder asombroso sin quemarse? ¿Cuándo y dónde se reveló este secreto en la Biblia?

El secreto yace en el poder inherente de las setenta y dos letras. Rav Shimón nos dice que la *Shejiná* se hallaba en su totalidad y perfección en la división del Mar Rojo, manifestando en sí misma los 72 Nombres Sagrados de Dios según el triple orden, es decir las Tres Columnas o el secreto de los tres versos[482], cada uno de los cuales contiene setenta y dos letras exactas. Los tres versos empiezan con la letra *Vav*[483], y la letra *Vav* representa la dimensión de una columna. El número tres debe atraer inmediatamente la atención del lector hacia la relevancia del poder unificado que todo lo abarca de *Jésed*, *Guevurá* y *Tiféret*, que son la Columna Derecha, Izquierda y Central, así como los tres componentes del átomo: protón, electrón y neutrón.

Primer Verso Columna Derecha

וַיִּסַּע מַלְאַךְ הָאֱלֹהִים הַהֹלֵךְ לִפְנֵי מַחֲנֵה יִשְׂרָאֵל
וַיֵּלֶךְ מֵאַחֲרֵיהֶם וַיִּסַּע עַמּוּד הֶעָנָן מִפְּנֵיהֶם וַיַּעֲמֹד
מֵאַחֲרֵיהֶם׃

Segundo Verso Columna Izquierda

וַיָּבֹא בֵּין מַחֲנֵה מִצְרַיִם וּבֵין מַחֲנֵה יִשְׂרָאֵל וַיְהִי
הֶעָנָן וְהַחֹשֶׁךְ וַיָּאֶר אֶת הַלָּיְלָה וְלֹא קָרַב זֶה אֶל זֶה
כָּל הַלָּיְלָה׃

Tercer Verso Columna Central

וַיֵּט מֹשֶׁה אֶת יָדוֹ עַל הַיָּם וַיּוֹלֶךְ יְהוָה אֶת הַיָּם בְּרוּחַ
קָדִים עַזָּה כָּל הַלַּיְלָה וַיָּשֶׂם אֶת הַיָּם לֶחָרָבָה
וַיִּבָּקְעוּ הַמָּיִם׃

Por lo tanto, la *Bet* cósmica era una energía-inteligencia
omnipotente simplemente porque su estructura personificaba
el todo unificado que todo lo abarca. Su estructura de Tres
Columnas permitía a la *Bet* cósmica establecer bendiciones en
el universo y causar la unificación de los Mundos Superiores e
Inferiores.

Me gustaría sugerir al lector de este libro que al menos
"saboreara" este poder asombroso del universo. Escanea la
tabla de los 72 Nombres de Dios más abajo y descubrirás la
Fuerza de Luz inherente de las letras hebreas del *Álef Bet*.

Dirección del escaneo

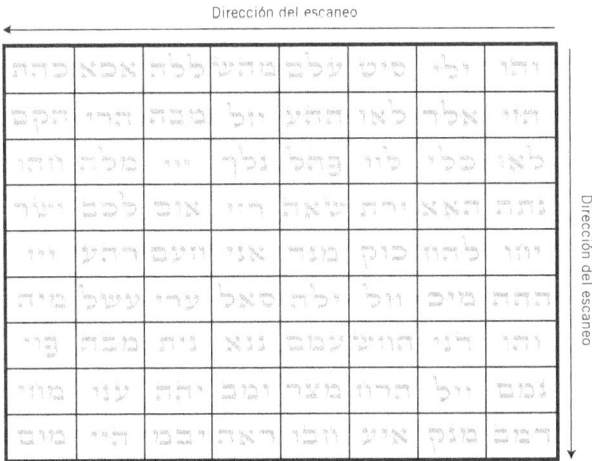

Dirección del escaneo

Si no puedes leer hebreo, ¿puedo sugerirte que leas el código de las letras de todas formas? Te aseguro que tu subconsciente —tu yo auténtico, el 99 por ciento de ti— capturará la esencia del código cósmico de la Fuerza de Luz. Retendrás al menos alguna porción de la Fuerza de Luz interna de esta energía-inteligencia; o posiblemente toda entera, dependiendo de tu propio nivel de espiritualidad y no del grado de tu religiosidad. Cuanto mayor sea el grado de tu amor por el prójimo, mayor será tu conexión con la Fuerza de Luz del Creador.

En este punto, puede que te estés preguntando: ¿cómo puede la simple revisión de unas letras que no puedo siquiera leer abrir una conexión cósmica dentro de mi ser interno?

Observa la caja registradora la próxima vez que vayas al supermercado. Verás cómo el cajero pasa tus alimentos empaquetados sobre un escáner de forma que una extraña configuración de rayas mire hacia el escáner. El escáner transmite esta información a una computadora, que a su vez transmite instantáneamente el precio de compra de vuelta a la caja registradora.

Esta es precisamente la interrelación que existe entre tus ojos y tu cerebro. Cuando escaneamos la tabla de los 72 Nombres de Dios, estamos introduciendo información en nuestro sistema operativo mental. Si no estás familiarizado con las letras o las palabras hebreas, al menos tienes la oportunidad de copiar los datos de las setenta y dos letras en la computadora personalizada de tu mente.

Ahora hemos conectado con el programa de software de la *Bet* cósmica entendiendo su estructura de Tres Columnas. Hemos obtenido conocimiento, y el conocimiento es la conexión con la realidad verdadera. La información existe la conozcamos o no, pero el conocimiento es la conexión entre nosotros mismos y la información. El conocimiento es una forma de conexión. Obviamente, hubo un acto sexual físico entre Adán y Eva, pero ese no es el punto que enfatiza el Zóhar. La única forma en que la información puede conectarse con nosotros es cuando la conocemos, lo cual convierte la mera información en conocimiento.

Para conocer la *Bet* cósmica, tuvimos que entender en primer lugar por qué está estructurada de tal forma. Con ese conocimiento, podemos proceder a establecer contacto con la energía-pensamiento-inteligencia interna de la Fuerza de Luz que permite que la bendición-energía única de *Bet* ejerza tanto poder. La Fuerza de Luz de ajusta a la habilidad y la capacidad de la Vasija que manifiesta la Fuerza de Luz. En el caso de *Bet*, la Fuerza de Luz creó el motor primordial del universo; el modelo unificado que mantendría el equilibrio en el cosmos.

Examinemos ahora lo que nos dice el Zóhar sobre la Fuerza de Luz cuando esta se manifestó dentro de la *Bet* cósmica.

"La *Bet* cósmica es el secreto de *Jojmá*. Ella contiene el misterio de *Nekudá BeHaikalá* (Punto del Vestíbulo), pues representa a *Jésed* (Misericordia) de *Jojmá*. La Luz de la Misericordia es el "vestíbulo" o "casa" de la Luz de la Sabiduría (La Fuerza de Luz). Esto es lo supremo en 'bendición' (equilibrio), un punto ilustrado por el profeta Malaquías en el verso: 'Derramaré sobre vosotros bendición hasta que sobreabunde'".[484]

La Luz que "desciende" del Infinito no se difumina a medida que atraviesa el cosmos. Desde el inicio de su viaje hasta el final, ningún campo metafísico de energía ni ninguna cortina de las que atraviesa la desvía de su trayecto directo. Por lo tanto, la *Bet* cósmica declaró que ella era adecuada para ser el canal de la Creación porque era la única que no se veía afectada por las fuerzas e influencias negativas. El Señor de la Oscuridad, en su propósito de aumentar su dominio sobre el cosmos, no pudo hacer ninguna conexión con la *Bet* cósmica, y por lo tanto no pudo utilizar a la *Bet* cósmica como una fuente de energía adicional. Sólo a través de una carencia o deficiencia puede encontrar Satán una abertura para atacar a su víctima.[485] La *Bet* cósmica no tenía tal carencia; por lo tanto, ella no era vulnerable a las viles estratagemas de Satán.

Aquí por primera vez, el Zóhar nos proporciona un atisbo de lo que constituye la "bendición": se considera bendito cualquier fuerza de energía, cualquier entidad o cualquier hombre que está completamente pleno de energía y que no muestra carencia.

Si examinamos unos rayos X médicos, veremos que la localización del problema médico está indicada por una mancha negra. ¿Por qué una mancha negra? Para indicar que el flujo de energía está entrecortado y Satán ha hecho una incursión. La falta de energía crea vulnerabilidad y por lo tanto una oportunidad para que el Señor de la Oscuridad lleve a cabo un ataque sorpresa. Sin embargo, la eliminación de la mancha negra no restaura necesariamente el flujo de energía. Se requiere un estado de bendición o completitud, no sólo la mera eliminación del Señor de la Oscuridad.

Varias narrativas bíblicas atestiguan el valor y la eficacia de la bendición, como por ejemplo la bendición de Noé a Sem y Jafet;[486] la bendición de Isaac a Jacobo y Esaú;[487] y la bendición de Jacobo a sus hijos[488] y sus nietos, Efraín y Manasés.[489] Un padre suele bendecir a sus hijos colocando sus manos sobre la cabeza del niño y pronunciando el verso (para un chico): "Que Dios te haga como Efraín y Manasés"[490], seguido de una bendición sacerdotal[491] que contiene un triple arreglo, haciendo explícita la intención de la fórmula decretada. Esta imposición de manos ha sido conocida desde hace mucho tiempo como un canal para la transferencia de energía.

El Zóhar declara: "Se nos ha enseñado que todo aquel que ha alcanzado el grado de *Jésed* (Gracia) es nombrado 'ángel del Señor de los ejércitos'[492], tal como se afirma en el verso: 'Pues los labios del sacerdote deben guardar la sabiduría, y los hombres deben buscar la instrucción de su boca, porque él es el mensajero del Señor de los ejércitos'. ¿Cómo obtuvo el sacerdote el mérito de ser llamado 'ángel del Señor de los ejércitos'? Dice Rav Yehuda: 'Como el ángel del Señor de los ejércitos es un sacerdote de Arriba, también el sacerdote de Abajo es un ángel del Señor de los ejércitos'. ¿Quién es el Sumo Sacerdote celestial? El ángel Miguel, quien fluye de la fuerza cósmica y celestial de *Jésed*".[493]

El sacerdote se estableció como la carroza o vínculo entre la *Sefirá* de *Jésed* y el reino terrenal. Por virtud de la personificación por parte del sacerdote de la Fuerza de Luz de *Jésed*, él fue considerado el canal para la bendición. El sacerdote era la conexión con la Fuerza de Luz, el todo unificado que todo lo abarca, y por lo tanto estaba dotado con el poder asombroso de la Fuerza de Luz para bendecir a la humanidad. El secreto era la Luz de la Misericordia, y esta fue la combinación que la *Bet* cósmica presentó al Señor.

"Y el Señor le dijo a la *Bet* cósmica: 'Definitivamente, *Bet*, por tus características intrínsecas, eres el modelo perfecto a través del cual el proceso creativo y el mundo pueden lograr su *tikún*'". Esto ya lo había insinuado el salmista cuando declara: "Puesto que dije, *Jésed* se construirá para siempre".[494]

"La palabra codificada 'se construirá' también significa 'entendimiento'. El Señor estableció la *Bet* cósmica como un criterio a través del cual discriminar entre aquellas fuerzas o manifestaciones que están conectadas con la Fuerza de Luz y aquellas entidades o manifestaciones que están vinculadas con el Señor de la Oscuridad. Cuando la humanidad es atraída hacia las energías de impartir-restricción, la *Bet* cósmica suministra la Luz de la Bendición, tal como indica el verso: 'Pruébenme en esto', dijo el Señor de los ejércitos, 'y verán si no abro las compuertas del cielo y derramo sobre ustedes bendición hasta que sobreabunde'".[495]

En nuestra discusión sobre el tiempo, observamos que el mañana está necesariamente ya incluido en el ayer. El principio de causa y efecto, la semilla ya incluida en el árbol, la doble hélice de ADN; todos estos ejemplos, cada uno de forma separada, demuestra claramente que el futuro depende de nuestra capacidad para "verlo". El futuro está aquí y ahora, pero el uno por ciento ilusorio de nuestras mentes nos hace ciegos a su presencia. Aun cuando este uno por ciento era esencial para el proceso cósmico puesto que nos impartía el libre albedrío necesario para mitigar el Pan de la Vergüenza, la ilusión resultante también nos hacía incapaces de ver las cosas como realmente son.

Las bendiciones de *Bet* llenan el espacio universal entero de aquellos individuos que están vinculados a ella. La fuerza-bendición de la *Bet* cósmica, que está implantada en el cosmos y lo llena, permite a aquellos que están conectados con su energía trascender los defectos ilusorios dentro del proceso creativo. Esta situación puede compararse con una bombilla eléctrica. El momento en que la luz se enciende, los polos y el filamento parecen desaparecer. En verdad, las funciones de las polaridades opuestas y el filamento son ilusorias porque la luz que supuestamente aparecía después de que se activara el interruptor ya estaba allí en primer lugar. La Luz está en todas partes: en el medio de una montaña, en las profundidades del mar. Nuestra percepción obvia de la Luz aparece como resultado de nuestra intervención, el esfuerzo físico de activar el interruptor, que luego desaparece, igual que los componentes físicos de la bombilla parecen desaparecer. El esfuerzo físico involucrado es sólo uno de los muchos ejemplos del proceso creativo ilusorio que nos hace creer que somos los creadores de las cosas que nos rodean. Esta ilusión surgió debido a la restricción original que se ocasionó por causa del Pan de la Vergüenza.

La energía-fuerza interna del egocentrismo, que es sólo otra de nuestras ilusiones, fue establecida con el propósito expreso de ayudarnos a mitigar el Pan de la Vergüenza.[496] El acto de impartir (el polo positivo de una bombilla) y la restricción (el filamento de una bombilla) es todo el mecanismo que se necesita para restaurar la Luz unificada que todo lo abarca, eliminándola de su reino ilusorio de oscuridad. Esta es la razón por la cual el profeta Malaquías declara que si ponemos al Señor (el todo unificado que todo lo abarca) a prueba estableciendo las dos energías-inteligencias de impartir y restringir, veremos que el Señor "abrirá las compuertas del cielo y derramará sobre ustedes bendición hasta que sobreabunde". De la misma forma que un electricista probará repetidamente un circuito o un mecanismo para verificar que es operativo, el profeta Malaquías también describe un proceso de prueba para determinar si hay alguna falta o indecisión en la energía-bendición de la *Bet* cósmica. Cualquiera de estas pruebas revelará que la bendición es constante y está presente para siempre, igual que una corriente eléctrica que es atraída a una casa. La electricidad siempre está ahí, pero hay veces que una conexión interna con la electricidad, como la de activar un interruptor, no se lleva a cabo. Donde se establece una conexión con la bendición-energía de la *Bet* cósmica, se dice que ha sido "construida para siempre" y que existe una "continuidad" inagotable. Por consiguiente, siempre "sobreabunda", pues constantemente llena todo lo que toca, y no deja espacio para más.

Ahora que comprendemos la naturaleza verdadera de la bendición —una plenitud ininterrumpida y continua— estamos en posición de entender que la esencia interna del cambio es el defecto, la carencia, la deficiencia y lo incompleto. A lo largo de la historia, varios líderes han recomendado el cambio como la panacea para buenos tiempos venideros. Se nos ha dicho que para entender nuestra existencia humana multifacética debemos cambiar nuestra perspectiva de la noción de las estructuras estáticas sociales por una perspectiva de patrones dinámicos de cambio. La transformación se considera un paso esencial en el desarrollo de la civilización. Una prueba de la necesidad de transformación, según se nos dice, es el hecho de que todas las civilizaciones han atravesado procesos cíclicos de génesis, crecimiento, crisis y desintegración. Arnold Toynbee, en su análisis de la génesis de la civilización, concluyó que la transición de una condición estática a una dinámica siempre ha existido en el proceso de desarrollo de cualquier cultura.[497] Toynbee describió el patrón básico de la génesis de las civilizaciones como "desafío y respuesta". Para Toynbee, una respuesta efectiva a los desafíos generados por el proceso de génesis necesitaban cambio y nuevos ajustes creativos.

El kabbalista observa en este tipo de razonamiento la fuerza penetrante del Señor de la Oscuridad. No se puede probar la validez de una teoría apuntando lo bien que explica un efecto determinado. Esta línea de lógica puede compararse con la conclusión engañosa de que Jerusalén es la Ciudad Santa porque el Templo Sagrado estaba ubicado allí. El kabbalista pregunta: ¿Por qué estaba el Templo allí en primer lugar?". El kabbalista insiste en que uno debe buscar las causas primarias de las cosas, más que obsesionarse por los efectos.

Jerusalén es la Ciudad Santa porque es *completa*. El Zóhar afirma que Jerusalén es el centro de energía del universo. Por lo tanto, como consecuencia natural, el Templo Sagrado estaba localizado en Jerusalén. Cuando se produjo un cambio en Jerusalén, como la destrucción del Templo, la presencia del Señor de la Oscuridad se volvió evidente. Todos los cambios que ocurrieron en Jerusalén estaban reflejados en el efecto —el Templo— y no en la santidad de la ciudad de Jerusalén misma. El kabbalista considera estos cambios como parte de la realidad ilusoria que sólo puede existir cuando la actividad humana negativa rompe la conexión de la humanidad con la bendición-energía de la *Bet* cósmica, y el Señor de la Oscuridad se convierte en el gobernador del imperio terrestre. No hay otra ciudad en el mundo en la que haya tenido lugar tanto derramamiento de sangre. Sin embargo, la belleza, la importancia y el misticismo de Jerusalén continúan ininterrumpidos a pesar de las muchas naciones que han impuesto temporalmente su voluntad sobre ella.

¿Por qué tantas naciones han considerado a Jerusalén el gran premio en la búsqueda de poder? Los nombres y las caras han sufrido cambios ilusorios, pero los participantes reales seguían un patrón preciso: estaban hambrientos de poder. Jerusalén, el centro energético del mundo, es la estación para la bendición-energía de la *Bet* cósmica. Esta energía causó que todos los poderosos imperios de la Tierra convergieran en Jerusalén. Estas naciones representaban un aspecto de las *klipot* porque su preocupación principal era conectar con la bendición-energía de la *Bet* cósmica para reparar sus defectos y satisfacer sus necesidades licenciosas y codiciosas. Su *Deseo de Recibir* permanecía insaciable e insatisfecho.

No había un proceso evolutivo involucrado en estas situaciones "cambiantes". Éstas seguían el patrón del Señor de la

Oscuridad, cuya preocupación principal era inculcar la energía-inteligencia del *Deseo de Recibir Sólo Para Uno Mismo*. El resultado era una uniformidad constante, estática, que finalmente causó que las fuerzas intrusivas fueran cortadas de la bendición-energía de la *Bet* cósmica y por lo tanto de Jerusalén.

El patrón descrito parece encajar en nuestra situación actual bastante bien. Constantemente escuchamos teorías relativas a nuestro proceso evolutivo en esta nueva era. Y sin embargo el Rey Salomón habló la verdad cuando declaró: "Lo que fue, eso mismo será; lo que se hizo, eso mismo se hará: ¡no hay nada nuevo bajo el sol!".[498] El profeta Malaquías también habló elocuentemente cuando dijo que la bendición es omnipresente y todo lo impregna, y no deja espacio para recibir más.

Ahora podemos alcanzar un entendimiento más profundo de la conocida frase: "cuando algo deja de ser una novedad". ¿Cuán a menudo hemos ido a comprar algo caro, sólo para descubrir más tarde que tan pronto como llega, o poco tiempo después, dejamos de desearlo tanto? ¿Por qué ocurre esto? La razón, según el Zóhar[499], es una falta de comunicación con la *Bet* cósmica, la energía-inteligencia de la bendición. Cuando estamos conectados con la bendición-energía de la *Bet* cósmica, es decir cuando la actividad humana está en un marco de compartir-restricción, la energía negativa del Señor de la Oscuridad no prevalece.

La duda, la incertidumbre y la falta de plenitud son los signos distintivos del Satán que a veces controla la humanidad a pesar de la respuesta ilusoria y egocéntrica que dice que simplemente "cambió de opinión". Sin embargo, cuando la actividad humana manifiesta el acto de compartir y la restricción, el ataque resultante por parte de la energía-inteligencia positiva es demasiado para que el Señor de la Oscuridad pueda aguantarlo. En realidad, no hay cambios, deficiencias, dudas ni ilusiones. Cuando estamos conectados con la energía de bendición de la *Bet* cósmica, el hombre logra una claridad hermosa. Esta es la verdad que engloba a la energía-inteligencia de la *Bet* cósmica, la bendición suprema.

Cuando miramos a nuestro alrededor, debemos concluir que la vida de las personas está mayormente inmersa en la ilusión, el miedo a los sueños deseados e incumplidos; en una palabra, al cambio. ¿De qué consiste entonces la realidad? Bendición. Ausencia de cambios. Esta esa la idea que el profeta Malaquías describe cuando dice: "Yo soy el Señor, no cambio; por esto ustedes, hijos de Jacobo, no habéis sido consumidos".[500]

¿Cuánto tiempo y esfuerzo se "consume" por lo que no se puede conocer? La desesperación y la frustración generadas por nuestro apego a la ilusión son incalculables. ¿Son estos sentimientos negativos componentes necesarios de la existencia? Las palabras del profeta Malaquías son muy claras: mientras exista una conexión cósmica entre nosotros mismos y la Fuerza de Luz (el Señor), no habrá cambio, porque los cambios sólo existen en el mundo de la ilusión, el dominio del Señor de la Oscuridad.

Exploremos ahora la incapacidad de Satán de penetrar el escudo de seguridad de la *Bet* cósmica. Del Zóhar emerge la cualidad única de la *Bet* cósmica. Ella era un instrumento a través del cual la incertidumbre, las dudas y las ilusiones no se manifestarían mientras la humanidad mantuviera su conexión con la Fuerza de Luz. La actividad egoísta crea un programa de incertidumbre en el cual aun los planes aparentemente más perfectos se vuelven sujetos a la indecisión. Sin embargo, cuando la naturaleza inherente de un individuo consiste en la energía-inteligencia de impartir-restricción, éste puede acceder a la *Bet* cósmica como el programa para su existencia diaria. Cuando esto ocurre, todo mejora, incluso más allá de los planes mejor trazados del individuo. La bendición-energía de la *Bet* cósmica elimina las asperezas y reemplaza cualquier duda o incertidumbre por una bendición.

Acudamos ahora al Zóhar para una interpretación más profunda de la energía-inteligencia de la *Bet* cósmica y la verdadera naturaleza de la bendición:

> *Rav Jiyá empezó entonces a disertar sobre el texto: "Cuando hayas comido y estés satisfecho, entonces bendecirás al Señor".[501] Dijo él: "¿Debe el hombre bendecir al Señor sólo después de haber llenado su barriga? No, aunque uno sólo coma un bocado y lo 'considere' (desee, medite) como si fuera una comida completa, esto se conoce como comer hasta quedar satisfecho; tal como está escrito: 'Abre Tu Mano y satisface el "deseo" de todas las cosas vivientes'.[502] Este verso no afirma: 'Tu satisfaces el deseo con una comida sustancial', así que no es la calidad de la comida sino la intención de ésta lo que 'satisface'; por lo tanto, es necesario que cuando comamos bendigamos al Señor, para así proporcionar dicha al cosmos.[503]*

Cuando leemos la Biblia literalmente, aprendemos que debemos dar las gracias al Señor por nuestro pan de cada día. Sin embargo, este verso afirma claramente que "cuando hayas comido y estés satisfecho, entonces bendecirás al Señor". Como fundamentalista, me cuesta entender este verso de ninguna otra forma que como está expresado; es decir, que debemos bendecir al Señor después de haber comido. Además, aunque ya hayamos comido, no es necesario que bendigamos al Señor hasta que estemos satisfechos, lo cual difiere mucho de la interpretación judeo-cristiana de dicho versículo.

En el Zóhar, Rav Jiyá descodifica este verso complejo y abstruso haciendo alusión a otro significado de la palabra "satisfacción". Sabemos muy bien que, para muchos, un bocado de comida puede resultar satisfactorio, y sin embargo para otros raramente suele haber suficiente comida en la mesa. Por lo tanto, Rav Jiyá concluye que la noción de "satisfacción" está completamente vinculada al deseo del individuo y no a la cantidad que el Señor le ha proporcionado. La interpretación de Rav Jiyá deja claro que el salmista pavimenta el camino proporcionando un entendimiento más profundo del mundo de la realidad cuando afirma que la satisfacción no está en el reino físico e ilusorio de la comida real, en su cantidad o su calidad, sino más bien en la manifestación de la bendición: la *Bet* cósmica.

Rav Jiyá llega a esta conclusión porque el salmista correlaciona que la satisfacción depende del deseo del individuo. Además, la idea de bendecir al Señor puede no sentarle bien a muchos lectores. ¿Realmente necesita el Señor nuestra bendición? Parece que lo inverso sería más apropiado. Una respuesta a este dilema es reemplazar la traducción de la palabra hebrea

Baruj (Bendecir) por "Gracias, Señor". Corrupciones de esta naturaleza se encuentran por todas las escrituras, donde la palabra escrita, tal como se traduce convencionalmente, no proporciona una explicación satisfactoria. Pero como kabbalistas, sabemos que la Biblia representa el código cósmico para nuestro universo, y el Zóhar lucha con éxito para descifrar el código: "Las bendiciones con las que el hombre bendice al Señor son las conexiones metafísicas a través de las cuales se atrae la Luz de la fuente de Vida —*Biná* cósmica— al Nombre Sagrado (*Deseo de Recibir*)[504] del Señor y se vierte del aceite Celestial para desde ahí ser atraído por todo el universo".[505]

Tal como hemos visto, el Zóhar presenta una interpretación sorprendente del concepto de las bendiciones. La palabra "bendición" es el código para la conexión con la *Bet* cósmica. Cuando el deseo o la intención están conectados con el marco del acto de compartir restrictivo, el individuo se conecta entonces con la bendición-energía de la *Bet* cósmica: un estado en el que un bocado de comida (o un bocado de cualquier otra cosa) imparte una satisfacción completa. Uno no siente hambre cuando está conectado con la bendición-energía de la *Bet* cósmica, por muy poco que haya comido, ni se siente indigesto por haber comido demasiado. La bendición-energía de la *Bet* cósmica no deja espacio para la carencia, la derrota, la deficiencia o la incertidumbre. La *Bet* cósmica no deja nada al azar; no deja ninguna piedra por levantar. Nunca encuentra necesario cambiar sus planes. Todo lo que hace la *Bet* cósmica es correcto desde el inicio.

Al mismo tiempo, a nosotros como individuos se nos ha proporcionado el libre albedrío para experimentar el infierno de la incertidumbre, asociándonos así con el Señor de la Oscuridad, o para conectar con la Fuerza de Luz del Señor. No importa cómo empleemos nuestro tiempo en este mundo, la incertidumbre que surge a partir del libre albedrío siempre será una parte intrínseca de nuestra existencia. A menudo seremos inundados por el deseo de atrasar el reloj, de deshacer lo que ya hicimos. A esto hace alusión el Zóhar cuando dice: "El Señor de la Oscuridad era 'estéril' y no tenía capacidad para recoger los frutos de la continuidad".[506] El Señor de la Oscuridad es estéril de la misma forma que el *Deseo de Recibir Sólo Para Uno Mismo* no contiene una energía-inteligencia de continuidad. Cuando el deseo se convierte en una energía-inteligencia del *Deseo de Deseo de Recibir Sólo Para Uno Mismo*, el resultado es una parada abrupta del flujo de la Fuerza de Luz del Señor.

El *Deseo de Deseo de Recibir Sólo Para Uno Mismo,* representado por el polo negativo de una bombilla eléctrica, es un clásico ejemplo del Señor de la Oscuridad en acción. El filamento representa la energía-inteligencia de la restricción. Cuando el filamento de la bombilla deja de funcionar, observamos un punto negro alrededor del área donde se ha manifestado el fallo. Si seguimos observando, veremos que durante un instante después de quemarse el filamento, uno todavía puede ver la evidencia de la corriente eléctrica que pasa por un polo del circuito. Sin embargo, puesto que la conexión se ha cortado, no hay continuidad y la energía ha dejado de fluir. El Señor de la Oscuridad, en forma de oscuridad, puede ahora penetrar el escudo de seguridad de la bombilla, y la bombilla cesa de dar la apariencia de proveer luz. La discontinuidad, característica intrínseca del Señor de la Oscuridad, se ha instaurado, y ahora se ha apoderado del miniuniverso de la bombilla. El filamento roto, la interrupción y la incertidumbre son todos ellos signos distintivos del Satán. Cuando éstas dominan, la luz debe cesar.

Otro ejemplo que podemos utilizar para avanzar en nuestro entendimiento del Señor de la Oscuridad es el acto mundano de encender o apagar un televisor o una radio. La posición de encendido representa la activación de la energía-inteligencia de impartir-restricción. Cuando se apaga, el aspecto de impartir-restricción deja de funcionar. Sin embargo, la emisora que transmite no se ve en absoluto afectada por el hecho de que el botón esté en encendido o en apagado. Ésta continúa su transmisión, independientemente de si nosotros la estamos recibiendo. Lo mismo ocurre con la *Bet* cósmica. Cuando nuestra conexión a la bendición-energía de la *Bet* cósmica se rompe, Satán puede invadir y nutrirse extrayendo la Fuerza de Luz-energía que ha sido redirigida como resultado de la interrupción del circuito.

Ahora la incertidumbre se convierte en un factor con el cual debemos lidiar. Cuando la televisión se ha apagado, la conclusión del programa que se estaba emitiendo permanecerá incierta. El espectador sólo puede adivinarla al final. Sin embargo, la incertidumbre de un espectador no dicta la incertidumbre de los otros. Aquellos que mantienen su conexión con la emisión no sufrirán de incertidumbre, pero para el espectador cuya conexión se ha cortado existirá una ilusión temporal de que la emisión ha cesado.

Si el espectador fuera capaz de mantener un vínculo con la transmisión —con la bendición-energía de la *Bet* cósmica— la incertidumbre que la mayoría de personas suelen experimentar no existiría. Lamentablemente, la mayoría de personas no mantienen una energía-inteligencia de impartir-restricción constante, y consiguientemente su conexión con la bendición-energía de la *Bet* cósmica se rompe. Aquellos de nosotros que mantenemos un vínculo constante con la *Bet* cósmica establecemos una conexión con todo lo que se está "transmitiendo" por todo el universo. El vínculo con la *Bet* cósmica asegura que el Señor de la Oscuridad no pueda penetrar el escudo de seguridad establecido por la energía-inteligencia autoadministrada de impartir-restricción. Las ideas ilusorias de incertidumbre, carencia, defecto y discontinuidad no tienen lugar en el mundo de la realidad. El reino de la imperfección es el dominio exclusivo de los científicos y de otros que quieran unirse al club de la incertidumbre.

Este es precisamente el concepto presentado por el Zóhar: "Rav Shimón habló sobre el verso: 'Y Tú, Señor, no estés lejos de mí; mi fortaleza, apresúrate a ayudarme'".[507] Dijo él [Rav Shimón], "Las dos invocaciones 'Tú' y 'Señor' representan a *Maljut* y *Tiféret* respectivamente, o los dos mundos, uno de ilusión (*Maljut*) y otro de realidad (*Tiféret*). El salmista rezó para estuvieran unidos y no se separaran el uno del otro. Pues cuando uno se separa del otro, toda la Luz se oscurece y se elimina del mundo. Nuestro universo recibe su alimento, la energía positiva, de *Maljut*, pero cuando *Maljut*[508], que es la Luz Inferior, no recibe su fuerza de *Tiféret*, ella no tiene nada que ofrecer a este universo.

"Por esta razón, el Templo fue destruido en el tiempo de Jeremías; la humanidad causó una ruptura del vínculo entre *Tiféret* y *Maljut*". El asombroso poder de la *Bet* cósmica había sido abandonado por la actividad humana negativa.

La sección precedente del Zóhar nos muestra la actividad dual que parece estar presente de forma potencial en toda la actividad de la energía inteligente. Este es precisamente el misterio dentro del mundo subatómico que lleva a los científicos a distraerse. El Zóhar enfatiza el hecho de que si la actividad humana negativa prevalece, entonces parece tener lugar una ruptura ilusoria entre la energía (*Tiféret*) y la materia (*Maljut*). La razón detrás de esta actividad cósmica —que se manifiesta en todos los niveles desde el cosmos hasta el reino de la actividad subatómica— es que la humanidad ha roto el vínculo cósmico con la bendición-energía de la *Bet* cósmica, lo cual ha resultado en un dominio del Satán. Por lo tanto, el Señor de la Oscuridad pone en marcha la desintegración ilusoria de la materia, la incertidumbre y la discontinuidad. Aun así, recordemos que existe un universo paralelo para aquellos que mantienen su conexión con la bendición-energía de la *Bet* cósmica. Para esos afortunados, la continuidad, la plenitud y la alegría de la certeza nunca cesan.

El Zóhar proporciona una imagen intuitivamente agradable de nuestro universo, una imagen que apunta hacia una simplicidad esencial. Además de proporcionar una descripción asombrosa de nuestro entorno, Rav Shimón ilustra la idea de dos universos paralelos atados y vinculados a la *Bet* cósmica cuando discute acerca de los diez mártires:

"Señor, ¿cómo pudieron tus hijos, el fundamento del universo, de quienes dependía el mundo (y yo fui coronado a través de sus buenas acciones) sufrir una muerte tan degradante en manos del Señor de la Oscuridad? ¿Cómo podían estar tan degradados sus espíritus? A pesar del hecho de que cuando los diez sabios fueron conducidos a su muerte inhumana y sus cuerpos sagrados fueron 'sustituidos' por cuerpos de las fuerzas Oscuras, aun así, Tu Nombre Sagrado fue profanado. Aquellos que presenciaron la matanza tuvieron la impresión de que los cuerpos sagrados de los sabios estaban siendo torturados".[510]

Los sabios mártires experimentaron la particular sensación de tener "dos" cuerpos: el cuerpo ilusorio, el cuerpo físico sujeto al dolor que pertenece al reino del Señor de la Oscuridad; y el cuerpo sagrado, conectado con la energía de bendición de la *Bet* cósmica. Por muy extraño que pueda parecer este fenómeno para muchos lectores de este libro, afirmo aquí que el Zóhar está repleto de muchas ilustraciones similares de dos universos paralelos: el mundo de la realidad y el reino de la ilusión.

Antes del advenimiento de la física cuántica, "ilusión" significaba una percepción incorrecta de los estímulos externos, como los oasis que se ven en un desierto o el momento en que una cuchara recta parece doblarse cuando se sumerge en un vaso de agua. Sin embargo, hoy en día, con la incertidumbre instaurada como un componente integral de la realidad misma, la ilusión ha dejado de implicar necesariamente una transmisión distorsionada o una interpretación de estímulos. Lo que percibe el individuo puede ser considerado la realidad, y lo que la mayoría de nosotros percibimos como realidad puede en cambio ser el resultado de falsas impresiones transmitidas por el mundo ilusorio.

Es inútil discutir sobre cuál de las visiones es correcta porque las propiedades elementales de la naturaleza desafían la evaluación objetiva, tal como la física cuántica ha enseñado con descubrimientos como el Principio de Incertidumbre de Heisenberg. La primera conclusión que tendemos a extraer de la incertidumbre es que hay un dominio "real" más allá de nuestras percepciones, pero que el hombre, con sus limitaciones presentes, no es capaz de entrar en este dominio. Algunos por tanto concluirán que la incertidumbre cuántica y el consiguiente fracaso de la ley de causa y efecto proporcionan la solución al problema del libre albedrío. El ateo, por otra parte, encontrará la justificación para su opinión de que el azar gobierna el universo.

El Zóhar y la *Bet* cósmica parecen ser la única salida para resolver este dilema. La *Bet* cósmica es el vínculo con la certeza, el reino que está más allá de las garras de Satán y todo lo que él representa. Las implicaciones y los beneficios profundos de la bendición-energía de la *Bet* cósmica son demasiado numerosos para permitirnos siquiera empezar a conceptualizar qué efecto puede tener el nuevo reino de la realidad sobre nuestro bienestar global mental y físico. Ciertamente, la bendición-energía de la *Bet* cósmica nos conecta con la idea de la medicina holística, que tiene en cuenta todos los aspectos de la vida de un paciente en el diagnóstico y el tratamiento final. La *Bet* cósmica es el vínculo con la completitud.

Otro buen ejemplo de la forma en que el Señor de la Oscuridad puede manipular nuestro sentido de la realidad puede encontrarse en la descripción que hace el Zóhar del relato bíblico del Becerro de Oro, un ídolo que Aarón hizo a petición de los Israelitas que esperaban a Moisés al pie el Monte Sinaí.[511] Cuando el Señor supo esto, le contó a Moisés la apostasía de los Israelitas, a quienes Él entonces sugirió destruir. Moisés, mientras bajaba las Tablas de la Alianza del Monte Sinaí, vio a la gente danzar alrededor del Becerro de Oro. Con gran enojo, Moisés rompió las Tablas y luego fundió el ídolo becerro, pulverizó el metal precioso y esparció el oro en polvo sobre las aguas potables de los Israelitas, asegurándose así que lo ingerirían.

Sin embargo, el Zóhar se desvía de la narrativa original de forma significativa cuando afirma que las Tablas nunca se rompieron. Rav Akiva dijo a sus estudiantes: "No comparen el mármol puro con otra piedra que contiene las energías-inteligencias de la vida y la muerte. Sabemos de las escrituras: 'El corazón del sabio está a su mano derecha; mas el corazón del necio a su mano izquierda'.[512] Las Tablas originales estaban hechas de material puro de mármol, y por lo tanto no había separación ni discontinuidad en ellas. Considerar que las Tablas fueron rotas fue sólo una ilusión".[513]

¿Cómo llegó a suceder esta ilusión? ¿Era Moisés algún tipo de mago? Los magos hacen su trabajo despertando el reino de la realidad verdadera que está latente en todos nosotros. Cuando éramos niños, estábamos fascinados por una hoja que cambiaba de color. Nos parecía que estábamos presenciando un milagro, hasta que nos enseñaron que estábamos meramente observando el proceso en el cual la hoja pierde su clorofila, lo cual hace que cambie de color y muera. Por lo tanto, se nos enseñó que tales cosas no debían fascinarnos. Pero quizá ha llegado el momento una vez más de revisar muchas cosas que hemos aprendido a no cuestionar.

La Biblia afirma claramente que cuando Moisés descendió del Monte Sinaí, "Él arrojó las tablas de sus manos, y las hizo pedazos al pie del monte".[514] Por consiguiente, parece haber una contradicción aparente entre la interpretación del Zóhar del rompimiento de las Tablas y lo que dice la Biblia. Una vez más, el Zóhar[515] hace hincapié en las dos realidades que se establecieron cuando pecó Adán. El Árbol de la Vida representaba la realidad verdadera, mientras que el Árbol del Conocimiento del Bien y del Mal dio origen al mundo de la ilusión. Cuando Adán fue apartado de la *Bet* cósmica, el reino de la realidad se volvió oculto por un velo de ilusión, y fue así como nació el mundo de la incertidumbre.

En esencia, las Tablas nunca se rompieron, sino que fueron colocadas en el Arca de la Alianza. Cuando el Sumo Sacerdote accedía a las Tablas, conectaba con el cosmos, atrayendo de éste un poder asombroso. Para aquellos que participaron en el pecado del Becerro de Oro, el velo de la ilusión —la energía-inteligencia de la incertidumbre— se convirtió en su ámbito de la realidad.

Otro ejemplo del mundo ilusorio es la creencia errónea de que el Templo Sagrado de Jerusalén fue incendiado y destruido por los romanos. El Zóhar dice que no fue así. Si alguna vez la energía inteligente de la ilusión se manifestó en su totalidad, esto se revela en el punto de vista del Zóhar de que el Templo Sagrado nunca fue destruido. El relato histórico de la conquista romana de la Tierra Santa, la destrucción del Templo, la deportación como esclavos de más de cien mil Israelitas y la matanza de cientos de miles más sigue siendo hasta el día de hoy un testimonial vívido de la destrucción del Templo. Todo aquel que visita el monte del Templo en la actualidad no observa visualmente que haya un Templo allí. Sin embargo, teniendo en cuanta que la incertidumbre se ha convertido en una parte integral de nuestro entendimiento de la realidad, debemos admitir que no podemos refutar al Zóhar en este punto, según el cual la esencia del Templo está todavía allí; sólo la ilusión fue destruida.

A pesar de haber llegado a la conclusión de que todo lo que existe en nuestro universo observable es incierto, los científicos todavía siguen buscando una teoría de la gran unificación. ¿Por qué? Porque algo les dice que más allá de la incertidumbre cuántica existe una realidad más profunda y metafísica. El principio de incertidumbre se aplica tanto a una única medida como a una media estadística. Para alcanzar el reino de la realidad determinista, uno debe elevar el nivel de conciencia. Esto requiere una conexión con la bendición-energía de la *Bet* cósmica, que trasciende el marco ilusorio de referencia.

Al contrario de lo que creen los físicos, los descubrimientos cuánticos no probaron que el universo es indeterminado. La cuántica indica meramente que nuestra mente consciente no puede entender toda la realidad en un mismo momento. Ahora es necesaria una nueva visión de la realidad. El Zóhar afirma que la respuesta a esto y a todos los dilemas físicos se halla en la trascendencia de la mente consciente, que es en sí misma un producto de la realidad ilusoria. Una vez que nuestra conciencia ha sido elevada, la aleatoriedad no existe. Lamentablemente, este no es el camino que la ciencia ha elegido seguir.

El Zóhar continúa su explicación de por qué el Templo nunca fue destruido: "Sobre aquellas piedras de los cimientos antiguos otras naciones podían prevalecer, puesto que carecían de una conciencia más elevada de energía-inteligencia...Dios no lo quiera, pensar por un momento que otras naciones gobiernen sobre los cimientos de Sión y Jerusalén. Ellos no los incendiaron, ni fueron quemados. Fueron ocultados por el Señor, y no se perdió ni una sola piedra. Sin embargo, cuando regrese la Luz de la realidad, las únicas personas que lo observarán serán aquellos cuyos ojos hayan sido elevados a una conciencia mayor. Para los demás, la ilusión reinará".[516]

Esta es precisamente la idea que el profeta Malaquías presentó cuando declaró: "Volverás y discernirás entre los justos y los malvados, entre aquel que sirve al Señor y aquel que no Le sirve".[517] En ausencia de una traducción mejor, he aceptado la versión convencional de este verso profundo y penetrante. No obstante, no dudes que la idea de servir al Señor debe entenderse dentro de un marco de conexión con la bendición-energía de la *Bet* cósmica. Cuando se establece un vínculo entre nosotros y la *Bet* cósmica, existe la certeza. La idea de la incertidumbre se inicia únicamente con el *Deseo de Recibir Sólo Para Uno Mismo.*

"El Creador no reveló la Luz de la Bendición para ocasionar la perfección y la corrección del mundo. En su lugar, la Luz de la Bendición sirve sólo como un buen principio, que es esencial para que se produzca la corrección final y completa".[518]

Las preguntas sobre la naturaleza de la realidad pueden ser ciertamente sutiles. Puede resultar extraordinariamente difícil concluir qué es real y qué es ilusorio. Las verdades contenidas en el Zóhar abordan la posibilidad de que algún día daremos sentido a nuestra existencia. Todo lo que se requiere es una conexión con la *Bet* cósmica. Esta era la bendición que la *Bet* cósmica podía proporcionar a toda la humanidad. La conexión todavía tenía que establecerse, pero la *Bet* cósmica era un buen punto de partida para alcanzar esta bendición.

CAPÍTULO 22

LA LETRA
ÁLEF

Bendición;
Estabilidad en el universo;
Conocimiento como energía;
Deficiencia del lenguaje;
Principio de incertidumbre;
Macro y Micro Mundos;
Dirección de las meditaciones;
Teoría cuántica;
Sufrimiento humano;
Mundo ilusorio;
Polaridades negativas;
Círculo y ondas de energía;
La Semilla y el Nuevo Fruto;
Resistencia e intensidad;
La creación de un boom;
Actividad positiva;
Las Tres Sefirot Superiores

NO ES TU MISIÓN FINALIZAR LA TAREA; PERO TAMPOCO ERES LIBRE DE DESISTIR DE ELLA.

—RAV TARFÓN, *PIRKEI AVOT* (ÉTICA DE LOS PADRES)

L a *Bet* cósmica con la energía inteligencia de bendición era el canal ideal para la red de comunicación universal. Sólo ella podía evitar que la humanidad se desconectara eternamente de la Fuerza de Luz. Ahora que la *Bet* cósmica se había establecido como el canal creativo, la humanidad nunca tendría que sucumbir a la conciencia robótica total, y se evitaría la dominación del universo por parte del Señor de la Oscuridad eliminando de la psique humana todos los vestigios del libre albedrío.

Con la materia de la Creación universal y la estabilidad bajo control, la *Álef* cósmica no tenía ningún motivo para hacer una petición para convertirse en un canal adecuado para la Creación. Tampoco tenía este deseo, pues ella entendía y estaba satisfecha con su papel en el esquema cósmico. Ella iba a ser un socio silencioso en el reino del pensamiento-comunicación. Su función sería vincular las otras letras-energías, salvando la ilusión del espacio entre ellas.

Desde el principio, el Señor reconoció el propósito de la participación de cada una de las letras en el proceso creativo. Las letras —ya fueran escogidas como canal para el proceso creativo o no— eran en definitiva una parte del mecanismo celestial para la comunicación con la energía suprema de la Inteligencia cósmica. Así, obviamente, el Señor era consciente del lugar real que ocupaba *Álef* en el plan universal. Y aun así Él consideró adecuado preguntarle a *Álef* por qué no se presentaba ante Él.

Cada letra, incluida la *Álef* cósmica, era necesaria para la conexión primordial con la Inteligencia Cósmica. El Señor ya había elegido utilizar a la *Bet* cósmica como canal para Su

Creación. ¿Por qué entonces llamó el Señor a *Álef* para que se presentara ante Él?[519]

La *Bet* cósmica establecía el control sobre el proceso de formación del universo porque su *Berajá* (bendición-inteligencia) guiaba el proceso creativo, permitiendo que la vida en la Tierra heredara un marco favorable para su desarrollo. La inteligencia cósmica que funcionaba fuera del reino material, guiada por la *Berajá*-inteligencia de *Bet*, sería suficiente para mantener el equilibrio y la simetría adecuados entre las polaridades positivas y negativas, el bien y el mal. Este fenómeno cosmológico, que es un elemento esencial del equilibrio universal, era la garantía de la Tierra de que Satán nunca asumiría el dominio sobre este vasto cosmos.

La *Álef* cósmica es el pensamiento-inteligencia intrínseco del aire, que establece la estructura de estado estacionario de nuestro universo.[520] Lo cierto es que en nuestro universo en realidad nada cambia. El *Big Bang* original fue sólo el más intenso de un número infinito de *big bangs* en miniatura que habrían de proseguir, tras los cuales el universo regresó a un estado estacionario y unificado de actividad a través de la *Álef* cósmica. Ya hablemos de explosiones con materia de alta densidad, gases de baja densidad o fenómenos metafísicos sin densidad, el principio básico subyacente es el mismo. En todos los casos, el factor unificador y creador de un estado estacionario es *Álef*.

Examinemos ahora el proceso de recoger una piedra y lanzarla al mar. Debido a que primero el proceso tiene lugar en la mente de la persona que va a lanzar la piedra, el deseo del lanzador debe estar incluido como una parte integral del proceso. El resultado se determina en la mente del lanzador antes de que él o ella lance la piedra. El resultado, con unas pocas variaciones, está predeterminado, establecido en la mente y llevado a cabo por la ley de causa y efecto. La piedra juega un papel bastante insignificante en el proceso. ¿Qué es entonces lo que causa la salpicadura y las ondas posteriores? El kabbalista dice que el factor causal es la mente del lanzador.

En cuanto a los círculos de las ondas que se forman alrededor de la piedra cuando ésta impacta con el agua, podríamos esperar que la onda más grande ocurriera en el punto de impacto, pues allí es donde se concentra la fuerza cinética de la piedra. Sin embargo, encontramos las ondas más grandes lejos de la piedra, no cerca de ésta. Las ondas más grandes y más exteriores representan la energía-inteligencia del lanzador. El pensamiento-inteligencia en su punto de inicio —cuando el individuo decidió lanzar la piedra— conlleva mucha más energía que las fases posteriores al pensamiento original.

Una situación similar ocurre cuando se fabrica una bomba. La bomba explota primero en la mente de su inventor, quien procede entonces a trabajar en ideas sobre cómo puede producir esa explosión a nivel físico. La explosión progresa entonces a través de una serie de procesos de pensamiento dentro de las mentes de aquellos que están produciendo y desarrollando la bomba, ganando poder a medida que se acerca a su terminación. Finalmente, quizá años más tarde, cuando se detona la bomba, la explosión (restricción) revela el pensamiento-energía-inteligencia que existió en primer lugar en la mente del inventor.

Antes de su detonación, la bomba está en un estado estacionario de pensamiento-inteligencia. Sólo cuando la bomba alcanza un objetivo el pensamiento-inteligencia se revela en el nivel corpóreo. En todos los niveles de interacción entre el pensamiento-energía y su Vasija (la bomba), vuelve a producirse la misma interacción dinámica de "big bang"; la única diferencia significativa está en la naturaleza de los materiales, la densidad de la materia y el calor de la interacción. Ya estemos hablando de una piedra que impacta sobre el agua, una corriente eléctrica que pasa por un filamento o una reacción nuclear, todas están determinadas según los mismos principios fundamentales que gobiernan el funcionamiento del pensamiento-energía.

Un árbol en crecimiento atraviesa por un proceso de restricción en cada fase de su desarrollo. Antes de que aparezca el tronco de un árbol, la raíz que se expande se encuentra restricción, lo cual a su vez activa otro crecimiento. Este proceso se repite continuamente desde el momento en que se planta hasta el fruto final. Ciertamente, la expansión continúa aun después de ese punto. La semilla del nuevo fruto atraviesa por otro big bang cuando cae al suelo o alguien la inserta en la Madre Tierra.

El universo se ha encontrado con el pensamiento-inteligencia de la restricción muchas veces durante el transcurso de su expansión desde el *Big Bang* original, el punto de impacto que sirve como objetivo para la siguiente fase de la evolución universal. La uniformidad y la previsibilidad de este proceso universal están causadas por la energía-inteligencia de *Álef*.

¿De dónde proviene el impulso para la actividad sostenida? ¿Por qué, por ejemplo, los padres desean hijos cuando saben muy bien el dolor y el sufrimiento que esta actividad causará? La respuesta se halla en el Pensamiento original de la Creación, que era el *Deseo de Impartir* del Señor.[521] Esta actividad continuada se manifiesta en todos los niveles de la existencia dentro del universo. Considera por un momento el hecho de que las partes integrales básicas del universo de las entidades pensantes y no pensantes son el mismo tipo de átomos. ¿Qué es lo que distingue entonces unas de las otras? Podemos responder a esta cuestión citando las distintas disposiciones de los átomos, pero el kabbalista inquiere más allá, preguntando ¿por qué deben existir estas disposiciones distintas, y cuál es la causa de su disimilitud? La verdadera diferencia entre los seres animados e inanimados está en el nivel de intensidad de su *Deseo de Recibir*.[522] Entre más grande el deseo, más grande es la necesidad de restricción. Así, un balance es mantenido entre compartir y recibir, con la conciencia de la *Álef* cósmica gobernando sobre este balance.

Obviamente, la *Álef* cósmica satisface una necesidad crucial en el mantenimiento del universo. ¿Por qué, entonces, no logró defender su caso ante el Señor? También, como veremos, cuando el Señor se dirigió a la *Álef* cósmica, Él repitió su nombre dos veces. ¿Por qué lo hizo?

Todas las veintidós letras proporcionan vínculos para la Fuerza de Luz, pero el vínculo de *Álef* es muy distinto a los demás. Los canales de las otras letras proporcionan un acceso a la Fuerza de Luz sólo cuando la iniciativa viene de las Vasijas: las letras-energías mismas. La *Álef* cósmica, sin embargo, no puede iniciar *Mayin Nukvín* (la energía-inteligencia del *Deseo de Recibir* de la Vasija). La energía de *Álef* se deriva únicamente de la Fuerza de Luz.

Esta característica única de la *Álef* cósmica fue revelada por la interpretación que hace el Zóhar del verso que aparece en el libro del profeta Amós[523]: "Cayó la Virgen de Israel [*Shejiná*]; y no podrá levantarse ya más".[524] El Zóhar declara que la *Shejiná* no puede levantarse del exilio mediante su esfuerzo propio; sólo puede ser redimida por el Señor Mismo. Según el Zóhar[525], la *Shejiná* atravesará por dos periodos de redención: "Vean ahora. En todos los otros exilios de Israel, se estableció un término, al final del cual Israel regresó al Señor, y la Virgen de Israel volvió a su lugar. Pero este último y presente exilio no es así, pues ella no volverá como en ocasiones anteriores. El verso en Amós indica esto mismo cuando dice: 'Cayó la Virgen de Israel; y no podrá levantarse ya más'. Observa que no está escrito: 'Yo ya no podré levantarla más'".

El Zóhar relata la historia de un rey que estaba enojado con su reina y la echó de palacio durante largo tiempo, hasta que finalmente no pudo soportar más su ausencia:

> *Dijo el rey: "Esta vez no es como las otras veces que ella regresó a mí. Esta vez iré con todos mis seguidores para encontrarla". Cuando llegó hasta ella, la encontró acostada en el polvo. Al verla humillada y volver a anhelarla, el rey la tomó de la mano, la levantó, la llevó de vuelta a su palacio y le juró que nunca más volvería a separarse de ella. Así, está escrito: "En aquel día yo levantaré el tabernáculo caído de David",[526] siendo el Tabernáculo de David idéntico a la Virgen de Israel.*

La *Álef* cósmica nunca iniciará el *Mayin Nukvín*. Mientras las otras letras expresen el *Mayin Nukvín*, la *Álef* cósmica sólo actuará como el canal para que la Fuerza de Luz del Señor devuelva a *Mayin Dujrín* a la condición circular infinita de la cual surgió.

Por lo tanto, la *Álef* cósmica no hizo su petición para ser el canal de la Creación. Sin embargo, el Señor la llamó por su nombre dos veces: "*Álef. Álef…*". El Señor la llamó por su nombre dos veces con el propósito de transmitir la Fuerza de Luz a través de *Álef* cuando la actividad positiva humana prevaleciera. Entonces el Señor la llamó por su nombre una segunda vez para establecer el canal para la Redención Final, diciéndole: "Tú, *Álef*, serás considerada la Cabeza de todas las letras, pues tú representas las Tres *Sefirot* Superiores [*Kéter*, *Jojmá*, y *Biná*]. La gran energía unificadora de la Fuerza de Luz, la Cabeza, será revelada sólo a través tuyo".[527]

La energía infundida dentro de la *Bet* cósmica engloba la fuerza de Génesis I, la Luz de la Misericordia, que incluye sólo las Siete *Sefirot* Inferiores de *Jésed*, *Guevurá*, *Tiféret*, *Nétsaj*, *Jod*, *Yesod* y *Maljut*, que gobiernan este Mundo de la Acción. Por consiguiente, el código bíblico presentado en Génesis I está limitado a los siete días de la Creación física. La *Bet* cósmica está carente de la Fuerza de Luz de las Tres *Sefirot* Superiores, también llamadas la Cabeza. El dominio de la *Bet* cósmica es el mundo de la ilusión creada. Es la *Álef* cósmica quien proporciona el enlace vital con la Realidad Infinita verdadera, la conexión con las *Sefirot* Cabeza, también conocidas como la Luz de la Sabiduría.

La Luz de la Misericordia de *Bet* no depende de la actividad de la humanidad. Cuando la humanidad expresa y hace manifiesto el pensamiento-energía-inteligencia negativo, el poder de la *Bet* cósmica no cambia. La *Bet* cósmica mantiene la Luz pero no tiene poder para alterar su trayectoria o dimensión. Como una piedra lanzada que abandona la mano del lanzador, la Luz de la Misericordia de la *Bet* cósmica ya no está gobernada por el factor que la causó. Después de abandonar su fuente, ahora está controlada por la ley de causa y efecto. Por otro lado, el *Mojín* (la Fuerza de Luz de la Cabeza), canalizado por la *Álef* cósmica, depende enteramente de la actividad humana. Si el hombre es malvado, el *Mojín* de *Álef* es anulado. Pero cuando el pensamiento-actividad humano positivo prevalece en el universo, entonces *Álef* establece la gran Fuerza de Luz de unificación del Señor. La unificación completa y eterna tendrá lugar en el momento de la Redención y la Corrección Final. Esto se manifestará también con la ayuda del "socio silencioso", la *Álef* cósmica.

CITAS

51. Zóhar, Vayejí 77:783
52. Génesis 37:2
53. Zóhar, Vayeshev 23:253
54. Génesis 37:18
55. Génesis 39:7-16
56. Génesis 41:37-40
57. I Samuel 16:1
58. Ruth 4:17, 20-22
59. I Samuel 18:27
60. I Samuel 18:1-5
61. I Samuel 18:27
62. Éxodo, 28:30
63. II Samuel, 2:1
64. II Samuel 20:1
65. Génesis Rabá 88:7
66. Talmud Bavli, Tratado Sanhedrín, P. 110a
67. II Samuel Cap. 11
68. Las ruedas del alma, Rav Berg, KCI, P. 150
69. Talmud Bavli, Tratado Shabat, P. 56a
70. Talmud Bavli, Tratado Pesajim, P. 117a
71. Talmud Bavli, Tratado Berajot, P. 10a
72. Talmud Bavli, Tratado Berajot, P. 3b
73. Zóhar, Kedoshim 11:73

Capítulo 4

74. Kabbalah for the Layman (Introducción a la Kabbalah), Vol. 1, Rav Berg, KCI, Cap. 3
75. La conexión kabbalística Rav Berg, KCI, P. 94, 96
76. Zóhar, Toldot 1:3-4
77. Entrance to the Tree of Life (Una Entrada al Árbol de la Vida), Vol. 1, Rav Berg, KCI, Cap. 3
78. Kabbalah for the Layman (Introducción a la kabbalah), Vol. 1, Rav Berg, KCI, Ch. 3
79. Génesis Cap.1

80. Génesis 14:18
81. Zóhar, Lej Lejá 25:237-240
82. Talmud Eser Sefirot (Las Diez Emanaciones Luminosas), Vol.1, Rav Áshlag, KCI, P. 75
83. Libro de la Formación, Cap.1 Mishna 10- Cap.38
84. Libro de la Formación, Cap.4
85. Libro de la Formación, Cap.5

Capítulo 5

86. Talmud Eser Sefirot (Las Diez Emanaciones Luminosas), Vol.1, Rav Áshlag, KCI, P. 55
87. Salmos 145:1b
88. Zóhar, Haazinu, 51:210
89. Salmos 103:19
90. Proverbios 5:5
91. Génesis 3:4-6
92. Zóhar, Bereshit A, 47:442; Tikunei Zóhar, pár. 77, P. 403
93. Génesis 3:14
94. Zóhar, Prólogo 6:23
95. Kabbalah for the Layman (Introducción a la Kabbalah), Vol. 1, Rav Berg, KCI, P. 81
96. Talmud Bavli, Tratado Shabat, P. 55a
97. Talmud Bavli, Tratado Shabat, P. 55a

Capítulo 6

98. Zóhar Edición hebrea, Prólogo, Sulam, pár. 24
99. Números 8:2
100. Génesis 1:3-4
101. Génesis 1:4
102. Génesis 1:4
103. Zóhar, Terumá 78:762
104. Talmud Eser Sefirot (Las Diez Emanaciones Luminosas), Vol.2, Rav Áshlag, KCI, P. 105-110

105. Génesis 11:31
106. Génesis 12.1
107. Génesis 10:8
108. Kabbalah for the Layman
(Introducción a la Kabbalah),
Vol.1, Rav Berg, KCI, P. 101-104
109. Zóhar, Lej Lejá 5:27
110. Kabbalah for the Layman
(Introducción a la Kabbalah),
Vol.1, Rav Berg, KCI, P. 77-90
111. Talmud Eser Sefirot (Las Diez
Emanaciones Luminosas),
Rav Áshlag, KCI, Vol.2, P. 56-57
112. Talmud Eser Sefirot (Las Diez
Emanaciones Luminosas),
Vol.1, Rav Áshlag, KCI, P. 121
113. Kabbalah for the Layman,
(Introducción a la Kabbalah),
Vol. 1, Rav Berg, KCI, P. 73-75
114. La conexión kabbalística,
Rav Berg, KCI, P. 23-27
115. Zóhar Edición hebrea,
Lej Lejá, Sulam pár. 22
116. Tav Cósmica
117. Tikunei Zóhar, Tikún 22
pár. 60
118. Números 27:21
119. Números 28:30.
120. Deuteronomio 33:8
121. Talmud Bavli, Tratado Yoma,
P. 73a-b
122. Midrash Salmos 27:2
123. Talmud Bavli, Tratado Yoma,
P. 73b
124. Entrance to the Zóhar
(Entrada al Zóhar),
Rav Áshlag, KCI, P. 54-58
125. Zóhar Edición hebrea,
Prólogo, Sulam pár. 24
126. Zóhar, Vayerá 20:280
127. Zóhar Jadash, Shir Hashirim,
pár. 12
128. Zóhar Edición Hebrea,
Prólogo, Sulam, pár. 24
129. Zóhar Edición hebrea,
Prólogo, Sulam, pár. 24

Capítulo 7

130. Zóhar, Nasó 20:190
131. Zóhar Edición Hebrea,
Prólogo, Sulam, par 25
132. Zóhar, Jayei Sará 12:72-73
133. Zóhar Edición Hebrea,
Prólogo, Sulam, par 25
134. Talmud Bavli, Tratado
Shabat P. 104a
135. Zóhar Edición hebrea,
Prólogo, Sulam, par 24
136. Kabbalah for the Layman,
(Kabbalah para todos), Vol.1,
Rav Berg, KCI, P. 88-92
137. La conexión kabbalística,
Rav Berg, KCI, P. 104
138. Zóhar Edición hebrea,
Prólogo, Sulam pár. 24
139. Las ruedas de un alma,
Berg, p.79
140. Eclesiastés 4:13-14
141. Zóhar, Vayeshev 1:3

Capítulo 8

142. Génesis, 3:8
143. Zóhar, Vayikrá 1:16
144. Levítico 1:1
145. Génesis 15
146. Zóhar, Pekudei 13:77
147. Zóhar, Bereshit B, 30:113

Capítulo 9

148. La conexión kabbalística,
Rav Berg, KCI, P. 117
149. Génesis 2:9
150. La conexión kabbalística,
Rav Berg, KCI, P. 92
151. Talmud Bavli, Tratado
Pesajim, P. 112a
152. Talmud Yerushalmi, Tratado
Sanhedrín, P. 3a
153. Zóhar Jadash, Ki Tavo pár. 1

154. Talmud Bavli, Tratado
     Shavuot, P. 33b
155. Génesis 1:27
156. Génesis 2:21, 22
157. Génesis 3:16-25
158. Zóhar, Bereshit B, 64:366
159. Talmud Bavli, Tratado
     Berajot, P. 17a
160. Talmud Bavli, Tratado
     Berajot, P. 17b
161. Eclesiastés 7:26
162. Zóhar, Prólogo 21:224
163. Zóhar, Bereshit B 51:
     228-229
164. Génesis Cap.7
165. Génesis 9:20
166. Génesis 7:3
167. Génesis 6:18
168. Proverbios 10:25
169. Génesis 6:9
170. Génesis 6:9
171. Génesis 6:8-9
172. Zóhar, Noáj 1:10

Capítulo 10

173. Zóhar Edición hebrea,
     Prólogo, Sulam, pár. 27
174. Génesis 4:7
175. Entrance to the Zóhar
     (Entrada al Zóhar),
     Rav Berg, P. 22-27
176. Eclesiastés 7:14
177. Samuel I 4:22-23
178. Zóhar Edición hebrea,
     Prólogo, Sulam, pár. 27
179. Zóhar, Vayikrá 22:136
180. Zóhar, Vayikrá 22:135-136
181. Zóhar, Shemot 13:75
182. Samuel II 6:17
183. Génesis Cap.24
184. Cf. Tratado Meguilá, P. 26a
185. Zóhar, Trumá 45:486
186. Zóhar Edición hebrea,
     Prólogo, Sulam, pár. 27
187. Génesis Cap.11

188. Proverbios 10:25
189. Zóhar Jadash, Vayerá P. 26
190. Salmos 145:19
191. Kabbalah for the Layman
     (Introducción a la Kabbalah),
     Vol. 1, Rav Berg, KCI, P. 24
192. Josué 10:12-13
193. Josué 6:13-15
194. Éxodo, 14:21
195. Rashi, Éxodo 14:21
196. Targum Yerushalmi, Éxodo,
     Cap.14:22
197. Éxodo 14:19
198. Zóhar, Beshalaj 13:157
199. Éxodo 24:18
200. Éxodo 14:19-21
201. Éxodo 17:9
202. Éxodo 33:11
203. Zóhar, Beshalaj 33:463
204. Zóhar Edición hebrea,
     Prólogo, Sulam, pár. 27
205. Kabbalah for the Layman
     (Introducción a la Kabbalah),
     Vol.1, Rav Berg, KCI, P. 77-90
206. Deuteronomio 32:11
207. La conexión kabbalística,
     Rav Berg, KCI, P. 117-118
208. Génesis 2:9
209. Génesis 2:17
210. Zóhar, Bereshit A 46:432
211. Talmud Bavli, Tratado
     Shabat, P. 146a
212. Isaías 25:8
213. Zóhar, Prólogo, 6:27

Capítulo 11

214. Isaías 58:13
215. Éxodo 11:1
216. Physics and Philosophy
     (Física y filosofía),
     W.Heisenberg, P. 177
217. Talmud Eser Sefirot (Las Diez
     Emanaciones Luminosas),
     Vol.1, Rav Áshlag, KCI,
     P. 52-54

218. Zefania 2:3
219. Zóhar Edición hebrea,
     Prólogo, Sulam, pár. 27
220. Éxodo 28:43

Capítulo 12

221. Kabbalah for the Layman
     (Introducción a la Kabbalah),
     Vol. 1, Rav Berg, KCI, P. 77
222. Zóhar, Bereshit B 41: 172
223. Génesis 1:27
224. Cantar de los Cantares 2:12
225. Génesis 2:5
226. Génesis 3:17
227. Génesis 4:12
228. Zóhar, Bereshit A 23:258
229. Kabbalah for the Layman
     (Introducción a la Kabbalah),
     Vol. 1, Rav Berg, KCI, P. 97
230. Zóhar Edición hebrea,
     Prólogo, Sulam, pár. 28
231. La conexión kabbalística,
     Rav Berg, KCI, P. 39
232. Zóhar, Prólogo 12:77
233. Zóhar, Vayikrá 42:288
234. Zóhar, Vayikrá 43:297
235. Las ruedas de un alma,
     Rav Berg, KCI, P. 116-129
236. Génesis 1:14-19
237. Zóhar, Bereshit A,
     7:7 1-11:129
238. Kabbalah for the Layman
     (Introducción a la Kabbalah),
     Vol.1, Rav Berg, KCI, P. 106-
     108
239. Talmud Eser Sefirot (Las Diez
     Emanaciones Luminosas),
     Vol. 2, Rav Áshlag, KCI,
     P. 157-158
240. Salmos 145:14
241. Job 38:33
242. Isaías 26:4
243. Génesis 49:26
244. Deuteronomio 4:32
245. Zóhar, Vaerá 1:6

246. Zóhar Edición hebrea,
     Prólogo, Sulam, pár. 28
247. Kabbalah for the Layman
     (Introducción a la Kabbalah),
     Vol. 1, Rav Berg, KCI, P. 79
248. Génesis 2:4
249. Génesis 1:2
250. Zóhar, Bereshit A 19:214

Capítulo 13

251. La conexión kabbalística,
     Rav Berg, KCI, P. 112-114
252. Zóhar Edición hebrea,
     Prólogo, Sulam, pár. 28
253. Génesis 8:21
254. Éxodo 15:11
255. Salmos 33:1
256. Zóhar Edición hebrea,
     Prólogo, Sulam, pár. 29
257. Zóhar Edición hebrea,
     Prólogo, Sulam, pár. 29

Capítulo 14

258. Zóhar Prólogo, 6:30
259. Salmos 42:9
260. Génesis 1:1-8
261. Zóhar Edición hebrea,
     Prólogo, Sulam, pár. 30
262. Zóhar Nasó 9:65
263. Jeremías 31:34
264. Zóhar Edición hebrea,
     Prólogo, Sulam, pár. 30
265. Zóhar Edición hebrea,
     Prólogo, Sulam, pár. 30
266. La conexión kabbalística
     Rav Berg, KCI, 117-118
267. Isaías 6:1
268. Salmos 81:4
269. Zóhar, Emor 32:190
270. Zóhar, Beshalaj 13:155
271. La conexión kabbalística,
     Rav Berg, KCI, P. 133-135
272. Éxodo 9:1

273. Zóhar, Bo 3:38
274. Éxodo 20:2
275. Éxodo 1:8
276. Zóhar, Shemot 13:77
277. Zóhar Edición hebrea, Prólogo, Sulam, pár. 30
278. Proverbios 12:4
279. Cantar de los Cantares 3:11
280. Zóhar, Prólogo 14:125
281. Éxodo 19
282. Zóhar, Prólogo 14:125
283. Zemirot Israel, Najara, Venice, 1599
284. Libro de meditaciones de Shabat, Meditación de la noche
285. Las ruedas de un alma, Rav Berg, KCI, P.168-177

Capítulo 15

286. Zóhar, Prólogo 6:31
287. Jueces 5:4
288. Salmos 68:8
289. Job 9:5-9:7
290. Puerta de las meditaciones A, Escritos del Arí, Vol. 10, KCI
291. Zóhar Edición hebrea, Prólogo, Sulam, pár. 31
292. Zóhar, Toldot 1:3
293. Talmud Eser Sefirot (Las Diez Emanaciones Luminosas), Vol. 1, Rav Áshlag, KCI, P. 16, Pár. 8-10
294. Zóhar, Lej Lejá 4:19
295. Eclesiastés 7:14
296. Talmud Bavli, Tratado Pesachim, P. 6b
297. Kabbalah for the Layman (Introducción a la Kabbalah), Vol. 1, Rav Berg, KCI, Cap. 9
298. Zóhar Edición hebrea, Prólogo, Sulam, pár. 31
299. Zóhar, Prólogo 6:31

Capítulo 16

300. Las ruedas de un alma, Rav Berg, KCI, Cap. 17
301. Zóhar Edición hebrea, Prólogo, Sulam, Pár. 1-9
302. Génesis Rabá, Cap.12
303. Talmud Eser Sefirot (Las Diez Emanaciones Luminosas), Vol.1, Rav Áshlag, KCI, P. 14
304. Talmud Eser Sefirot (Las Diez Emanaciones Luminosas), Vol.4, P. 218
305. Kabbalah for the Layman (Introducción a la Kabbalah), Vol. 1, Rav Berg, KCI, Cap. 8
306. Zóhar, Mishpatim 3:237
307. Talmud Eser Sefirot (Las Diez Emanaciones Luminosas), Vol.1, Rav Áshlag, KCI, P. 31, Pár. 16
308. Kabbalah for the Layman (Introducción a la Kabbalah), Vol. 1, Rav Berg, Cap. 6-7
309. Génesis 1:6
310. Kabbalah for the Layman, (Introducción a la Kabbalah), Vol. 1, Rav Berg, KCI, Cap. 9
311. Zóhar, Bereshit A, 6:45
312. Génesis 1:10-1:12
313. Zóhar, Bereshit A, 8:97
314. Eclesiastés 7:14
315. La conexión kabbalística, Rav Berg, KCI, Cap. 15
316. Zóhar, Jayei Sará 11:70
317. Zóhar, Jayei Sará 12:71-72
318. Salmos 139:5
319. Génesis 9:2
320. Génesis 2:17
321. Zóhar, Beshalaj 17:230-232
322. Zóhar, Toldot 17:133
323. Zóhar, Terumá 4:20-21
324. Zóhar, Shemot 15:140-143
325. Proverbios 10:25
326. Zóhar, Ajarei Mot 39:233
327. La conexión kabbalística, Rav Berg, KCI, Cap. 10

328. Éxodo 2:12
329. Zóhar, Terumá 2:8-9, 2:11
330. Talmud Bavli, Tratado
     Pesachím, P. 50a
331. Malaquías 3:6
332. Zóhar, Prólogo 6:32

Capítulo 17

333. Zóhar, Prólogo 6:33
334. Génesis 1:4
335. Isaías 3:10
336. Zóhar, Bereshit A, 32:324
337. Asymptotic Realms of
     Physics, (Los ámbitos
     asintóticos de la física),
     A. H. Guth
338. Las ruedas de un alma,
     Rav Berg, KCI, Cap. 1, 2
339. Kabbalah for the Layman
     (Introducción a la Kabbalah),
     Vol. 1, Rav Berg, KCI, Cap. 8
340. Talmud Eser Sefirot (Las Diez
     Emanaciones Luminosas),
     Vol.1, Rav Áshlag, KCI, P. 56,
     Pár. 19
341. Génesis Rabá, Cap. 9
342. Talmud Bavli, Tratado
     Kidushín, P. 30b
343. Deuteronomio 28:18
344. Génesis 1:4
345. Salmos 112:3; Proverbios,
     11:31
347. Zóhar, Vayeshev 22:230-240
348. Zóhar, Vayeshev 21:210-213
349. Génesis Rabá 99:7
350. Génesis 37:24
351. Génesis Rabá 91:8
352. Génesis 50:15-50:21
353. Sefer HaLikutim, Escritos del
     Arí, Vol. 18, KCI, Porción de
     Behaalotja.
354. Salmos 78:38
355. Isaías 1:27
356. Deuteronomio Cap. 49

357. Deuteronomio 8:6
358. Talmud Bavli, Tratado
     Yevamot, P. 99a
359. Mishné Torá, Rabí Moshé
     Ben Maimón (Rambam),
     Asurei Bia, Cap. 19
360. Isaías 11:6
361. Isaías 11:9
362. The Wisdom of Truth
     (La sabiduría de la verdad),
     Rav Áshlag, KCI, 2008.
363. The Wisdom of Truth
     (La sabiduría de la verdad),
     Rav Áshlag, KCI, 2008
364. Números 11:11-16
365. Zóhar, Ki Tisá 10:56-62
366. Zóhar, Ki Tisá 11:62-70
367. Shaar Hapsukim, Escritos del
     Arí, Vol. 8, KCI, P. 107
368. Éxodo 32:7
369. Éxodo 32:12
370. Deuteronomio 34:10
371. Midrash Rabá, Números,
     Cap. 14
372. La Puerta de la Reencarnación,
     Escritos del Arí, Vol. 13,
     KCI, P. 224
373. Éxodo 2:2
374. Pri Etz Jaim B, Escritos del
     Arí, Vol. 17, KCI, P. 246-247
375. Mishné Toré, Rabí Moshé
     Ben Maimón (Rambam),
     Asurei Bia, 14:7
376. Génesis Rabá Cap. 44
377. Génesis Rabá P. 24
378. Génesis 46:3
379. Éxodo 32:9 -10
380. La Puerta de la Reencarnación,
     Escritos del Arí, Vol. 13,
     KCI, P. 62
381. Shaar Hapsukim, Escritos del
     Arí, Vol. 8, KCI, P. 188
382. I Samuel 25:3-42
383. I Samuel 25:10
384. Shaar Hapsukim, Escritos del
     Arí, Vol. 8, KCI, P. 188

385. Zacarías 14:9-14:11
386. Las Diez Emanaciones
     Luminosas, Vol . 1,
     Rav Áshlag, KCI, P. 1-2
387. Números 14:1-12
388. Números 14:29-30
389. La Puerta de la Reencarnación,
     Escritos del Arí, Vol. 13, KCI
390. Génesis 1:4
391. Kabbalah for the Layman
     (Introducción a la Kabbalah),
     Vol. 1, Rav Berg, KCI, Cap. 8
392. Isaías 3:10
393. Talmud Bavli, Tratado
     Jaguigá, P. 12a
394. Génesis 1:4
395. Talmud Bavli, Tratado Taanit,
     P. 61
396. Génesis 1:4
397. Números 14:29
398. Números 14:2
399. Talmud Bavli, Tratado Taanit,
     P. 29a
400. Eclesiastés 7:14
401. Génesis 32:25; 32:33
402. Génesis, 25:21-23
403. Zóhar, Toldot 4:25
404. Génesis 32:22
405. Génesis 32:25
406. Génesis 32:26
407. Zóhar, Vayishlaj 7:104
408. Salmos 31:19
409. Zóhar, Prólogo 6:33
410. Zóhar, Prólogo 6:33
411. Génesis 3:1-3:25
412. Génesis 3:7
413. Génesis 3:18
414. Ezequiel 47:12
415. La conexión kabbalística,
     Rav Berg, KCI, Cap. 15
416. Zóhar Edición hebrea,
     Prólogo, Sulam, pár. 33
417. Talmud Bavli, Tratado Guitin,
     P. 9a
418. Zóhar, Prólogo 6:33
419. Zóhar Edición hebrea,
     Prólogo, Sulam, pár. 33

420. Zóhar Edición hebrea,
     Prólogo, Sulam, pár. 33
422. Eclesiastés 7:14
423. Kabbalah for the Layman
     (Introducción a la Kabbalah),
     Vol. 1, Rav Berg, KCI, Cap. 11
424. Zóhar, Prólogo 6:33
425. Talmud Bavli, Tratado
     Pesajim, P. 56a

Capítulo 18

426. Éxodo 20:8
427. Zóhar, Prólogo 6:34
428. Éxodo 20:8-11
429. Génesis 2:2-3
430. Éxodo 16:22-23
431. La conexión kabbalística,
     Rav Berg, KCI
432. Éxodo Rabá, 25:12
433. Talmud Bavli, Tratado
     Beitzá, P. 16a
434. Génesis Cap. 1
435. Kabbalah for the Layman
     (Introducción a la Kabbalah),
     Vol. 1, Rav Berg, KCI, Cap. 8
436. Zóhar, Bereshit A 30:317
437. Zóhar Edición hebrea,
     Prólogo, Sulam, pár. 34
438. La conexión kabbalística,
     Rav Berg, KCI, Cap. 15
439. Zóhar, Bereshit A, 9:110
440. Zóhar, Prólogo 6:34

Capítulo 19

441. Zóhar, Prólogo 6:35
442. Éxodo 32:19
443. Génesis 2:7
444. Talmud Bavli, Tratado
     Shabat, P. 88b
445. Zóhar, Bereshit A 22:252-255
446. CF., Cap. 17, P. 21
447. CF., Cap. 17, P. 47
448. Zóhar, Prólogo 6:32

449. Zóhar Edición hebrea,
Prólogo, Sulam, pár. 35
450. Zóhar Edición hebrea,
Prólogo, Sulam, pár. 35

Capítulo 20

451. Isaías 45:12
452. Zóhar, Vayigash 2:10-11
453. Deuteronomio 4:24
454. Deuteronomio 4:4
455. Zóhar, Bereshit B, 54:
259-262
456. Tikunei Zóhar, Prólogo,
pár. 371
457. La conexión kabbalística,
Rav Berg, KCI, Cap. 6
458. Talmud Eser Sefirot (Las Diez
Emanaciones Luminosas),
Vol.1, Rav Áshlag, KCI, P. 31,
pár. 5-6
459. Salmos 118:19
460. Talmud Bavli, Tratado
Shabat, P. 104a
461. Talmud Eser Sefirot (Las Diez
Emanaciones Luminosas),
Vol.1, Rav Áshlag, KCI, P. 16,
pár. 8-10
462. Zóhar, Prólogo 1:1-4:13
463. Talmud Eser Sefirot (Las Diez
Emanaciones Luminosas),
Vol.1, Rav Áshlag, KCI
464. Zóhar, Lej Lejá 2:4
465. Deuteronomio15:11
466. Zóhar Edición hebrea,
Prólogo, pár. 36
467. Zóhar, Lej Lejá 26:261

Capítulo 21

468. Physics and Philosophy
(Física y filosofía),
Werner Heisenberg, P. 125
469. Ética de los Padres, Cap. 3:1
470. Zóhar, Prólogo 6:37

471. Zóhar, Prólogo 6:37
472. Zóhar, Emor, 33:214
473. Génesis 1:27
474. Isaías 47:13
475. Zóhar, Yitró 11:129-130
476. Génesis 1:26
477. Sifrei 11:22
478. Zóhar, Shminí 1:3-4
479. La conexión kabbalística,
Rav Berg, KCI, Cap. 18
480. Zóhar, Vayelej 7:39
481. Zóhar, Shemini 1:5-6
482. Éxodo 14:19-1 4:21
483. Zóhar, Beshalaj 14:160-184
484. Malaquías 3:10
485. Zóhar Edición hebrea,
Prólogo, Sulam, pár. 37
486. Génesis 9:26-9:27
487. Génesis Cap. 27; Cap. 28, 1-4
488. Génesis Cap. 49
489. Génesis 48:13-48:22
490. Génesis 48:20
491. Números 6:24-6:26
492. Malaquías 2:7
493. Zóhar, Nasó 16:137-138
494. Salmos 89:3
495. Zóhar Edición hebrea,
Prólogo, Sulam, pár.37
496. Kabbalah for the Layman
(Introducción a la Kabbalah),
Vol. 1, Rav Berg, KCI, Cap. 8
y 9
497. A Study of History
(Un estudio de la historia),
Toynbee
498. Eclesiastés 1:9
499. Zóhar Edición hebrea,
Prólogo, Sulam, pár. 37
500. Malaquías 3:6
501. Deuteronomio 8:10
502. Salmos 145:16
503. Zóhar, Terumá 46:499
504. Kabbalah for the Layman
(Introducción a la Kabbalah),
Vol. 1, Rav Berg, KCI, Cap. 8
505. Zóhar, Terumá 46: 499 9
506. Zóhar, Ékev 1:1 -10

507. Zóhar Edición hebrea,
     Prólogo, Sulam, pár. 37
508. Salmos 22:20
509. Zóhar, Tetsavé 1:6
510. Zóhar Jadash, Midrash
     Eijá, Sulam, pár. 108
511. Éxodo, Cap. 32
512. Eclesiastés 10:2
513. Zóhar, Bereshit A, 22:255
514. Éxodo 32:19
515. Zóhar, Bereshit A, 22:255
516. Zóhar Edición hebrea,
     Vayerá, Sulam, pár. 48-49
517. Malaquías 3:18
518. Zóhar Edición hebrea,
     Prólogo, Sulam, pár. 37

Capítulo 22

519. Zóhar, Prólogo 6:38
520. Séfer Yetsirá (Book of
     Formation), P. 47a
521. Kabbalah for the Layman
     (Introducción a la Kabbalah),
     Vol. 1, Rav Berg , KCI, Cap. 8
522. Introducción al Zóhar,
     Rav Áshlag, KCI, Pár. 34-36
523. Zóhar, Vayikrá 10:75-80
524. Amos 5:2
525. Zóhar, Vayikrá 10:78-81
526. Amos 9:11
527. Zóhar Edición hebrea,
     Prólogo, Sulam, pár. 38

Más libros que pueden ayudarte a incorporar la sabiduría de la Kabbalah a tu vida

Nano: Tecnología de la mente sobre la materia
Por Rav Berg

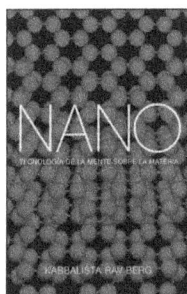

Kabbalah es todo acerca de obtener el control sobre el mundo físico, incluyendo nuestra vida personal, en el nivel más fundamental de la realidad. Se trata de alcanzar y extender el poder de mente sobre materia y desarrollar la habilidad de crear plenitud, alegría, y felicidad al controlar todo al nivel más básico de existencia. De esta manera, Kabbalah es anterior y presagia la tendencia más apasionante en los desarrollos científicos y tecnológicos más recientes, la aplicación de la nanotecnología a todas las áreas de la vida para crear resultados mejores, más fuertes, y más eficientes. En Nano, el Rav desmitifica la conexión que hay entre la antigua sabiduría de la Kabbalah y el pensamiento científico actual, y muestra como la unión de ambos pondrá fin al caos en un futuro previsible.

Astrología Kabbalística: Y el Significado de Nuestras Vidas
Por Rav Berg

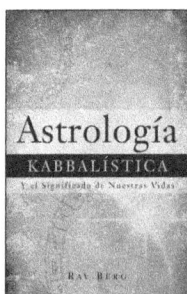

La Kabbalah ofrece uno de los usos más antiguos de la astronomía y astrología conocidos por la humanidad. Más que un libro sobre horóscopos, *Astrología kabbalística* es una herramienta para entender la naturaleza del ser humano en su nivel más profundo, y poner ese conocimiento en práctica inmediatamente en el mundo real. Rav Berg explica por qué el destino no es lo mismo que la predestinación, explicando que tenemos muchos futuros posibles y que podemos ser los amos de nuestro porvenir. *Astrología kabbalística* revela los desafíos que hemos enfrentado en encarnaciones anteriores, y por qué y cómo tenemos que superarlos aún.

...Continuará...: La reencarnación y el propósito de nuestras vidas
Por Karen Berg

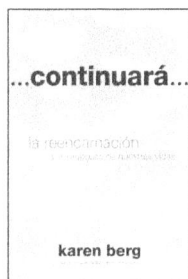

Tener conciencia del viaje de nuestra alma crea un contexto que nos ayuda a guiar nuestras vidas y apreciar lo que se nos ha otorgado. Con este conocimiento, nuestra alma finalmente logrará —con el paso de muchas vidas, para estar claros— entender todas las lecciones para unir todos estos fragmentos. Mientras lo hace, el alma reúne las chispas de Luz hacia sí misma y al final regresa completa a la fuente de toda Luz, el Creador. La primera parte habla del proceso de reencarnación, cómo y por qué ocurre. En la segunda parte los lectores aprenden sobre los desafíos de la vida y por qué es importante recibirlos como una parte necesaria del trabajo de nuestra alma. En la tercera parte la persona puede detectar las lecciones de vidas pasadas al utilizar las herramientas kabbalísticas como los ángeles, la astrología, la lectura de la palma de la mano y las líneas del rostro. La muerte no es el fin del juego, sino simplemente una oportunidad para hacerlo de nuevo. No tenemos nada que temer. La vida continuará...

EL PODER DE LA KABBALAH: *Trece principios para superar desafíos y alcanzar la realización*
de las enseñanzas de Rav Berg

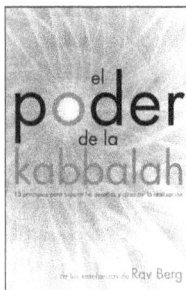

De acuerdo con la Kabbalah, todo lo que verdaderamente deseamos —amor, felicidad, paz mental, libertad, inspiración y respuestas— está disponible cuando conectamos con la Realidad del 99 Por Ciento. El problema está en que la mayoría de nosotros nos hemos desconectado inadvertidamente de esta dimensión. Imagina si pudiéramos tener acceso a esta fuente cada vez que queramos y de manera continua. Este texto fundamental incluye contenido nuevo y tiene respuestas más accesibles al momento de responder ante los desafíos de hoy en día. Los lectores descubrirán cómo pueden alinear sus acciones con su propósito más elevado, y se volverán conscientes de las posibilidades ilimitadas en sus propias vidas.

Los Secretos del Zóhar: *Relatos y meditaciones para despertar el corazón*
Por Michael Berg

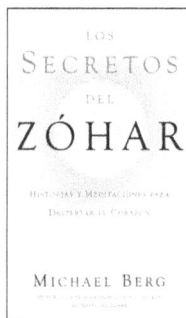

Los Secretos del Zóhar son los secretos de la Biblia, trasmitidos como tradición oral y luego recopilados como un texto sagrado que permaneció oculto durante miles de años. Estos secretos nunca han sido revelados como en estas páginas, en las cuales se descifran los códigos ocultos tras las mejores historias de los antiguos sabios, y se ofrece una meditación especial para cada uno de ellos. En este libro, se presentan porciones enteras del Zóhar con su traducción al arameo y al inglés en columnas contiguas. Esto te permite escanear y leer el texto en alto para poder extraer toda la energía del Zóhar, y alcanzar la transformación espiritual. ¡Abre este libro y tu corazón a la Luz del Zóhar!

El Zóhar

El Zóhar, la fuente principal de la Kabbalah, fue escrito hace 2000 años por Rav Shimón bar Yojái mientras se escondía de los romanos en una cueva en Pekiín, Israel, por 13 años. Luego fue sacado a la luz por Rav Moshé de León en España y posteriormente revelado a través de los kabbalistas de Safed y el sistema lurianico de la Kabbalah.

Los programas del Centro de Kabbalah han sido instaurados para proporcionar oportunidades para el aprendizaje, la enseñanza, la investigación y la demostración de conocimiento especializado a partir de la sabiduría eterna del Zóhar y los sabios kabbalistas. Oculto de las masas por mucho tiempo, hoy en día el conocimiento del Zóhar y la Kabbalah deben ser compartidos por todos aquellos que buscan entender el significado más profundo de esta herencia espiritual y del significado de la vida. La ciencia moderna apenas está empezando a descubrir lo que nuestros sabios tenían cubierto con simbolismo. Este conocimiento es de naturaleza práctica y puede ser aplicado diariamente para el mejoramiento de nuestra vida y la vida de la humanidad.

La oscuridad no puede existir en presencia de la Luz. Hasta una habitación oscura es afectada por la luz de una vela. Mientras compartimos este momento juntos, comenzamos a presenciar una revolución de iluminación en la gente y, de hecho, algunos de nosotros ya estamos participando en ella. Las nubes oscuras de conflicto y disputa se harán sentir sólo mientras la Luz Eterna permanezca oculta.

El Zóhar es ahora un instrumento para infundir al cosmos con la Fuerza de Luz del Creador revelada. El Zóhar no es un libro sobre religión, el Zóhar hace referencia a la relación entre las fuerzas invisibles del cosmos, la Fuerza de Luz y su influencia en la humanidad.

El Zóhar promete que con la entrada de la Era de Acuario el cosmos será de fácil acceso para el entendimiento humano. El Zóhar dice que en los días del Mesías "no habrá necesidad de decirle a nuestro semejante, 'Enséñame sabiduría'" (Zóhar Nasó, 9:65). "Y no enseñará más ninguno a su prójimo, ni ninguno a su hermano, diciendo: 'Conoce al Eterno'; porque todos Me conocerán, desde el más pequeño de ellos hasta el más grande" (Jeremías 31:34).

Podemos recuperar el dominio de nuestra vida y nuestro entorno. Para lograr este objetivo, el Zóhar nos da una oportunidad para superar el aplastante peso de la negatividad universal.

Estudiar el Zóhar diariamente, sin intentar entenderlo o traducirlo, llenará de Luz nuestra conciencia, mejorando así nuestro bienestar e influirá de actitudes positivas todo lo que nos rodea. Incluso recorrer visualmente el Zóhar, aunque se desconozca el alfabeto hebreo, tendrá los mismos resultados.

La conexión que creamos mediante recorrer visualmente el Zóhar es la de unidad con la Luz del Creador. Las letras, aunque no sepamos hebreo o arameo, son los canales a través de los cuales se realiza la conexión; puede compararse con marcar el número de teléfono o introducir los códigos para iniciar un programa de computadora. La conexión se logra en el nivel metafísico de nuestro ser y se extiende hasta nuestro plano físico de existencia. Pero primero está el prerrequisito del "arreglo" metafísico. Tenemos que permitir conscientemente que, a través de acciones y pensamientos positivos, el inmenso poder del Zóhar irradie amor, armonía y paz a nuestra vida para que compartamos eso con toda la humanidad y el universo.

En los años que vienen, el Zóhar continuará siendo un libro para la humanidad, tocará el corazón y la mente de aquellos que anhelan la paz, la verdad y el alivio del sufrimiento. Ante las crisis y catástrofes, el Zóhar tiene la capacidad de aliviar las aflicciones de agonía humana mediante la restauración de la relación de cada individuo con la Fuerza de Luz del Creador.

—Rav Berg, 1984

Los Centros de Kabbalah

La Kabbalah es el significado más profundo y oculto de la Torá o la Biblia. A través del gran conocimiento y las prácticas místicas de la Kabbalah se pueden alcanzar los más altos niveles espirituales posibles. Aunque mucha gente confía en sus creencias, fe y dogmas para buscar el significado de la vida, los kabbalistas buscan una conexión espiritual con el Creador y las fuerzas del Creador, así lo extraño se vuelve conocido y la fe se convierte en conocimiento.

A lo largo de la historia, aquellos que conocieron y practicaron la Kabbalah fueron muy cuidadosos con respecto a la diseminación del conocimiento porque sabían que las masas no estaban preparadas aún para la gran verdad de la existencia. Hoy en día los kabbalistas saben que no sólo es adecuado sino también necesario hacer que la Kabbalah esté disponible para todo aquel que la busque.

El Centro de Kabbalah es un instituto independiente, sin fines de lucro, fundado en Israel en 1922. El Centro provee investigación, información y ayuda a quienes buscan las enseñanzas de la Kabbalah. El Centro ofrece charlas públicas, clases, seminarios y excursiones a lugares místicos en los centros de Israel y Estados Unidos. Se han abierto centros y grupos de estudio en México, Montreal, Toronto, París, Hong Kong y Taiwán.

Nuestros cursos y materiales tratan sobre los conocimientos zohácicos de cada porción semanal de la Torá. Cada aspecto de la vida es estudiado y otras dimensiones, desconocidas hasta ahora, proveen una conexión más profunda con una realidad superior. Los tres cursos principales para principiantes abarcan temas como: tiempo, espacio y movimiento; reencarnación, matrimonio y divorcio; meditación kabbalística; la limitación de los cinco sentidos; ilusión y realidad; las cuatro fases; hombre y mujer, muerte, dormir y sueños; la alimentación; y Shabat.

Miles de personas se han beneficiado de las actividades del Centro, las publicaciones de material kabbalístico del Centro siguen siendo las más completas de su tipo en el mundo, incluyendo las traducciones al inglés, hebreo, ruso, alemán, portugués, francés, español y persa.

La Kabbalah puede darnos el verdadero significado de nuestro ser y el conocimiento necesario para nuestro máximo beneficio. Además, puede mostrarnos que la espiritualidad va más allá de la fe. El Centro de Kabbalah continuará haciendo que la Kabbalah esté a la disposición de todo aquel que la busque.

—Rav Berg, 1984

Información de Contacto de Centros y Grupos de Estudio

ARGENTINA:

Buenos Aires
Echeverría 2758, Belgrano
Teléfono: +54 11 4771-1432 /
+549 11 4409 3120
kcargentina@kabbalah.ar
Instagram: kabbalaharg

ESPAÑA:

Madrid
Calle Martínez Izquierdo, 16-18,
local 1C
Teléfono: +34 683 580 163
spain@kabbalah.com
Instagram: kcespana
Facebook: KabbalahCentreSpain

Barcelona
Teléfono: +34 683 580 163
miriam.agullo.vol@kabbalah.com
Instagram: kcespana
Facebook: KabbalahCentreSpain

COLOMBIA:

Bogotá
Calle 93B # 11ª-84 Centro de
Diseño Portobello
Parque de la 93
Cel: 3243135502 ó 3232903166
kccolombia@kabbalah.com
Instagram: kabbalahcolombia

Cali
Cra. 102 # 13ª-61 Local 3
Ciudad Jardín
Cel: 3243135502 ó 3178436947
kccolombia@kabbalah.com
Instagram: kabbalahcolombia

Medellin
Calle 5 # 45-32
Patio Bonito
Cel: 3243135502 ó 3136241792
kccolombia@kabbalah.com
Instagram: kabbalahcolombia

MÉXICO:

Estado de México
Centro de Kabbalah Tecamachalco
Av. de las Fuentes 218,
Lomas de Tecamachalco
Teléfono: +52 55 5280 0511
apoyo@kabbalah.com
Instagram: kabbalahmx

Ciudad de Mexico
Centro de Kabbalah Altavista
Puerta Altavista
Av. Desierto de los Leones 24,
San Ángel
Teléfono: +52 55 5280 0511
apoyo@kabbalah.com
Instagram: kabbalahmx

Mérida, Yucatán
Av. Andrés García Lavín 350,
Local 12, Plaza Victory Platz
Montebello
Teléfono: +52 999 5183720
WhatsApp +52 999 2185176
merida@kabbalah.com
Instagram: kabbalahmx

PANAMÁ:

Ciudad de Panamá
The towers business plaza, local 2,
Calle 50.
Teléfono: +507 694 93974
administracion.panama@kabbalah.com
Instagram: kabbalahpanama

PARAGUAY:

Asunción
Charles de Gaulle 1892 y Quesada;
Edificio San Bernardo, primer piso.
Teléfono:+595 976 420072
kcparaguay@gmail.com
Instagram: kabbalahpy

VENEZUELA:

Caracas
Av. 10, Quinta 10;
Urb. Altamira, Edo. Miranda.
Teléfono: +58 414 205 7205
caracastkc@kabbalah.com
Instagram: kabbalahve

Maracay
Centro comercial las Américas
Local P.B. 16 –
Las Delicias, Edo. Aragua
Teléfono: +58 414 205 7205
 caracastkc@kabbalah.com
Instagram: kabbalahve

CENTROS EN EUA:

Boca Ratón, FL +1 561 488 8826
Miami, FL +1 305 692 9223
Los Ángeles, CA +1 310 657 5404
Nueva York, NY +1 212 644 0025

CENTROS INTERNACIONALES:

Londres, Inglaterra +44 207 499 4974
Berlin, Alemania +49 30 78713580
Toronto, Canadá +1 416 631 9395
Tel Aviv, Israel +972 3 5266 800

RAV BERG nació el 20 de agosto de 1927 en Nueva York, EE. UU. Tras muchos años de estudio religioso tradicional, fue ordenado como rabino en Torah VaDaat. Fue un hombre de negocios que quería hacer una diferencia en este mundo y siempre estaba en la búsqueda de su camino verdadero. Luego de tener la oportunidad de conocer a Rav Yehuda Brandwein, Rav Berg supo que había encontrado a su maestro, y se mudó a Israel para estudiar con Rav Brandwein en el Centro de Kabbalah. Después de regresar a Nueva York, Rav Berg se mantuvo en contacto por medio de cartas con Rav Brandwein, quien le confirió su legado como director del Centro de Kabbalah.

Rav Berg se fijó la misión de continuar editando, escribiendo, imprimiendo y distribuyendo todo lo que aprendió de su maestro, y comenzó a compartir los secretos de los textos kabbalísticos que históricamente habían sido reservados para eruditos. Su libro Iniciación a la Kabbalah fue el paso revolucionario que hizo que la Kabbalah estuviese al acceso de todos. Otros libros de Rav Berg son: La conexión kabbalística, Ruedas del alma: la reencarnación y la Kabbalah, El poder del uno, La energía de las letras hebreas, Inmortalidad, Nano, The Kabbalah Method (El método kabbalístico, sólo en inglés), Taming Chaos (Dominar el caos, sólo en inglés) y Educación de un kabbalista.

Junto a su esposa Karen, Rav Berg abrió las puertas del Centro de Kabbalah a todo aquel que desee aprender esta sabiduría universal. Rav Berg partió de este mundo en septiembre de 2013 y Karen Berg lo hizo en Julio de 2020. Luego de la partida de ambos su hijo Michael Berg continúa su visión y su trabajo como Director del Centro de Kabbalah.